# DEVX LIVRES DE MER-

CVRE TRISMEGISTE HERmés tres ancien Theologien, & excellant Philozophe, L'vn de la puissance & sapience de Dieu: L'autre de la volonté de Dieu. Auecq' vn Dialogue de Loys Lazarel, poëte Chrestien intitulé le Bassin d'Hermés.

Le tout traduit de Grec en francoys par Gabriel du Preau, natif de Macoussis pres montl'hery.

Auec priuilege du Roy.

A PARIS.
De l'imprimerie d'Estiéne Groulleau Libraire demeurant en la ruë Neuue nostre Dame à l'enseigne saint Ian Baptiste.
1557.

# PRIVILEGE DV ROY.

IL est permis à Estienne Groulleau, Libraire à Paris, faire imprimer & mettre en vente deux liures de Mercure Trismegiste Hermés: L'vn de la sapience & puissance de Dieu: L'autre de la volunté de Dieu auec vn dialogue de Loys Lazarel poëte Chrestien, qui ont esté par cy deuant receuz & aprouuez, & de nouueau reueuz sus le Grec par Maistre Gabriel du Preau. Et defendu à tous imprimeurs, Libraires & autres marchands quelz qu'ilz soient imprimer ou faire imprimer, ne mettre en vente iceluy liure iusques à six ans prochainement venans, à conter du iour & datte que lesditz liures seront acheuez d'imprimer. Et ce sur peine de cōfiscatiō desditz liures, & d'amende arbitraire au Roy aplicable. Ainsi qu'il apert, & est plus à plain contenu par lettres & priuilege dudit seigneur Donné à Paris le xxi. de May. mil cinq cents cinquante sept. Siné par le Conseil de Courlay. Et seellé sur queuë de cire iaune.

Acheué d'imprimer le x. iour de Iuing. mil cinq cents cinquante sept.

A' ILLVSTRE ET VERTVEVX
seigneur Iaques de Basordan prothenotaire apostolique, docteur es droictz, conseiller & aumosnier ordinaire du Roy, neueu de monsieur de Termes, cheualier de l'ordre
du Roy & son Lieutenant general
en Piedmont Gabriel du Preau
donne salut.

Onsieur deslors que i'eu tāt de faueur que par le moyē de voz bons amys & les miens ouuerture me fut faite à vostre noble personne, tant pour le sçauoir, prudence, intelligence, honnesteté, bon naturel, & affectionné desir es bōnes sciences, que i'auoys premierement entendu estre en vous par le narré de plusieurs, & que en vn instant ie cogneu vous accompaigner, que pour la recommendation qu'auez es personnes qui approchent du rang que vous tenez en vertu & sçauoir, desir me print de vous decouurir & faire paroistre quelque tesmoignage de mon intention, prest à faire seruice à vous & aux vostres. Ce tesmoignage ne s'est peu trouuer en mon endroit plus seur & certain, que par l'offre de mes labeurs à vostre excellence, & entre autres de cestuy. Lequel cognoissant estre sortable à vostre naturel, tendant tousiours à hautes choses, comme est son subiect, qui trai-

ā ii

cte de la puissance, sapience, & volôté de Dieu, & depuis quelque temps l'ayāt traduit de Grec en nostre vulgaire Françoys, le vous ay bien voulu presenter, & soubz la guyde & adueu de vostre nom le mettre en lumiere. Si non si bien tissu quant au langage, & pourpensé quant au sens & intention de l'autheur qu'il appartient pour le moins de telle affection, qu'il vous plaira le receuoir de vostre plus qu'obeissant seruiteur. Esperant au demeurant que la debonnaireté dont auez coustume vser en l'endroit des personnes de vertu, & amateurs des bonnes lettres ne sera point quant au myen eloignée tant à le receuoir de bonne volonté de mes mains, qu'à excuser ma trop presumptueuse hardiesse d'auoir osé entrepredre traduire cest œuure tāt ardu & difficile: voire plus qu'œuure qui fut oncques fait d'inuention d'homme du monde. C'est celuy, qui de toute antiquité est tenu & appellé le Dieu d'eloquence, de bonne inuention, ambassadeur & truchement des dieux. Et qui par icelle sienne eloquence & bonne inuention, à si bien portrait & depinct au naturel la vraye philosophie, qu'il n'a oublié vne seule partie des membres qui en tel corps & subiect sont requis & necessaires. Ce que pourrez plus amplement cognoistre & selon vostre diuin esprit, & naifue perspicacité, en faire iugemēt par la lecture d'iceluy. Vostre plaisir doncques sera
de

## EPISTRE.

de le prendre, & les faultes excuser (si aucunes y en a) d'aussi bon cueur, que de bonne & affectionnée volonté à vous faire seruice, le vous presente & dedie. Auquel si i'entens qu'y preniez goust, ie mettray peine de vous faire present du reste de mes labeurs: & à monsieur de Termes vostre oncle, excellent & vertueux cheualier, chose digne de sa vertu, comme à hōme qui sur tous les fideles seruiteurs que le Roy ait pour le iourd'huy, le merite, tant pour la prudēte conduite & execuiō des affaires d'importance, qui de son ieune aage luy ont esté cōmises, que pour les braues entreprises, qu'il a outre ce faites & exploitées, auec honneur & perpetuelle reputation de luy & des siens, tant en Escosse, l'Isle de Corce, Piemōt, & l'Itale, qu'en tous autres endroictz, ou il a pleu au Roy l'employer pour son lieutenant general. M'asseurant aussi que la mesme vertu & magnanimité qui faict craindre & redouter ledict seigneur de Termes en tous les autres endroitz, ou il est employé pour la garde & gouuernement du royaulme, empeschera que mō œuure auouée de vous ne soit calōnieusement taxée de ceux qui de coustume s'empeschēt plustost à mesdire qu'à bien faire. Au demeurāt de crainte que par trop long propos retardāt vostre seigneurie tousiours empechée pour plusieurs afaires d'importāce, ie ne peche cōtre le bien publiq', ie traicteray le par-

ā iii sus

## EPISTRE.

sus auec le lecteur de cest œuure, apres auoir prié Dieu, Monsieur vous donner en lōgue & heureuse vie accomplissement de tous voz bons desirs, accroissement d'honneur, conduire voz magnanimes entreprises à bon port, vous ottroyer finablement sa grace, & à moy la vostre. De Paris ce 17. de May 1557.

Fin de l'Epistre.

# LA VIE DE MERCVRE TRIS-
MEGISTE AVEC L'ARGVMENT ET
contenu du present œuure.

IL fault entendre que du temps que nasquit Moyse (qui fut l'an du monde deux mil, troys cents septante quatre, de la seruitude des Hebreux soixante quatre, auant Iesus Christ, mil cinq cens nonante huict) florissoit en Egypte vn astrologue de fort grand renom & experience, nommé Athlas, frere de Prometheus, homme de ce mesme temps fort estimé en Phisique, & ayeul du costé maternel du grand Mercure, du quel fut neueu Mercure Trismegiste autheur du present liure: homme certes de singuliere & memorable vertu, fort noble & excellent mathematicien, ainsi que le tout recite sainct Augustin. Encores que Ciceron & Lactance Firmien dient qu'ilz furent cinq, qui tous consecutiuement les vns apres les autres, porterent le nom de Mercure: & que le cinquiesme d'entr'eux fut celuy qui des Egyptiens est nommé Theuth, ou autrement Tempungina, & des Grecz Trismegistos. Lequel ilz afferment auoir deffait Argus, & tenu l'empire & domination sur les Egyptiens, & leur auoir baillé auant tous autres, leurs loix & lettres. Les caracteres desquelles dressa & institua par figures de bestes, & d'arbres, à fin d'auoir à elles plus

ã iiii  facile

facile & patente ouuerture. Et fut en si grand' e=
stime des hommes, pour icelle sienne integrité, bon=
té, prudence, diligence, sçauoir, debonnaireté, & tou
tes autres vertus, esquelles estoit perfaict & acom
ply, qu'ilz le mirent au nombre de leurs dieux, &
bastirent plusieurs teples en son nom. Lequel nom
propre n'estoit à nul loysible ne permis vulgaire=
ment & temerairement proferer, tant luy estoit por
té d'honneur & reuerence. Duquel nom les Egy=
ptiens denominerent le premier moys de l'an. Ilz
luy dedioyent aussi tous les liures qu'ilz escriuoient,
le disans inuenteur de toutes choses, Prince & au=
theur de sapience & eloquence. Il edifia pareille=
ment vne ville : laquelle iusques à present retient
son nom, & s'apelle Hermopolis, c'est à dire, la ci=
té d'Hermes. Il fut aussi nommé par eux Trisme=
gistus, qui vault autant à dire, comme troys foys
tres grand & souuerain, à raison qu'il fut tres
excellent Philosophe, tressouuerain Sacrificateur,
tresvertueux & magnanime Roy. Car les Egy=
ptiens (ainsi que recite Platon) auoyent lors cou=
stume d'eslire leurs prebstres du nombre des Phi=
losophes, & l'vn d'entre eux créer Roy. Tout
ainsi doncques qu'il surpassoit & excelloit tous
autres Philosophes en subtilité d'esprit & sçauoir,
estant aussi constitué en l'estat & dignité de pon=
tificale prelature, il passoit tous autres pontifes
en saincteté de vie, & diuine religion. Estant fina=
blement esleué en Royalle sublimité, il fist tant par
si bien

si bien administrer les loix, ordonner loüables coustumes, regir toute la police & iustice humaine, en
punissant les meschantz, & guerdonnant les bons:
ensemble par les siens haultz faitz, vaillances,
prouësses, & memorables exploitz d'armes, qu'il
obscurcit & diminua la gloire de tous autres Roys
qui l'auoient precedé. Dont vint, qu'il merita estre
à bonne & iuste cause, apellé nomméement troys
foys tres excellent & souuerain. Ce fut luy, qui pre
mier entre tous philosophes apres auoir soigneusement versé en Phisique, & artz Mathematiques,
& les auoir parfaitement compris, esleua son es=
prit à contempler les choses diuines. Ce fut luy qui
premier auant tous humains, tres sagement disputa
de la maiesté de Dieu, de l'ordre des Anges, du chan
gement & mutation des ames. Ce fut luy qui pour
ceste cause fut iadis appellé autheur de Theologie,
reputé Dieu d'eloquence, d'engin, & bonne inuention. Duquel fut imitateur Orpheus, qui obtint le
second loz en l'ancienne Theologie. Auquel succeda
Aglcophemus. Apres lequel vint Pythagoras. Lequel
Philolaüs precepteur & maistre du diuin Platon en
suyuit. La secte doncques de l'ancienne Theologie
(à soy autant acordante & vnie que nulle a depuis
esté) eut sa confirmation de six doctes & expertz
Theologiens: prenãt sa source & origine de Mercu
re, & du diuin Platon son entiere perfection & ac
complissement. Ce que puis apres si fort esmeut les
espritz humains, & specialement ceux de celle na=
tion

tion Egyptienne, à toute vertu, artz, & sçauoir, que nul anciēnement estoit reputé docte entre les Grecz & Atheniens, ne receu pour homme vertueux, qui n'eust passé iusques en Egypte pour estre instruict des Prophetes, Philosophes, Prestres & Gymnoso= phistes du pays es loix, sciences, & artz tant de Theologie, Arithmetique, Musique, Geometrie, Cos- mographie, & Architecture, que autres. Comme fi- rent de ce temps là Museus, Melāpus, Homerus, Li- curgus, Democritus, Eudoxus, Solon, Inopis, Deda= lus, & plusieurs autres excellents Philosophes Grecz. Entre lesquelz (en me taisant des autres) ce- stuy Mercurius duquel est nostre present propos, a escrit plusieurs liures, faisants à la cognoissance des choses diuines. Es quelz, ô Dieu immortel! combien grandz & profondz mysteres, sont declarez! com- bien d'admirables Oracles y sont descouuerts, & manifestez! Et si ne parle pas seulement ainsi qu'vn Philosophe: ains souuentefois comme vn Prophete, en ce qu'il predit les choses auenir. C'est celuy, qui a preueu la ruyne & destruction de la religion an- tique, & l'origine de la nouuelle foy. L'aduenement du Messie, le futur iugement de Dieu, la resurrection des mortz, la renouation du monde, la gloire des bien heurez, & le suplice des malheurez. C'est pour quoy fait doute sainct Augustin, s'il a sceu beau= coup de ce qu'il a proferé, ou par le sçauoir & ex- perience des astres, ou par reuelation des diables. Tant y a que Lactāce n'a crainct, le mettre au rang
des

des Sybilles & Prophetes. Oultre plus entre plusieurs liures par luy faitz & composez, qui par l'iniure des têps ont esté perduz il y en a deux fort singuliers, pleins de tressainctz mysteres, & oracles celestes. L'vn de la puissance & sapience de Dieu, l'autre de la volonté de Dieu, Celuy là estant intitulé Pimander, & traduit de Grec en Latin par Marcilius Ficinus: cestuy cy Asclepius, & tourné de Grec en Latin par Apuleius Platoniste. Desquez deux liures voyant l'obscure, & difficile intelligence (voire plus qu'en liures qui furent oncq' faictz) ensemble le profond sçauoir auec le grãd fruit que l'on pourroit tirer & recueillir d'iceux, pourueu qu'ilz fussẽt vn peu plus esclarcyz & illustrez par nostre langue Françoise, qu'ilz ne sont en la Latine, & mesme en leur primitiue & naturelle, qui est l'Egyptienne, & puis apres la Grecque, à ceste occasion, i'ay tant faict par mon trauail & labeur, que les ay tournez de la Grecque en la nostre Françoyse: si non comme il appartenoit à la hautesse & maiesté de l'autheur, à tout le moins en tant que i'ay peu par la foyblesse de mon petit esprit, & au plus pres de la vraye, saine, & entiere intelligence. Ce que certes ay voulu faire pour deux causes. L'vne à fin que soyons muniz non seulement du bouclier de la foy, mais aussi de toutes autres armeures (qui sont les choses naturelles, par lesquelles cestuy cy auec diuine inspiratiõ, a cogneu Dieu, & l'a ainsi donné à cognoistre en ses liures, qui autre chose ne ne traitent) pour ruyner & defcôfire plufieurs faux prophetes, mefcreās, & infideles Atheiftes, qui pour le iourd'huy font fortiz au monde des infernalles contrées & ftigieux palluz auec leur chef & Capitaine Sathan; pour ruyner & mettre ius (s'ilz peuuent) la prouidence de noftre pere, qui eft Dieu, comme gens infenfez & hors des limites de bon fens, raifon, & entendement. L'autre caufe qui m'a induyt à cecy, a efté à fin d'exerciter mon efprit, & d'atenter fi ie pourroys faire quelque chofe plus que beaucoup de gens doctes, lefquelz (comme i'ay entendu) fe font efforcez de le traduyre, fans toutefois en venir à chef, & en donner le parfaict fens & folution. Or pour defcendre & paruenir à ce qu'a efcrit Mercure, il fault fçauoir que le premier liure eft intitulé Pimander, à raifon qu'entre quatre perfonnes qui en ce dialogue difputent, le principal eft attribué à Pimander. Il fault entendre en oultre qu'il a efcrit tout ce qu'il a fait premierement en langue Egyptienne, & qu'eftant mefme fçauant & expert en la Grecque, l'a par ce moyen tranfporté aux Grecz: leur communiquant les myfteres des Egyptiens. Son propos & intention, touchant ce prefent œuure, eft de traiter de la puiffance & fapience de Dieu. Defquelles deux attendu qu'il y a double operatiō, dōt la premiere fe maintient toufiours & perfifte en la nature de Dieu, & la feconde s'eftend en toutes chofes qui font reculées de fa diuine maiefté, & que celle la conçoiue le premier

& etera

& eternel monde, ceste cy le second & temporel: il dispute tres constamment de l'vne & de l'autre operation, ensemble de l'vn & l'aure monde. En declarant que c'est que la puissance & sapience de Dieu, & quel ordre l'vn & l'autre tiennent à conceuoir interieurement, & comme ilz produysent exterieurement. Au surplus comme les choses qui sont crées se maintiennent ensemble & se comportent: en quoy elles s'accordent les vnes aux autres, & en quoy elles different & ne conuiennent: finablement comme elles regardent leur autheur. Quāt à l'ordre du premier liure, il est diuisé en quatorze dialogues, dōt le principal personnage, est attribué à Pimander, le second à Trismegistus, le tiers à Esculapius, le quart à Tatius. L'intention donc de Mercure est de vouloir enseigner Esculapius & Tatius son filz, es choses diuines: ou certes il conuient entendre de necessité celuy là ne les pouoir nullement enseigner, qui ne les a aprises. Or ne pouuons nous par humain esprit cōprendre ce qui surpasse nature humaine. Qui fait qu'il soit besoin de lumiere diuine pour voir le Soleil, par la mesme lueur du Soleil. Mais la lumiere de l'entendement diuin iamais ne s'espand en l'ame, si ainsi que la Lune au Soleil, ne se conuertit totalement en entendement diuin. L'ame ne se conuertit en tel entendement si elle ensemble auec luy ne se faict entendement. Mais elle ne se faict entendement premier qu'elle n'ayt reiété de soy toutes sensuelles deceptions & toutes tenebres

de

de la fantasie. A' ceste cause nostre Mercure se despouille de ces tenebres sensuelles & fantastiques, & se retire au cōclaue & lieu secret de son entendement. Dont tout soudain Pimander, c'est à dire, la pensée diuine, entre en luy & illec faict son seiour. Dont vient qu'il contemple l'ordre de toutes choses, tant de celles qui sont en Dieu, comme de celles qui procedent de luy. Finablement il declare & manifeste aux autres, les choses qui luy sont reuelées par lumiere & inspiration diuine. Icy donc est le tiltre, intention, & ordre des liures de Mercure.

## IOANNIS CHRISTIANI EBRO-
### ICENSIS EPIGRAMMA AD
### Lectorem.

Sæpe mihi veterum contentio facta virorum
   Cum doctis huius temporis ampla fuit.
Sed siue ingenium specto, seu quanlibet artem,
   Partibus innumeris vincere cerno patres.
Iuppiter excelsum quatiens sublimis olympum,
   Diuinum misit mentis acumen eis.
Excoluisse quod hi tanto sudore videntur,
   Tótque, & tam variis exagitasse modis:
Vt verum exemplar speciésque sequacibus extent
   Omnibus: ingrato sed male corde sumus.
Qui modò latrantes feriunt hos dente canino,
   Rodendum vt rapiant os sibi, littus arant.
Scripserunt prorsus diuina: fidéque sublata
   Hi liquere nouis omnia dia viris.
Quid secerno fidem? non scripta docentia mentis
   Conceptum, trinum sat cecinere Deum?
En tibi Mercurius sophos Ethnicus explicat ample,
   Quae nos doctores edocuere sacri.
Hic solo ductus naturae lumine, scripsit
   Quae vix afflatus pneumate credere vis.
Vtilis vt promptè toti innotesceret orbi,
   Huic sua Prateolus Gallica verba dedit.
Iam quia grata decent gratum, grates age dignas
   Mercurióque sopho, Prateolóque bono.

## CLAVDE COLET A' GA-BRIEL DV PREAV TRADVCTEVR du present liure.

Ne crains, amy, de mettre en euidence
Ce grand Mercure, ores par toy traduict.
Puis qu'il est plein de diuine prudence,
Point ne luy fault plus ample saufconduict.
Tresor caché aucun bien ne produict:
Aussi ne faict vne science absconce.
Satisfays doncq' à ma iuste semonce
Et n'ayes paour qu'vn maling enuieux
Aulcun brocard encontre toy prononce:
Lettrez auras pour toy ieunes & vieux.

Tutto per il meglio.

# LA TABLE DV SOMMAIRE
DES PRINCIPALLES MATIE-
res contenuës en chacun Dialogue du premier liure.

LE premier, contient les mysteres de la Trinité, à sçauoir l'vnion & ypostase du pere, du filz, & du sainct esprit: La creation du monde, celles de l'homme à l'image & semblance de Dieu, la transgression & cheute d'iceluy: & comme par ce moyen il a encouru la mort: La production & multiplication des œuures de Dieu: L'institution finablement de l'homme qui veult tendre à vertu, les loüanges & actions de grace qu'il conuient rendre à Dieu, autheur & pere de tout bien.                                    fo. 2.

Le second, monstre que sur toutes creatures de ce monde l'homme seul cognoist Dieu, au moyen de raison qui luy est donnée. Toutesfois quant à son essence qu'il est impossible de l'entendre au vray. Que c'est neantmoins vn bien parfaict & consommé,

ë &

& qu'il ny a qu'à luy seul, à qui le nom de bonté, puisse conuenir. fo. 12.

Le tiers, traicte encores de la naissance & production de toutes choses selon l'ordre & proprieté de d'vne chacune d'elles, auec la raison pourquoy l'homme a esté crée en ce monde. fo. 17.

Le quatriesme, contient la maniere de se cognoistre soymesme pour acquerir prudence & sagesse, & s'esleuer en la contemplation de Dieu. fo. 19.

Le cinquiesme, enseigne que encores que Dieu soit de nous caché & incogneu, ce neantmoins qu'il se manifeste à nous clerement par toute, les particules du monde, & de tout ce qui est en iceluy. Il traite aussi de l'interieure & diuine generation de Dieu, auec excellente collaudation d'iceluy. fo. 23.

Le sixiesme, monstre qu'en Dieu seul par nature peult estre bonté, beaulté, puissance, & sagesse, non ailleurs. fo. 27.

Le septiesme, faict complaincte de la peste d'ignorance, par laquelle est le monde du tout gasté & corrompu. fo. 30.

Le huictiesme, monstre la conuenance & concor-

concorde qui est es corps celestes, à garder l'ordre que des le commencement Dieu leur a baillé. Et que rien ne meurt, mais que seulement se fait changement d'vne chose en autre. Et comme l'homme a esté de Dieu faict & crée à la semblance du monde, & la raison.   fo. 32.

Le neufiesme, enseigne l'infirmité & inclination naturelle de l'homme estre plustost à mal, qu'à bien: toutesfois que selon l'application d'vn chacun, il y en a tousiours de bons & de mauuais.   fo. 35.

Le dixiesme, dit que ores que Dieu soit toutes choses, qu'vne chacune neantmoins retient à part soy par participation sa nature & proprieté. Il traicte en apres du rauissement de l'ame en silence, & plusieurs autres choses.   fo. 39.

L'vnziesme, declare comme eternité depend de Dieu, le monde d'eternité, le temps du monde, le changement du temps, du changement la mort & la vie. Il dit d'auantage qu'il n'y a puissance quelle qu'elle soit, comparable à celle de Dieu, d'autant qu'elle est infinie. Et plusieurs autres belles matieres &

ẽ ii   diuins

diuins propos. fo. 48.

Le douziesme, traicte de l'entendement inferieur, le disant estre comme l'image de celuy de Dieu : lequel es hommes n'est autre chose que leur raison : mais es bestes brutes, que leur naturelle inclination. fo. 55.

Le tresiesme, traicte le mystere de la regeneratiō, hors laquelle nul ne peut estre sauué, & dit que l'autheur d'icelle deuoit estre le filz de Dieu faict homme par le vouloir d'vn seul Dieu. fo. 63.

Le quatorziesme, dit que toutes choses qui s'offrent à noz sens se font de Dieu continuellement, & depēdent de luy & les maintient & contregarde tousiours en leur estre, de pœur qu'elles ne perissent & ne deuient à neant. fo 70.

## La table des sommaires des Dialogues du second liure.

LE premier, monstre que toutes choses appartiennent & dependent tellement de Dieu qu'il semble au dire de Mercure qu'il n'y ayt en toutes ces quatre, que vn corps, vne ame, vn monde, vn Dieu.   fo. 74.

Le second, traicte de la prouidence de Dieu, le disant estre le gouuerneur, recteur & dispensateur de toutes les choses de ce monde.   fo. 77.

Le troysiesme, traite de la dignité & excellence de l'homme, à sçauoir que Dieu l'a faict & crée pour heriter diuine nature, & en elle se transformer.   fo. 80.

Le quatriesme, contiët la raison pourquoy a Dieu plustost mis & constitué l'homme au monde, qu'en la region des choses intelligibles, c'est à dire au ciel, & pourquoy il a composé de double nature, l'vne mortelle, & l'autre immortelle, & a mussé la forme de sa semblance, qui est l'ame, soubz ceste mondaine & corporelle couuerture.   fo. 82.

Le cinquiesme, nous informe de la douceur & harmonie musiqualle, la disant auoir esté de Dieu donnée & enuoye du ciel aux hommes, pour chanter & celebrer les loüanges de Dieu, & de ses esleuz.   fo. 84.

Le sixiesme, declare Dieu de sa nature estre l'eternel & parfaict Dieu: le monde le second, non toutesfois par nature, ains par

ẽ iii   par-

participation seulemẽt du premier: L'Homle tiers, par participation semblablement de diuinité, comme la seconde image du hault & consommé Dieu. fo. 85.

Le septiesme, traite de la creatiõ du monde, de la matiere, & de l'esprit par tout diffus & espandu ensemble du lieu ou toutes choses ont esté faites & crées, qu'il appelle Hylé. fo. 90.

Le huictiesme, parle des princes substancielz des astres, que Mercure appelle Dieux, & plusieurs autres choses, lesquelles semblẽt sentir quelque chose de la superstition des Payens. fo. 94.

Le neufiesme, semble approuuer Idolatrie, combien que Loys Lazarel refere le tout à analogie & sens mistiq'. fo. 99.

Le dixiesme, mentionne de la mort, & de l'examinatiõ de l'ame apres la dissolution d'elle & du corps, disant ceux qui par iustice meurent pour leurs meffaitz, estre plus griefuement punys apres leur mort que les autres: au contraire Dieu fauoriser & ayder les iustes. fo. 104.

L'vnziesme, dit Dieu seul estre immuable

ble, infiny, incomprehenfible, & inuiolable: mais que toutes autres chofes font corruptibles, & fubiectes à mutation & changement. fo. 107.

Le douziefme, dit qu'il n'y a rien vuyde en tout ce qui eft en ce monde. Et que les Demons font leur demeure à l'entour de la terre auec nous, à nous toutesfois inuifibles, pour leur grande fubtilité. fo. 111.

Le trefiefme, traite pareille chofe que le neufiefme, difant Mercure, l'hôme eftre fort admirable d'auoir trouué idolatrie, & inuenté la maniere d'inuoquer les Diables, & les mettre es ftatuës & fimulachres & de leur faire oblations & facrifices. Ce que n'eft que chofe prophane & pleine d'habomination. fo. 114.

Le quatorziefme, traite des fatales deftinées. fo. 116.

Au quinziefme, Mercure fine fes Dialogues, auec deuote action de graces. fo. 118.

FIN DE LA TABLE.

## M. DE CHASTELNAV AV TRADVCTEVR DE CE LIVRE.

Ne crains amy que moquerie aucune
Sinon à tort ton honneur importune
D'auoir failly en traduisant cest œuure
Qui tout sçauoir & vertu nous decœuure.

# MERCVRE TRIMEGISTE HERMES DE LA PVISsance, & sapience de Dieu, intitulé Pimender.

## L'ARGVMENT DV PREMIER Dialogue.

En ce present Dialogue, ainsi qu'il plaist tousiours à nostre Dieu dōner quelque notice, & lueur de sa cognoissance à ses creatures par quelques indices (sauf l'honneur toutesfois, & reuerance des vrays Prophetes, & de la religion Chrestienne) il semble que Mercure traite mesmes mysteres que Moyse, ocultement toutesfoys, & souz paroles couuertes. Moyse d'escrit auoir veu les tenebres sur la face de l'abisme, & l'esprit de Dieu estre porté sur les eaux. Cestuy cy dit, auoir veu vne vmbre merueilleuse & horrible, qui se conuertissoit en vne nature humide, qu'entretenoit en chaleur le Verbe de Dieu. Moyse dit, toutes choses auoir esté crées par la puissante parolle de Dieu. Cestuy cy dit, que ce Verbe lumineux qui toutes choses illumine, est le germe de la pensée diuine, & le filz de Dieu: & que le pere, qu'il apelle pensée diuine, & le filz, qu'il nomme le Verbe, ou la parolle de ladite pensée, ne

A sont

sont point differans en nature, pour autant (comme il dit) qu'ilz sont consubstantielz. Il a pareillement veu en esprit leur vnion & ypostase. Et si plus a plein tu le desires sçauoir, ou qu'il soit loysible, & permis d'atribuer aux hômes vne si grande cognoissance du Verbe de Dieu premier qu'il print le voyle de nostre humanité, il a veu comme le filz s'engendre du pere, & comme le sainct esprit par vn ineffable mystere procede du pere & du filz, quand il dit: Mais ceste diuine puissance, qui est Dieu, auec son Verbe a produit vne autre supreme puissance, qui n'est auec luy qu'vn Dieu, qu'vn feu, qu'vn esprit, qu'vne diuinité, & maiesté. Il a veu d'auantage la diuine pensée par son abondante fertilité s'estendre aux choses estranges, & reculées de sa diuine maiesté: & à l'exemple de son Verbe diuin former toutes choses, & distribuer à vne chacune d'elles selon son genre, tant en l'air, comme en l'eau, & en la terre, sa nature & proprieté. Et comme vn peu apres il crea l'hôme a son image & semblance, auquel il donna la puissance, & domination sur toutes choses sensibles. Lequel incontinent tomba de la sphere intelligible, c'est à dire, de la contemplation de son Dieu, & iustice originelle, en la sphere des choses corporelles, & concupissibles. Dont c'est ensuyuie l'origine, & commencement de tous maux. Et finablement côme par permition diuine a esté deslié le neu de toutes choses, & l'homme auec toutes les autres creatures a esté soubmis à la mort. Qu'est ce
d'auen=

d'auantage ce qu'il dit icy, Dieu auoir a haute voix
crié par sa sainte parole: Produisez, deuenez grans,
& vous dilatez toutes mes semences, & mes œu=
ures: sinon ce que dit Moyse: Croissez, & multipli=
ez, & emplissez la terre? En apres Mercure nous
instruit de la maniere d'auoir acces a ceste diuine
pensée, & nous declare l'erreur qui nous en recule:
& qui sont ceux ausquelz ceste diuine puissance fa
uorise, & desquelz elle s'eloigne. Et que comme tout
ainsi que par certains degrez nous tombons, & de
generons de l'intellectuelle, & immortelle nature es
choses caducques: aussi que par certains & oposi=
tes degrez, nous sommes reintegrez au premier e=
stat de nostre pur & entier esprit. Moyse par diui=
ne ordonance fut conducteur du troupeau hebrai=
que, & Mercure de celuy d'Egypte: lequel il paist
maintenant, & nourrist de saincte institution: main
tenant auec hymnes & action de grace collaudant
le pere & createur de toutes choses, il s'esleue en la
vie & lumiere de diuine contemplation. Voylà le
sommaire & contenu de Pimander.

### Dialogue I.

Omme vne foys ie pensois à la
nature des choses, & esleuois
la subtilité de mō esprit au ciel,
ayant mes sens corporelz lors
nō moins assopis, que ceux qui
a cause de trop grāde repletion

A ii     ou

ou autre ennuy & facherie qui leur auient, sont de sommeil opprimez : soudain me sembla voir quelqu'vn de fort grande stature corporelle, qui par mon nom m'apelant, en telle sorte s'escrioit. Qu'est ce, ò Mercure, que plus tu desires ouyr, & voir? Qu'est ce que tu souhaites apprendre, & entendre? Adonc tout transporté d'effroy, luy demanday qu'il estoit. Ie suis, dit il, Pimander, la pensée de la diuine puissance: parquoy regarde ce qu'auras vouloir de sçauoir, & entendre, car en tout & par tout t'ayderay. Lors luy fy responce que i'auoys grand vouloir d'aprendre la nature, essence, & ressort de toutes choses : & principallement de cognoistre Dieu le facteur d'icelles. A quoy me dist. Employe toy donc de tout ton cueur & affection, à m'aymer, & te rendray sçauant & expert, en tout ce que tu desires sçauoir & comprendre. Ce dit, changea sa forme en laquelle s'estoit a moy apparu, & me descouurit & reuela soudainement tout ce que ie desiroys. De sorte que ie vy clairement vn fort grãd spectacle, & espouuentable vision. Sçauoir est qu'il me sembloit que toutes choses fussent conuerties en vne fort doulce & amyable lumiere, laquelle contemplant merueilleusemẽt me delectoit. Vn peu apres quelque vmbre horrible, & emerueillable par vn ply & tournoyement de trauers, descendoit peu a peu par dessouz, laquelle se conuertissoit en vne nature humide, esmeute d'vn

*Le commencemẽt & fin de sa conoissance est de aymer Dieu.*

*Le chaos ou confuse vnité de toutes choses.*

te d'vn grand trouble & emotion. D'ou auecq' violance & impetuosité sailloit vne grosse fumée, faisant vn grand son, duquel sortoit vne voix. Laquelle ay bien estimé estre la voix de la susdite lumiere. De ceste voix de lumiere, est sortie la parole, laquelle aydant & prestant faueur a nature humide l'entretenoit en chaleur. Mais des entrailles de ceste nature humide vn vray feu s'enuolant, soudainement à cause de sa legiereté à monté en hault. L'air semblablemét, qui de sa nature est agile & subtil, obeïssant à l'esprit, à obtenu & occupé le mylieu de la region entre l'eau, & le feu. Mais l'eau & la terre estoient ensemble en telle sorte meslez, que le dessus de la terre estoit tellement noyé & abismé, qu'en nul lieu n'aparoissoit, lesquelz deux ont esté puis apres muz & separez l'vn de l'autre par le verbe spirituel, qui estoit porté sur eux, bruiant & retondissant de toutes parts a l'entour de leurs oreilles. Alors me demanda Pimander si ie comprenoys ce que denotoit ceste vision. Auquel fy responce que non: mais que i'auois grand vouloir de l'entendre, moyennant que son bon plaisir fust me la declarer. Adonc dist. Ceste lumiere que tu as veuë, n'est autre chose que moy puissance diuine, ton souuerain Dieu & createur, plus ancien incomparablement, que nature humide, qui est yssue de l'ombre. Mais le germe de la pensée diuine, est le Verbe lumi-

*Voix de lumiere.*

*Les quatres elemens.*

*Gene.1.*

*Le Verbe lumineux, Iesus Christ. Ioan.1.*

A iii neux

neux, filz de Dieu. Dequoy, m'efmerueillant, quoy donc, dy ie! Il eſt ainſi, dit il, comme ie dy. Mais à fin que plus ayſement tu l'entendes, penſe que ce qui en toy voit & oyt, ſoit le verbe diuin, & ton entendement ſoit Dieu le pere. Car il ne ſont point deſioints, ny ſeparez l'vn de l'autre, mais entre eux deux ny a qu'vne ſeule vnion & ſocieté de vie. Adonc l'ay mercié du plaiſir qu'il m'auoit fait. Et m'a admonneſté de ſoigneuſemét conſiderer en moymeſme auant toutes choſes, & de parfaitement cognoiſtre la lumiere, qu'auois veuë au parauant. Tantoſt qu'il à eu acheué ſon propos, ie l'ay encore de rechef ſupplyé de me donner à cognoiſtre ſon eſſence. Ce que ſi toſt qu'il eu fait, i'aperceu incontinent en mon entendement auoir vne ſi grande clarté, & de ſi grand force & vertu eſpriſe, qu'il ne m'eſt loyſible de le ſçauoir dire ny raconter: cōme ſi vous vouliez dire vn feu grandement embraſé, & allumé d'vne merueilleuſe & exceſſiue ardeur, & me meſtroiant en ſa fermeté, vertu, & embraſement. Ce que i'ay aperceu par la parolle de Pimander: lequel me voyant ſi fort tranſporté de frayeur, m'a de rechef amyablement conſolé, en me diſant. As tu pas aperceu, & ſenty en ton entendement la premiere eſpece, s'enforciſſant continuellement de plus en plus d'vne puiſſance & vertu infinie? Ainſi aucunement eſt il de moy Pimander. I'ay puis

*Dieu, feu conſumant. Deu. 4. Hebr. 12.*

puys apres plus outre inferay, en luy demādant
d'ou auoient pris leur origine les Elemens de *D'ou ont*
nature. Lequel me respondit, que c'estoit de la *leur origine*
volonté de Dieu, lequel de grande affection *les elemēs de*
aymant son verbe, & considerant le monde *nature.*
qu'il auoit fait, estre doué de grand' beauté, à
l'exemple d'iceluy a exorné ce qui restoit des
siens propres elemens & semences vitalles. D'a- *Le saint es-*
uantage ceste diuine puissance qui est Dieu, vie *prit proce-*
& lumiere, tres plein de fertilité de l'vn & de *dant du pere*
l'autre sexe, auec son Verbe a produit vn autre *& du filz.*
supreme puissance, laquelle n'est ensemble a-
uec luy qu'vn Dieu, qu'vn feu, qu'vn esprit,
qu'vne diuinité, & maiesté. Il a fait en apres sept *Creatiō des*
gouuerneurs, pour & à celle fin de gouuerner, *cieulx.*
regir, & embrasser auec leurs cercles le monde
sensible. La disposition & ordonnance desquelz, s'apelle destinée fatalle. A la fin le Verbe diuin a assemblé & conioinct des Elemens *Fatalle de-*
inferieurs le vray & pur artifice de nature, le- *stinée.*
quel a esté vny & conioinct à la puissance diuine, attendu qu'il estoit a elle consubstanciel.
Et ont esté delaissez les Elemens de nature pen-
dre contre bas, sans en auoir autre raison, ou solution, sinon affin qu'ilz fussent comme la seule matiere & subiect à generation & corruption.
Finablement la diuine puissance ensemble auec *Le tourne-*
le verbe qui au parauant retenoit les spheres *ment des a-*
qu'elles ne tournassent, les a soudainement fait *stres.*

A iiii tour-

tourner auecq' vne merueileuse force & violence: en contraignant son organe & facture celeste luy obeyr, en luy commandant tourner des le commécement sans commencement, iusques à la fin, sans fin. Car aussi commence elle d'ou elle fine. Ce que certes n'est autre chose que le circuyt, & tournoyement de tout ce que nous voyons. Au surplus ainsi que bon a semblé à la diuine puissance, elle a fait & cóposé des Elemés inferieurs les bestes brutes & sans raison. Car aussi ne leur a elle donné aucune raison. L'air a produit les oyseaux, & l'eau les poisons. En la sorte pareillemét qu'il a pleu à la puissance diuine, l'eau & la terre, qui au parauát estoiét meslez ensemblement, ont esté distinctez & separez. Et la terre a produit puys apres, & enfanté les animaux, qu'elle contenoit au dedans de soy. A' sçauoir les vns à quatre piedz, les autres n'en ayans point, mais seulement qui se coulét & trainent sur la terre, les aucuns sauuages, les autres champestres, les autres domestiques. Mais le pere, qui est l'intelligence, vie, & lumiere de toutes choses, voulant par vn hault fait consommer ses œuures, a crée l'homme à son image & semblance: & en luy, comme à son propre & naturel filz, s'est esiouy, & compleu. Et ce à cause qu'il le voyoit estre acomply en toute beauté, & qu'il portoit l'image & semblance de son pere & createur. Car Dieu au vray dire fort delecté en

*Creation de l'homme à la semblance de Dieu.*

ET SAPIENCE DE DIEV.

été en sa propre figure, & illustre marque, qu'il voyoit reluyre en l'homme, à voulu que toutes les œuures qu'il auoit faites au parauant, fussent asseruyes à l'homme pour son vsage. Lequel se voyant seul apres Dieu auoir la domination sur toutes choses, & regardant comme Dieu les auoit crées en temps & en lieu, il a pareillement attenté de sa part à l'exemple du Createur de faire le semblable que luy. Dont est tombé de la contemplation de son pere le Createur en la sphere de generation. Et comme fust qu'il obtint la puissance sur toutes choses, il a aussi esleué son entendement vers l'œuure des sept gouuerneurs du monde, à fin de comprendre par la viuacité de son esprit, leurs offices & actions. Dont eux s'esiouyssans de l'aprehention & vouloir humain, vn chacun d'eux a rendu l'homme parricipant de son propre ordre & discours. Lequel apres auoir apris & cogneu leur essence & resort, & veu leur propre nature, desia fort desiroit penetrer par le moyen de son esprit, resouldre, & expliquer, que pouuoit estre la rondeur & circuit de ces cercles: & comprendre la vertu du gouuerneur qui preside au feu. Et qui se voyoit auoir eu de Dieu la puissance & dominatiõ sur toutes bestes brutes & sans raison, il s'est esleué, & par vne harmonie est sailly iusques es cieux, les penetrant iusques à auoir leur entiere cognoissance, & donner solution d'iceux &

*Cheute & ruine de l'hõme.*

*Philosophie naturelle.*

demonstrer

DE LA PVISSANCE

demonstrer par viue raison la nature qui pend contre bas n'estre autre chose qu'vne belle face & figure de Dieu. Lequel homme apres auoir bien & diligemment speculé la beauté de ceste nature estre fort plaisante & agreable, ensemble tout l'œuure & action des sept gouuerneurs: & mesme qu'il possedoit l'image & semblance de son Dieu, il luy a soubriz, & d'vn affectueux amour fauorisé. Et ce à raison qu'il speculoit en l'eau comme l'image & charactere de l'humaine beauté, & quelque grand merueille d'icelle estre cachée & musslée en la terre. Se voyant donc auoir vne semblable effigie comme il la voyoit en l'eau, l'a grandement aymée, desirant se mesler auecq' elle à fin d'engendrer & procreer son semblable. Quant & quant l'effait a ensuyui sa volonté, dont a engendré vne forme, aliene toutesfoys & non participante de raison. Mais nature aymant celà en quoy du tout estoit transporté & rauy son desir, c'est auec iceluy meslée & conioincte. Car entre toutes bestes terriennes, l'homme seul est estimé de double nature. Mortel premierement à cause du corps, secondement immortel à cause de l'homme substantiel, c'est à dire, de l'ame. Car au regard d'elle, il n'est nullement soubmis à la mort, & par celà obtient la maistrise & domination sur toutes autres creatures de ce monde. Mais toutes autres choses viuantes,
& sub-

*La semblance de l'homme en l'eau.*

*l'home seul de double nature.*

& subiectes à fatalle destinée, l'endurent des deux costez. L'homme donc a esté autresfoys superieure harmonie (c'est à dire tout celeste) mais estant tombé en l'harmonie inferieure de ce monde (c'est à dire, apres auoir decliné de la contemplation de Dieu son pere, tournant son vouloir aux choses caducques & fragiles de ce monde) a esté serf, & quant à son corps, soubmis à toute calamité & infortune. Estant ce neantmoins muny de fertilité des deux sexes par celuy qui est la source & origine des arbres & ruysseaux, & maintenu soigneux & vigilant par celuy qui iamais ne dort, pour regir & gouuerner ce que luy a esté soubmis, est contregardé que totalement ne perisse. Or entends que cest cy le mystere qui a esté celé iusques à present au genre humain. Car nature se meslant auec l'homme, a fait vn miracle, qui surmonte l'admiration & merueille de tous autres miracles. Car luy bien instruit par le pere & l'esprit (desquelz ay parlé vn peu au dessus) de l'harmonie des sept gouuerneurs, & enseigné quelle estoit leur essence & proprieté, nature n'a aucunement resisté. Mais qui plus est, elle a soudain fait & produit sept hommes selon les natures & proprietez des sept gouuerneurs, participans ensemble du masculin & femenin sexe. Ne me pouuant plus contenir, i'ay à la fin ainsi inferé. O Pimander diuine

*L'homme pour son peché asseruy à toute calamité.*

*La nature des astres de laquelle il dit l'homme participer.*

uine puissance, i'ay vn peu au dessus esté espris d'vn passionné desir de sçauoir, & cognoistre les secretz de nature, lesquelz vous a pleu me declarer: au reste il sera en vous, s'il vous vient à gré de parfinir le surplus, & de ne me laisser suspend & douteux en aucune chose concernant les effaitz de nature. A' quoy me respondant, a commandé me taire, attendu qu'il n'auoit pas (ainsi qu'il disoit) encores paracheué son premier propos. Adonc dist. Tu dois sçauoir, que la generation des sept gouuerneurs (comme i'ay dit) a ainsi esté faite: car l'air femenin & l'eau idoine de conceuoir, a du feu pris sa maturité, & du ciel l'esprit: & ainsi nature a conglutiné les corps pour au vif tirer l'humaine espece. Mais elle n'a pas procedé à faire l'ame & l'entendement, de vie & lumiere indiferemment. Car la vie luy a donné l'ame, & la lumiere l'entendement. Or fault entendre que tous telz membres prouenoient des sens du monde iusques à la fin de la reuolution & circuit des principautez, & commencemens, ensemble de tous genres. Au surplus entends, & retiens le reste de mon propos, lequel n'agueres tu disois auoir si grand vouloir d'ouyr, & entendre. Le circuit finablement des sept Gouuerneurs paracheué & reuolu, le neu de toutes choses (comme Dieu a voulu) a esté delié. Car tous animaux tant masculins

*L'ame & l'entendemēt*

*Dissolution du neu de nature.*

sculins que femenins, & l'homme pareillement, qui au parauant ne pouuoient engendrer ny conceuoir, ont esté dissoulz. De maniere que les masles d'vne part, & les femelles de l'autre, se faisoient & parfaisoient. Et Dieu incontinent par sa sainte parolle a crié à haute voix, en leur disant: Produisez, croissez, & vous dilatez, toutes mes semences, & toutes mes œuures. Vous aussi ausquelz est presté quelque portion part est d'entendement, recognoissez vostre genre, & considerez vostre nature estre immortelle. Sçachez que l'amour & affection desordonnée de ce corps, est cause de la mort. Aprenez doncques parfaitement la nature de toutes choses. Ce dit, la diuine prouidence par vne fatalle destinée, & harmonie, a inspiré es corps de tous animaux tant mortelz, comme immortelz les mixtions des semences generatiues: & ainsi a ordonné les generations, dont toutes choses selon leur genre propre & naturel se sont estenduës, & dilatées. Finablement celuy qui s'est recogneu sans tomber en infame, ingratitude & mescognoissance des biens du Seigneur, & autheur de tout bien, a conquis ce souuerain bien, qui est sur toute essence. Mais celuy qui a esté trop curieux de ce corps mortel, & qui l'a outre mesure aymé, s'est enuelopé es horribles tenebres de la mort, apperceuant assez par ses sens les maux & calamitez,

*Gene. 1.*

*L'amour du corps cause de la mort.*

*Recognoissance de Dieu.*

*Mescognoissance de dieu.*

mitez, qui d'elle prouiennent. A' ce propos ie l'ay ainſi interrogué. Que delinquent tant les ignorans, pour eſtre ainſi priuez d'immortalité? Me reprenant aigrement, me diſt que ie monſtrois n'entendre pas aſſez ce que de luy auois entendu. A' quoy luy reſpondy, que ores que i'euſſe dit de prime face ne l'entendre, ſi eſtoit ce qu'adoncq' le comprenoys, & en eſtois bien recordz: fors qu'il y auoit encores vne choſe de laquelle ne me pouuois aſſez eſmerueiller, à ſçauoir pour quelle raiſon eſtoient dignes de mort ceux qui mouroient. Et diſt que c'eſtoit à cauſe d'vne ombre triſte & hideuſe, laquelle auoit precedé leurs propres corps, de laquelle eſtoit yſſue nature humide, dont a eſté fait le corps de l'homme en ce monde ſenſible, duquel corps procede la mort. N'entens tu pas bien celà, ô Mercure, diſt il? Tu entens auſsi (comme i'eſtime) la raiſon pourquoy au contraire celuy qui ſe congnoiſt & obeyſt à Dieu, eſt mué en nature diuine, ainſi que le Verbe diuin te l'a donné à entendre. C'eſt, dy ie (comme ie penſe) à cauſe que le pere de toutes choſes, qui eſt Dieu, duquel l'homme ha ſa naiſſance, conſiſte de vie & de lumiere. C'eſt celà, diſt il, tu dys bien. Car Dieu le createur & pere de toutes choſes, eſt lumiere, & vie, par lequel eſt fait & crée l'homme. Si doncques tu te cognoys eſtre de ceſte

*Ceux qui pechent par ignorance.*

*Raiſon pour quoy meurt l'homme.*

*Pourquoy celuy qui ſe cognoiſt eſt mué en nature diuine.*

vie

vie & lumiere fait & composé, tu monteras
lassus en la vie & lumiere. Cecy entendu ie
l'ay en oultre requis à me declarer plus à plain
le moyen, qu'il fault tenir pour paruenir & a-
taindre à ceste lumiere & vie perdurable. A'
quoy me fist responce que Dieu, qui est supreme puissance, pour ce faire auoit commandé à
l'homme, qui participe de raison, se congnoistre soy mesme. Dont inferant, ie luy dy que *Se conoistre*
vn chacun n'auoit pas sens & entendement à *soy mesme,*
ce faire. Non (m'a il dit) c'est parlé sagement *moyen pour*
Mercure. Car moy Pimander puissance diuine, *acquerir la*
ie done secours & ayde aux bons, & gens de bie͂, *vie eternel-*
qui sont purs & netz de conscience, & qui crai- *le.*
gnent Dieu, & luy portent honneur & reuerence, comme il luy appartient, & qui veulent
tousiours en celà perseuerer, & viure vertueusement, & ma presence leur fauorise en tous
lieux, & donne support, de maniere que tout
soudain ilz congnoissent & entendent toutes
choses, & ont le pere celeste fauorable, pro-
pice, doulx, & bening, en tout ce qu'ilz le requierent. Et par ce, eux comme gens de bien,
& non ingratz, luy rendent graces bien deuo- *L'œuure*
tement, & auecques hymnes, & cantiques so- *d'vn homme*
lennelz, le collaudent & magnifient, & of- *de bien.*
frent liberalement leurs corps à la mort. Finablement fuyent toutes delices corporelles, voy-
ans clairement combien sont perilleux tous attraitz,

DE LA PVISSANCE

*La fin des iniques & meschans.*

traitz, & allichements de la chair. D'auantage moy diuine puissance exerçant l'office d'vn portier, ne permets ceux qui tombent es lacqs, embuches, & tentations de la chair, finir leur vie comme gens de bien : ains auant leurs iours ie ferme de toutes pars la voye, par ou les infames voluptez, & autres lubricitez corporelles ont coustume de couler es parties du corps, en estraignant tous leurs nourrissemens, & pastures. Et entant que ie suis preste & apareillée de suruenir aux bons, d'autant au contraire ie suis eslõgnée de gens sensuelz, estourdiz, meschans, paresseux, enuieux, iniques, homicides, & de tous autres vices polluz : les laissant à la puissance du diable, pour se venger de telles iniquitez. Lequel embrasant de plus en plus la fournaise de leurs peruerses volontez, affligé & tourmenté leur sens. Et beaucoup plus iournellement induit l'homme à perpetrer telles enormitez & delitz, à fin qu'iceluy soit soubmis à plus grief tourment, qu'il a plus grieuement offensé. Et sans aucun interualle, il l'in-

*Tentatiõ du diable & punition du peché.*

cite à insatiables concupiscences : quecques luy se combat es tenebres, examine son peché, & augmente l'impetuosité & ardeur du feu, pour luy donner plus grief & horrible tourment. Adoncq' luy dy. O diuine puissance, vous m'auez soigneusement, de vostre grace, expliqué & donné à entendre tout ce que ie demandois, fors dois fors que ie vousisse bien qu'en oultre vous me exposissiez ce que doit auenir apres la mort d'vn chacun de nous. En premier lieu (dist il) il te conuient entendre que au definement & resolution de ce corps materiel, il se change en vne autre nature, & se desguise: de maniere que la figure qu'il auoit au parauant se cache, & se fait insensible desormais, c'est à dire, se reduit en pouldre iusques à ce que nous ressuscitions en corps & en ame. Les meschantes meurs pareillement que l'homme auoit, sont au diable delaissées. Les sens corporelz, qui estoient vne partie de l'ame, recoulent en leurs premieres sources & fontaines. Lesquelz à quelquesfoys doiuent resusciter en leurs premieres offices & actions naturelles. En oultre, les vertuz irascibles & concupiscibles se conuertissent en vne nature, n'ayant aucune apparoissance de raison. A' la fin ce qui reste de l'ame, retourne en hault par vne harmonie: & par ce moyen, est rendu à chascune planette ce que luy appartient, c'est à dire, sa proprieté & vertu, de laquelle vn chacun homme participe. A' la premiere, est rendu son office de croistre & decroistre. A' la seconde, la redoutable machination & malicieux controuuement de tous maux, & cauteleuses deceptions. A' la tierce, l'oysifallichement de concupiscence. A' la quarte, la faulse, & insatiable ambition, tendant tousiours

B  à do-

*Comme se fait la dissolution du corps & de l'ame.*

*Les vertuz des astres desquelles l'homme participe.*

à dominer sur les autres. A' la quinte, la prophane arrogance, & audacieuse temerité. A' la sixiesme, les deprauées & meschantes occasions à paruenir à richesses. A' la septiesme l'enraciné mesonge. Adonc l'ame despouillée du motif de ceste harmonie, ayant recouuré sa propre force & vertu, retourne en sa tant desirée nature, auec ceux qui sont au lieu des bienheureux collaudāt à tousioursmais, auec hymnes & louages diuines le pere celeste. Lesquelz tu⁹ reduiz, & colloquez

*Le lieu des biē heureux.*

lassus au renc des puissances angeliques, & estás mesme faitz puissances angeliques, ont pleine & entiere iouissance de Dieu. Ce qu'est le souuerain bien qu'vn chacun qui se cognoist doit

*Le souuerain bien qu'vn chacun doit desirer.*

singulierement appeter, sçauoir est, d'estre fait Dieu. A' quoy doncques d'icy en auant dois tu ton soing & solicitude appliquer, sinon puys qu'ainsi est que tu as tout cecy parfaitemēt comprins & entendu, tu fois aussi le guidon de ceux qui sont dignes de ton trauail, à fin que le genre humain puisse par ton moyen obtenir le salut diuin? Apres doncques que Pimander m'a eu telles ou semblables choses declaré, il c'est de moy disparu, & c'est reduit au nombre des diuines puissances. Et moy tout consolé, & fortifié de sa parolle, & estant en tout & par tout enseigné en l'ordre & proprieté de nature, me suis leué de terre, en collaudant le pere & createur de toutes choses, & luy rendant action de grace

grace de m'auoir fait tant de bien, sans l'auoir
desseruy, de mé monstrer si clerement tant &
de si merueilleux mysteres. Et des lors com-
mençay à annoncer aux hommes & magnifier
l'excellence & beauté de sa diuine bonté, & e-
minente science, en disant. O' peuple terrien, *Exhortatiõ*
qui t'es le temps passé adonné à yurongnerie, *tres saincte*
sommeil, paresse, & ignorance, vys d'oresna- *de Mercure.*
uant sobrement, & te garde de ceste infame &
deshonneste luxure, qui t'es tant delecté à cest
irraisonnable & profond sommeil d'ignorance.
Eux doncques obeyssans à mon dire, tous d'vn
accord ont à moy adheré. Ce que voyant, ay
plus oultre inferé en les exhortant de leur salut.
D'où vient celà, que vous tous terriens, vous
vous precipitez ainsi à la mort de vostre pur &
franc vouloir, attendu qu'auez pleine puissance d'vne fois acquerir ( si vous voulez ) le salut
immortel de voz ames ? Reprenez doncques &
r'assemblez voz espritz, & venez à vous cognoistre, qui auez esté par cy deuant si longuement
enseueliz en l'orde obscurité d'ignorance, &
pauureté d'esprit. Esloignez vous, separez
vous de ceste obscure & tenebreuse lumiere.
Receuez ceste immortalité icy, laquelle est deuant voz yeux proposée, & mettez fin à ceste
corruption de vie. Adonc les aucuns obstinez,
& endurciz en leurs vices detestables, apres *les obstinez.*
m'auoir ouy parler, tournoyent tout à mocque-
B ii rie,

rie, & me reputans comme insensé, ayants les yeux bendez d'infelicité & desespoir de salut, s'en alloient trebuscher en la voye de mort & de perdition. Les autres esmeuz de mes parolles se gettoient à mes piedz, & à mains ionctes me pryoient de les bien instruyre & endoctriner en la voye de Dieu. Les soulageant doncques & attirant à moy, ay esté faict leur capitaine, chef, & conducteur. Car ie leur monstrois quel moyen falloit tenir & garder pour acquerir le salut immortel, en tousiours parlant à eux par parolles de sagesse & prudence. En maniere qu'ilz se sont retirez des procelleuses tempestes, & abismes infiniz de ceste obscure mer de tenebres. Finablement quand le soir s'aprochoit, le Soleil declinant en Occident, sur toutes choses leur commandois de bien & deuotement rendre graces à Dieu pour tous ses biens. Et ce faict vn chacun se couchoit en son lict. Moy pareillement apres auoir impetré de Pimander ce dequoy l'auois requis me declarer, i'ay escrit & imprimé au profond de mon entendement ce singulier plaisir qu'il luy a pleu me faire, & me suys reposé, estant de ce grādement recrée. Tant que tout le sommeil de mon corps n'estoit qu'vne pensée & cogitation des choses diuines. La closture de mes yeux, qu'vn vray regard d'icelles. Tout mon silence, qu'vne fertile conception de toute bonté. La prola-

*Les pitoyables.*

*Le fruict de Mercure.*

*Le diuin repos de Mercure.*

prolation de mes parolles, qu'vn engendrement de tous biens. Toutes lesquelles choses n'ay sceu aucunement ny cogneu, si non seulement par Pimander, c'est à dire, par le verbe de la diuine puissance. Estant doncques inspiré de l'esprit diuin, ay sceu & cogneu l'entiere & parfaite verité de toutes choses, dont ay rendu graces de tout mon pouuoir à mon Dieu, à la maniere qui s'ensuyt. Sois sanctifié mon Dieu pere eternel de toutes choses. Sois sanctifié mon Dieu, qui fais & acomplys ta volonté de ta propre puissance. Sois sanctifié mon Dieu, qui toy mesme te donne à cognoistre à tes familiers & amys. Sois sanctifié mon Dieu, qui as fait & constitué toutes choses par ta saincte parolle. Sois sanctifié mon Dieu, duquel l'image & figure est toute nature. Sois sanctifié, qui ne fus oncques formé ny créé par nature. Sois sanctifié, qui es incomparablement plus puissant qu'aucune puissance. Sois sanctifié, qui es plus excellent que toute excellence. Sois sanctifié, qui es meilleur que toute louange. Reçoy les saintz sacrifices de mes parolles, que ie t'offre d'vn cueur franc & entiere volonté, comme il t'appartient estre fait, qui es ineffable, & qui doibt estre loué & magnifié seulement du cueur de ceux qui fuyent les fallaces & deceptions de ce monde, entierement contraires à la cognoissance de verité. Donne moy ce

*Action de graces de Mercure.*

*Ceux desquelz Dieu veult estre loué.*

Biii qu'il

qu'il te femblera m'eftre bon & proffitable. Fortifie moy & corrobore en ta fainte grace, & fais d'icelle participans ceux qui font en ignorance, qui font mes freres par confanguinité du premier pere terrien, & tes enfans par creation. Et de fait aufsi ie te donne ma foy totallement, & n'ay fiance ny creance en aucun fors qu'en toy mon fouuerain Dieu & protecteur. Et de toy, felon mon petit pouuoir, ie donne tefmoignage, en croiffant toufiours, & m'efleuant, & fortifiant en toy, qui es la vie, & lumiere donnant clairté à ceux qui en toy feul fe fient & appuyent. Car l'homme fçachant que tu es le pere digne de toute louange, & que tu l'as fait à ton image & femblance, a efperance d'auoir à la fin fruition de ta beatitude, & perpetuelle felicité, atendu qu'en ce mortel monde luy as donné la puiffance & domination fur toutes autres chofes par toy faites & crées.

*La foy de Mercure.*

L'argument du fecond Dialogue.

En ce

En ce second, il declare que Dieu est à l'homme seul sur toutes creatures intelligible, au moyen de raison, de laquelle il participe. Il veult donner à entendre que c'est que de Dieu, & le cherche à ceste fin par le centre de la terre, par le Pole, par le lieu auquel sont toutes choses meuës & agitées, ensemble par les formes & especes de toutes choses: en prouuant que c'est luy, à l'entour duquel, auquel, & duquel elles sont meuës, estant neantmoins tousiours stable & immobile: & quant à soy continuëllement tout vn, sans variation ou alternation aucune. Il prouue en apres n'estre rien en ce monde qui puisse estre vuyde, mais au contraire ce qui semble l'estre, estre sur toutes choses plein. Il veut pareillement monstrer à Esculapius par ses responses, estre trop plus facile de ne sçauoir que c'est que Dieu, que de dire que c'est au vray. Que c'est toutesfois vn absolut & parfait bien, & le pere, duquel l'office est d'engendrer toutes choses. Ce qu'estant entendu de la generation interieure de Dieu, laquelle est & demeure tousiours en sa diuine nature, s'acorde à nostre religion Chrestienne. Ce qu'il dit aussi que le nom de bien conuient à Dieu seulement, & non à autre, est acordant à la verité euangelique, ou il est dit: Pourquoy m'appelle tu bon? Nul est bon fors qu'vn seul Dieu. Et ce qu'il met à la fin de l'extreme calamité de ceux qui decedent sans enfans, est vne sentence cachée, ayant autre intelligence que la literalle.

B iiii Car

Car il faut entendre cela non de l'engendrement du corps, ains de celuy de l'ame: les enfans de laquelle sont les conceptions de vertu, dont le masle est sapience, à fin de contempler Dieu & sa tres diuine puissance. En quoy nous est donné doctrine de fuir sur toutes choses la sterilité de l'ame, & engendrer lignée, laquelle nous puisse faire quelque fois bien heureux: & d'imiter par ce moyen (entãt qu'à nous sera possible) par la fecondité de nostre entẽdement celle de nostre pere, qui continuëllement engendre.

## VN TRAITE ET DISCOVRS General de Mercure à Esculapius.

### Dialogue II.

*Entens cecy du pere & non du filz, lequel est de luy eternellement engẽdré.*

Vant à Dieu & à sa diuinité mesme, ie dy maintenant que c'est vne chose qui ne fut oncques engendrée ny crée, car de fait elle ne l'est point. Laquelle chose si elle est diuine: elle est essence. Mais si c'est Dieu mesme, aussi est il sur toute essence. Ce que certes se doit entendre en telle maniere. Car Dieu premierement ne s'entend pas soy mesme en la sorte que nous l'entendons (qui se fait par intelligence sensuelle & crée, par quelque espece de soymesme distincte & separée) mais il s'entend seulement par sa propre essence, & par vn tres simple

simple acte. Et que ainsi soit entends que l'intelligence de tout ce que l'homme aperçoit luy auient & eschait peu a peu par ses sens. Dieu doncques ne s'entend pas soymesme ainsi: au moyen qu'il ny a rien estant de soymesme, cōme est Dieu, qui se donne à entendre autre chose, que ce qu'il entend de sa propre essence & nature. Mais pour autant qu'il y a grande difference de luy à nous, à ceste occasion il est entendu de nous par quelque accident (c'est à dire) par le moyen de raison, de laquelle nous participons. Or s'il aduient que lieu se puisse entendre, non pas toutesfois Dieu : mais pour mieux dire, ne lieu aussi ce peult assez cognoistre, que ce soit, sans quelque adionction. Mais s'il auient qu'il se cognoisse ainsi que Dieu, non certes ainsi que lieu, ains comme vn acte diuisé. Aussi tout ce qui reçoit motion, ne le reçoit pas en ce qui est meu : mais en quelque fermeté. Ce que aussi meult vne autre chose, il fault qu'il soit fixe & immobile. Au moyen qu'il est impossible qu'il puisse estre agité ensemble auecques ce qui est esmeu. ESCVLA. Comment ce fait il doncques Trismegiste que les choses qui sont en ce monde, soient changées auecques celles qui sont agitées ? Car tu as autresfois dit que les spheres erratiques se mouuoient par le moyen de celle qui est fixe. TRISMEGISTE. Ce que tu appelles mou-

*Il prouue que Dieu ne se peult cognoistre par les sens humains quant à sa sustance à cause qu'il est vne puissance non limitée.*

*Que toutes choses sont meuës en Dieu.*

uement

uement, ne se doit ainsi appeller, ó Esculape, mais plus tost resistence, & contrarieté. Car tu dois sçauoir que les spheres ne cheminent pas de mesme sorte & moyen, ains au contraire l'vne de l'autre. Et par ainsi leur oposition & contrarieté, contient le froissement ferme du mouuement. Car la repercution de la fermeté, est l'agitation d'icelles. Et par ce les spheres erratiques subalternatiuement, & totallement au contraire l'vne de l'autre discourans ensemble, l'vne deça, l'autre delà, par vne contrarie rencontre propre d'vne chacune & particuliere aupres de telle opposition, sont agitées & esmeutes par celle qui est stable qu'on apelle premier motible. Ce que veritablement ne se peult autrement faire. Et qu'ainsi soit ie te voudroys demander : ces deux signes que l'on appelle vulgairement Ourses (lesquelz tu sçais ne se leuer ny coucher, ne hausser ny besser) recourans sans cesse à l'entour du Pole Articque, qu'en dys tu? Te semble ilz se mouuoir, ou bien estre fermes, & consister sans aucun mouuement? ESCVLAPIVS. Ie cuyde qu'ilz se mouuent ó Trismegiste. TRISMEGILTE. Par quel mouuement? ESCVLAP. Par celuy qui court sans cesse & tournoye à l'entour du Pole. TRISMEGIS. Mais ie dirois que ce tournoyement ou circuit, qui ainsi tournoye à l'entour du Pole, fust vn mouuement contenu

*Comment se fait le mouuement des cieux.*

*Ourses sont deux estoilles qui tournoient sans cesse à l'entour du Pole Articque, la plus grande est des grecs apellée Calisto ou Elicé. La moindre cynosura.*

&

& retardé par quelque immobilité. Car ce qui tournoye ainsi à l'entour du Pole, retarde ce qui est au dessus de luy, ce qu'estāt en ceste maniere retardé, est de court & tenu, serre aupres du Pole. Et par ce moyen, le mouuement contraire est tenu ferme par l'opposition & contrarieté, laquelle est tousiours immobile. Et à fin que plus facilement tu le compraignes, ie te mettray vn exemple euident deuant les yeux, de ce qui se fait en ce monde. Tout ainsi qu'vn homme qui flote & nage en vne eau courant, la repercution des piedz & des mains fait qu'il se tienne sur l'eau, & qu'il n'aille au fond, & ne perisse: ainsi est il de ce que ie t'ay dit. ESCVLAPIVS. Asseurement Trismegiste vous auez produit vn fort euident exemple. TRISME. Retiens doncques que tout ce qui reçoit motion, le reçoit en vne, & par vne fermeté. Et par ainsi, le mouuement de tous animans qui consistēt de la matiere, ne se fait par aucunes choses, qui soient hors du monde. Mais les choses exterieures reçoiuēt leur motion des interieures, comme l'eau, de l'esprit, ou de quelque autre chose incorporelle. Car vn corps simple ne meut pas de soy vn corps animé: mais qui plus est ny tout le corps ensemble, encores qu'il soit sans nature animée? ESCVLAP. Comment entends tu celà ò Trismegiste? TRISMEG. A' raison Esculape que les boys, les pierres & toutes autres choses qui

*Exemple euident pour cognoistre le mouuement des astres.*

*La diffinition de lame par son mouement.*

ont

DE LA PVISSANCE

ont ame, ne sont pas meuës ny agitées par le moyen de leurs corps. Car qui a il dedans ce corps qui meult ceste chose animée? Certainement ce n'est pas ce corps là, par lequel l'vn & l'autre, sçauoir est le corps de la chose qui porte, & de celle qui est portée, sont meuz. Tout ce qui dort pareillement est animé, à raison principalement qu'il meut. Ne voys tu pas doncq' clerement l'ame estre fort chargée lors qu'elle seule soutient & porte deux corps? Et qui plus est, il est notoire que ce qui est d'vn autre agité, reçoit son mouuement en quelque, & par quelque chose ferme & stable. ESCVLAP. Il fault doncques dire & conclure, ó Trismegiste, que tout ce qui se change, reçoit en ceste fermeté son changement & mutation. TRISMEG. C'est bien & sagement parlé & entendu à toy, ó Esculape. Car il te fault entendre, qu'en tout l'ordre de toutes choses de ce monde il n'y a rien vuyde. Mais seulement conuient appeller la chose vuyde, laquelle n'est point, mais est de toute essence priuée. Car il n'y a rien qui se puisse trouuer, qui (moyemment qu'il soit) puisse estre vuyde. ESCVLAP. Comment dites vous celà, ó Trismegiste? N'y a il rien en ce monde, qui soit trouué vuyde? Les vaisseaux à vin, & les puys, & plusieurs autres semblables choses, quand il n'y a aucune liqueur en elles, sont elles pas vuydes? TRISMEG. He
Dieu,

*Ceste chose ferme & stable, est dieu, qui est tousiours immuable, changeant toutes choses, inuisible voyant tout, immobile mouuant toutes choses*

*Qu'il n'y a rien vuyde en ce mõde.*

Dieu, combien tu es loing de la vraye cognoiſ-
sance des choses, ô Eſculape! Ce qui eſt ample,
& large,& ſur toutes choſes de ce monde plein
tu l'eſtimes vuyde. E S C V L A P. Comment celà
Triſmegiſte? T R I S M E G. Veux tu que familie-
rement ie te le donne à entendre? En premier
lieu, tu ne ignores point(comme ie cuyde)que
l'air ne ſoit vn corps. Or ce corps cy penetre,&
tranſpaſſe tous autres corps, & en courant çà &
là, il remplit toutes choſes. Car il eſt ſi ſubtil,
qu'il n'eſt de nulz autres corps cōpoſé, qui fait
que tout ce que tu appelles vuydé,ſoit plein d'i-
celuy. Parquoy celà ſe doit plus toſt appeller
concaue, que vuyde. Et de fait ainſi eſt il, & eſt
totallement remply d'air, & de vent. E S C V L.
Veribtalement Triſmegiſte voſtre raiſon eſt inuincible, & indubitable. Car defait l'air eſt vn
corps, qui paſſe par tout, ſans que rien luy face reſiſtence : & de ſon influence rempliſt toute choſe de ce monde. Mais que dirons nous
que c'eſt de ce lieu, auquel toute choſe reçoit
motion? T R I S M E G. C'eſt vne choſe incorporelle, ô Eſculape. E S C V L A P. Qu'appelles tu
choſe incorporelle? T R I S M. Vne penſée & rai
ſon qui de ſoymeſme ſe cōprent,ſans ayde d'ail
leurs,deliure de toute peſanteur & maſſe corpo
relle, reculée de tout erreur, impaſsible, & qui
ne peut eſtre touchée ny maniée,s'aſsiſtant & ſe
contregardant ſoymeſme, purgeant & neſtoyāt
toutes

*L'air à cau-
ſe de ſa ſubti
lité penetre
tous corps
& rempliſt
toutes choſes*

*Le lieu au-
quel toutes
choſes reçoi
uent motion*

toutes choses. De laquelle les rayons sont bonté, verité, la principale lumiere, & premiere forme des ames. ESCVLAP. Qu'est ce doncques que Dieu? TRISMEG. C'est vne chose, qui ne est nulle des predites, mais toutesfois la cause existente d'icelles, à toutes choses aydant generalement, & en particulier. Et si n'y a rien à qui ne permette d'estre, & qui de luy & en luy n'obtienne sa viue source & origine. Et qui plus est il n'y a rien en ce monde, qui ne prenne sa naissance & production de ce qui est de luy fait & crée, au moyen qu'il n'y a rien qui puisse auoir son estre de ce qui n'est rien. Attendu que ce qui n'est rien, n'a aucune nature, par laquelle il peust estre fait. Au contraire tout ce qui est, n'a nulle nature repugnante à ce qu'il ne soit. ESCVLAP. Que veux tu doncques entendre en ce que tu dys maintesfoys Dieu estre tout cecy qu'à present tu nyes ne luy competer? TRIS. Dieu au vray dire n'est pas ce que nous apellons pensée, esprit, ou lumiere: mais bien vray est, qu'il est la cause par laquelle est la pensée, l'esprit, & lumiere. Dont vient qu'il nous conuient adorer Dieu par ces deux noms, bonté, & paternité, qui luy sont propres, sans à autre competer en façon quelconque. Car entre ceux qui outre luy sont appellez ou dieux, ou anges, ou hommes, nul est qui puisse estre si bon qu'vn seul & vnique Dieu. Car luy seul est le souuerain

*Que c'est que Dieu.*

*Quil est plus facile de ne sçauoir que c'est que dieu que de dire que c'est au vray.*

*Par quelz noms il nous fault adorer Dieu.*

rain bien, & n'est autre sa nature qu'vn bien inestimable, & indicible. De maniere que toutes choses que l'on pourroit dire ou penser, sont separées de la nature de ceste haute & infinie bonté. Et qui plus est, ny le corps, ny l'ame humaine n'ōt en eux aucun lieu, auquel ilz puissent ce bien receuoir: au moyen qu'il est autant, ou plus ample, que l'essence de toutes choses, ou soit corporelle, ou incorporelle, sensible ou intelligible. Et ce souuerain bien, n'est autre que Dieu. Garde toy doncques d'icy en auant d'estimer autre bien que luy: car tel erreur seroit par trop prophane. Et ne t'auenture aussi d'estimer de Dieu autre chose, qu'vne seule supreme & souueraine bonté. Car tu ne tomberois en moindre faute & erreur au côtraire estimāt, que d'apeller autre que Dieu souuerain bien. Veu neātmoins que Dieu soit appellé souuerain bien par le cōmun langage, si est ce toutesfois qu'il n'est pas de tous entendu que ce soit. Qui est la cause dont on peult voir, que Dieu n'est pas de tous cogneu. Mais iceux par vne crasse ignorance & temerité, non seulement les dieux, ains aucuns d'entre les hommes appellent bons, lesquelz toutesfois ne peuuent estre, ny estre faitz bons. Les dieux doncques à cause de leur immortalité sont honorez par le nom de deité: mais Dieu, qui n'est autre chose qu'vne supreme & infinie bonté, est honoré & magnifié, non seulement par

*Que dieu est le supreme bien & non autre.*

*Les dieux sont les anges & ceux qui ont de dieu fruitiō.*

par l'honneur qu'on luy fait, ains de sa propre nature. Car en luy n'y a qu'vne seule nature, sçauoir est bonté infinie. Lesquelles deux appellations nature diuine & bonté diuine, à bien le prendre, n'ont qu'vne importance, dont toutes autres manieres d'appellations de bien, prennent leur diriuation. Et par ce qu'il est tout bon, il donne aussi & eslargit toutes choses vniuersellement, sans receuoir rien d'ailleurs.

Dieu doncques (pour le faire bref) n'est autre chose qu'vn souuerain bien: lequel bien au contraire, n'est autre chose que Dieu. Son autre appellation, par laquelle nous le deuons adorer, se nomme paternité, à cause qu'il crée & engendre toutes choses. Car le propre debuoir & office d'vn pere, est d'engendrer. Et pour ceste cause les gens de haut esprit & de sçauoir, ont estimé la plus excellente application, ou l'homme se peust adonner, que de procréer lignee. Au contraire la plus extreme misere & calamité, qui peust à l'homme eschoir ont dit que c'estoit de deceder sans posterité. A' l'occasion que pour ceste cause sont apres leur deces affligez des diables. Et pourtant Esculape, ie te vousisse prier de n'auoir alliace ou affinité auec celuy qui n'engendre aucuns enfans, pendant qu'il est en ce monde. Il te fault neantmoins auoir de luy commiseration & pitie, considerant quelles calamitez, & miseres, il doibt apres sa mort

*Tout cecy se doit entédre (cóme i'ay dit à l'argumét) non de l'engendremét du corps ains de celuy de l'ame, ainsi comme Dauid se cóplaignoit à dieu des malings qui luy reprochoiét la sterilité de son ame. Psal. 34.*

mort encourir. Quant au reste il sera en toy, ô Esculape, prendre en gré toutes telles choses, & de t'en remembrer: au moyen que par cela tu pourras recueillir quelque cognoissance de toutes les choses de nature.

## L'argument du tiers Dialogue.

*Le tiers recite encore comme toutes choses sont venuës à naissance, selon leur ordre & proprieté de la matiere, premier qu'elle receust aucunes formes, desquelles a esté puys apres illustrée, comme de quelques lumieres diuines. En apres comment les bien heureux espritz des cieux, accomplissent l'œuure qui leur a esté commise & deleguée du souuerain Dieu de nature. Finablemet côme a esté créé l'homme pour deux causes : l'vne pour contempler les choses eternelles : l'autre pour sçauoir discerner entre bien & mal, & pour gouuerner les choses humaines par diuerses inuentions d'artifices, & par prudence : ayant deuant les yeux le ciel, la terre, les herbes, & arbres, & toute l'alliance du monde, auecques le tres plaisant ordre de toutes choses, pour abondante matiere, à contempler, & esleuer son esprit en Dieu. Au moyen que nature ne est autre chose, que quelque liure plein de diuinité, & comme le miroir des choses diuines.*

C  Vn

# UN SAINT ET SACRÉ
traité de Mercure.

### Dialogue III.

**D**ieu est la gloire de toutes choses, diuinité, diuine nature, le commencement de l'vniuers, diuine pensée, nature, la matiere, & la sapience pour auoir la cognoissance de toutes choses. Dieu est le commencement, la diuinité, l'acte, la necessité, la fin, & renouuellement de toutes choses. Car premier que les quatre Elemens fussent separez & distinctz les vns des autres, il y auoit vne ombre infinie en l'abisme. D'auantage l'eau, & l'esprit intellectuel, estoient par puissance diuine en vne confuse vnité. Mais la saincte lumiere a espandu sa splendeur, dont a tiré hors de dessouz le sable d'vne nature humide les quatre Elemens. Ou certes lors les dieux ont esté rauis de l'amour de nature seminale, & l'ont esleué. Lesquelz Elemens apres auoir esté separez les vns des autres, qui au parauant estoient en vne confuse vnité, ceux qui se sont trouuez legiers, ont monté en la haute region, & ceux qui se sont trouuez pesans, sont demeurez soubz le sable humide. Apres doncques que toutes les choses qui estoient portées par l'esprit

*La confuse vnité des elemens & leur separation. Gen. 1.*

*Les dieux c'est à dire les astres, lesquelz à raison qu'ilz causent toute generatiõ & corruptiõ sont ditz estre nature seminale.*

l'esprit de feu, ont esté distinctes & ordonnées vne chascune en son lieu & degré, le ciel c'est esclercy en sept cercles. De sorte que l'on voyoit aysément les dieux es Idées ou especes des astres auecques leurs signes. Et les estoilles ont esté nombrées selon les dieux qui les habitent. L'entour pareillement & circuit plus large que son cours, c'est arrondy auecques vn cercle d'air, & porté par l'esprit diuin. En oultre vn chacun des dieux par vne vertu interieure a accomply & paracheué l'œuure qui luy a esté cōmise & deleguée de Dieu. De maniere qu'alors toutes choses viuantes, tant à quatre piedz, comme celles qui se trainent sur la terre, & qui habitent es eaux, & vollent en l'air, ont esté produictes. La semoison aussi de toutes choses, a iecté ses surgeons, & pullulé par ses semences: tellement qu'il n'y a rien en ce monde, tant es herbes que es arbres, & fleurs, qui n'ayt interieurement en soy son germe, & semence generatiue. Mais quant à la generation des hommes, elle n'a esté faite pour autre fin, que pour cognoistre ses haultz faitz & merueilles de Dieu, & à celle intention que l'homme fust vn tesmoignage de nature pour dominer & maistriser sur tout ce qui est caché soubz le ciel. Semblablement à fin qu'il y eust distinction des bons aux mauuais, augmentation du genre humain, & dilatation du nombre d'iceluy. Car

*Les dieux qui habitent les estoilles sont les anges, que les Philosophes ont appellé diuins moteurs des cercles.*

*Pourquoy a esté l'homme créé en ce monde.*

C ii   toute

toute ame couuerte de l'ombrage de ce mortel corps, n'est faicte ny créé de Dieu, fors à ceste seule intention de speculer le discours des dieux celestes (c'est à dire des astres qui sont les tres excellentes & magnifiques œuures du souuerain Dieu) & le discours de nature, l'exemple & suite des bons, finablement la cognoissance de la diuine puissance & maiesté. De laquelle cognoissance luy en est donné part & portion, pour sçauoir iuger & discerner entre bien & mal, & principalement pour encercher le hault & esmerueillable artifice de bien (posé neantmoins qu'il prenne commencement & origine en iceux bien & mal) & d'acquerir prudence & sagesse pour sçauoir & entendre vne partie du cours des astres, qui tournoyent le monde. En outre à fin de sçauoir qu'il luy conuient se conuertir & aplicquer à ce, en quoy apres le renouuellement des temps lors que sur terre toute corruption & generation n'aura plus de cours il y aura amples enseignemens de tous artifices. Ainsi comme il appert par l'exemple de toutes semences de fruictz, & autres œuures de nature, & d'art, lesquelles apres quelles sont en terre corrompuës, & amorties, finablement r'aieunissent & reuerdoyent par l'ancienne necessité & renouuellement des astres, & du cours du cercle de la copieuse & abondante nature. Car defait la confederation & alliance de ce monde

*A quelle intention a donné dieu sa cognoissance à l'homme.*

monde, ne sera autre chose que diuinité, lors que nature viendra à reflorir. Car aussi nature mesme consiste totallement en diuinité.

L'argument du quatriesme Dialogue.

Le quatriesme nous enhorte d'apprendre & acquerir sagesse, laquelle est l'ample bassin de l'entendement diuin : en laquelle toute ame qui s'y plonge est faicte participante de diuine cognoissance, au moyen dequoy elle voyt, & contemple Dieu. Mais pour plus parfaictement s'y esleuer, il luy conuient surpasser tous les cieux, surmonter le circuit & discours des astres, monter finablement plus haut que les hierarchies angeliques. Car autrement ne pourroit elle ataindre & paruenir à ce seul & vnicque Dieu, & à conceuoir cest insuperable & infiny bien, lequel lors qu'elle vient à regarder, elle desprise tous corps, & ne repute mesme la vie que nous menons en ce monde qu'vne misere, tant est rauye de ce seul bien incorporel. Nul ne se peult toutesfois plonger en ce diuin bassin d'entendement qui premierement ne hayt son corps, & qui n'ayme non soymesme, mais Dieu, & qui en mesprisant les choses mortelles, n'adhere, & ne medite assiduement, & totallement n'est embrasé & transporté es diuines. A la fin par vne proportion de vnité & des nombres, il nous esleue en la contemplation de la vraye vnité, & des entiers nombres de nature.

DE LA PVISSANCE

ture. Voy là le sommaire.

## LE BASSIN DE L'ENTENdement, ou vnité de Mercure à son filz Tatius.

### Dialogue  IIII.

E tres parfait, & tres excellent ouurier Dieu, a fait & constitué le monde vniuersel, non par œuures de main: mais par son Verbe seulement. Et par ce, mon filz, il te fault considerer en ton esprit côme si tu le voyoies incessamment faire & créer toutes choses, & comme vn seul Dieu les distribüer & ordonner vne chacune en son ordre & degré par sa seule volonté.

*Que ceſt que Dieu.*
Car il n'a autre corps qui se puisse toucher, ne veoir, ne mesurer, ne estendre, ou qui soit de telles autres qualitez composé, par lequel il ayt fait ses œuures, sinon que par icelle seule volonté absolue. Car il n'est n'y feu, ny eau, ny air, ny vent: vray est que tout cecy depend de luy. Mais quant à luy, ce n'est qu'vne seule bôté infinie & incomprehensible, laquelle est telle, qu'à nul fors qu'à luy seul appartient. Il a voulu pareillement orner la terre d'vn ornemét de corps diuin. Pourquoy faire, il a delaissé en icelle l'homme mortel au regard du corps, immortel

mortel quát à l'ame, non seulemét pour regir & gouuerner par prudence intellectuelle ou raison, les animaux desquelz le monde est remply: mais aussi pour incessamment contempler les tant parfaitz & consommez œuures de Dieu: à fin que par la contemplation d'icelles: cogneut l'homme son facteur. Ce qu'il a fait en les admirant. Or, mon filz Tatius, te fault entendre que Dieu n'a pas donné à tous indifferemment esprit & entendement, comme il a fait le parler. Non qu'il ayt enuye sur quelqu'vn. Car sur qui auroit il enuye? Enuye, ou malueillance ne prouient point de son costé, ains demeure seulement auecques ceux qui n'ont aucun entendement. TATIVS. Comment doncques se fait il mon pere, que Dieu n'ayt à tous communiqué entendement? TRISMEC. Pour autant, mon filz qu'il l'a voulu proposer & mettre deuant les yeux des hommes, comme vn combat des ames. TAT. Ou l'a il doncques colloqué mon pere? TRISMEG. Tout incontinent qu'il a eu emply vn large bassin de c'est entendement il a enuoyé vn herauld expres, luy donnant charge d'annoncer en tous endroitz & de crier à haute voix, que quiconque se pourroit plonger en ce bassin d'entendement, s'y plongeast. Sçauoir est celuy qui croiroit que ce bassin, qui est l'ame d'vn chacun, deueroit retourner à quelque fois à celuy, qui l'a delaissée en ce monde, & qui

*Raison pour quoy a mis Dieu l'hõme sur la terre.*

*Il n'y a point d'acception de personne en Dieu.*

*Raison pour quoy n'a donné Dieu entendement à tous.*

*Le bassin de entendemēt.*

C iiii co-

DE LA PVISSANCE

cognoistroit la fin, pour laquelle a esté de Dieu faite & crée. Tous ceux doncques qui d'vn cueur ententif & franc vouloir ont receu le herauld, & se sont plongez en ce bassin d'entendement, ont esté faitz participans de cognoissance & raison, & en receuant ledit entendemēt sont paruenuz en hommes parfaitz & vertueux.

*Ceux qui ne veulent cognoistre dieu.* Mais au contraire ceux qui n'ont tenu conte du cry du herauld, ains l'ont contemné, ont bien certes participé de la parolle, mais non pas d'entendement: & ont esté delaissez ignorans tant de la fin pour laquelle ont esté créez, que de celuy qui les a créez. Et si tous leurs sens ont esté faitz semblables à ceux des bestes brutes & irraisonnables. Tellement qu'eux enueloppez es liens de desordonnée concupiscence, ne sont, ny ne reçoiuent chose digne de vertu. Car aussi ne pensent ilz l'homme estre né à autre fin qu'à telles libidineuses voluptez & deshonnestetez, esquelles se sont appliquez, & asseruiz, ainsi comme grosses bestes brutes.

*Ceux qui en Dieu se fient totallement en faisant bonnes œuures.* Mais ceux, mon filz Tatius, qui se sont mis souz la protection & sauuegarde de Dieu, encores qu'ilz soient obligez à la mort, ce neantmoins sont estimez immortelz, selon l'effect & comparaison de leurs œuures: en maniere que non seulemēt par leur esprit & entendement comprenent tout ce qui est tant en la terre, comme en la mer, & sur les cieux (s'il y a autre chose que Dieu) mais qui est
plus

plus s'esleuent si fort par leur esprit, qu'ilz voyēt clerement & contemplent ce souuerain bien, qui est Dieu. Lequel contemplans, n'estiment autre chose la vie de ce monde, qu'vne misere & angoisse: & ainsi en desprisant & mettant ius tous attraictz voluptueux & delices mondaines, tant corporelles qu'incorporelles, sont seulement transportez en contemplation d'vn seul Dieu. Car telle contemplation, qui se fait par ce diuin bassin, qui est nostre ame, n'est autre chose que l'intelligence & cognoissance des choses diuines. TAT. Certes doncques, mon pere, i'ay grād desir d'estre à quelquefois nestoyé de l'eau de ce bassin. TRISMEG. Croy mon filz, que si tu ne hais ton corps, tu ne pourras aymer toymesme, c'est à dire, ton ame. Mais tout aussi tost que tu commenceras à aymer toy mesme, des lors acquerras entendement & esprit, & par ce moyen incontinent auras science. TAT. Comment dites vous celà mon pere? TRISM. A' cause mon filz qu'il est impossible pouuoir entendre, & auoir esgard à deux choses ensemble, l'vne mortelle, & l'autre diuine. Car comme entre toutes choses de ce mōde en soit trouue deux, l'vne corporelle, & l'autre incorporelle, & la premiere mortelle, & la seconde diuine soit communément appellée, il se fait que par l'election & amour de l'vne, nous perdions l'autre, toutes & quantesfois que nous laissons

*Mespris de la vie de ce monde.*

*Qui ne hayt son corps, ne peult aymer son ame. Math. 16. Acta. 20.*

*Nul ne peult à deux maistres seruir. Mat. 6. Luc. 6.*

laissons le soing de l'vne, pour entendre aux affaires de l'autre. Desquelles deux pars celuy qui choysist la meilleure, non seulement elle le rend de mortel immortel, de condition humaine le transmue en diuine, mais aussi monstre & declare aux autres l'amour qu'il a enuers Dieu. Au contraire celuy qui choysist la deterieure, se pert soy mesme, & delinque contre Dieu, à la façon de gens qui font monstres. Lesquelz tout ainsi que passans par le mylieu d'vne ville ne font œuure louable, ne proffitable aux cytoiens de la ville, mais d'auantage les empeschēt à faire leurs besongnes, ainsi est il de telles gens qui ne veulent suyure la droicte voye & trace de vertu. Lesquelz ne font autre bien, qu'à la façon de basteleurs vaguer & courir çà & là sans aucune vtilité, pour seulement prendre les voluptez, plaisirs mondains, & delices de leur corps. Puys doncques, mon filz, que ces choses sont telles, nous deuons à iuste cause preposer toutes affaires diuines aux terriennes. Et s'il aduient que fassions le contraire, ne fault à Dieu imputer aucune coulpe des maux, calamitez, & angoisses, qui nous suruiennent de iour en iour: mais à nous seulement, qui sommes de nature si peruerse & corrompuë, que aymons mieux suyure le mal, que d'imiter le bien. Ne voys tu pas doncques clerement, mon filz qu'il nous conuient surpasser les corps celestes

*Le lection de de la meilleure partie.*

*Election de la deterieure*

*Que nostre ruyne & perditiō ne procede que de nous.*
*Osée. 13.*
*Is. 50. & 59*
*Mich. 2.*

ſtes, les hierarchies des anges, & le circuit des aſtres, pour paruenir à la cognoiſſance d'vn ſeul Dieu ? Car c'eſt vn bien inſuperable, inuicible, & infiny : n'ayant quant à ſoy aucun principe, quant à la cognoiſſance humaine quelque cõmencement. Combien neantmoins que telle cognoiſſance ne ſoit ſon commencement, mais nous monſtre le commécement de ce, que de luy cognoiſſons. Parquoy il nous fault apprendre & cognoiſtre ce cõmencement, ſi nous voulons à autre choſe eſleuer noſtre eſprit. Car luy cogneu, les pourrons facilement comprendre en noſtre entendement. Or eſt il fort difficile laiſſer les choſes, eſquelles on eſt de preſent arreſté, & conuertir ſon vouloir à plus haultes & meilleures que celles eſquelles on eſt deſia acouſtumé. Car les choſes que nous voyons, nous delectent ſi fort, & ſommes en elles tant arreſtez, qu'à grande difficulté les pouons nous abandonner. Et celles qui nous ſont cachées, nous engendrent deffiance : iaçoit que celles qui ſe repreſentent à noz yeux, ſoient ſouuentesfoys mauuaiſes & pernicieuſes, & le ſouuerain bien ſoit celé à ceux, qui par trop grande curioſité s'arreſtent aux patentes. Car ce ſouuerain bien n'a forme ny figure, qui faict qu'il ſoit touſiours tout vn ſans aucune difformité, ou variation : ce que au contraire cauſe tout ce qu'à noz yeux s'offre, & obiecte. Et defaict vne choſe

*Que c'eſt que Dieu.*
Ro. 9.

*La rebellion de l'eſprit & de la chair.*
Ga. 5.

*Que dieu eſt immuable.*
Iaco. 1.

chose incorporelle ne se peult aparoistre à celle qui est corporelle: tout ainsi qu'il y a difference du semblable au dissemblable, & vne contrarieté du dissemblable au semblablable. Au surplus il fault sçauoir que vnité est le commencement, la racine, & origine de toutes choses, & que sans quelque commencement elles ne peuuent estre, ny auoir esté. Lequel depend non d'autruy, mais seulement de soy mesme. Ceste vnité doncques est le commencement, & contient en soy & engendre tout nombre; de nul ny comprinse, ny engendrée. Car aussi, tout ce qui est engendré ou crée, est imparfaict, diuisible, muable, croissant, & decroissant. Mais à ce qui est parfaict ne peut rien de tout cecy eschoir. Or tout ce qui prend acroissement, le prend de la puissance & vertu de ceste vnité: mais au contraire tout ce qui s'amoindrist, se fait par sa propre imbecillité & imperfection, à sçauoir lors qu'il ne peult plus contenir vnité. Que toutes ces choses icy doncques, mon filz Tatius, soient, tant qu'il te sera possible, escrites deuant tes yeux, ainsi comme quelque image de Dieu. Laquelle si en toy mesme regardes diligemment, & la cognois des yeux interieurs, croy moy que par son moyen tu trouueras la droicte voye pour lassus monter au ciel, & qui plus est, elle mesme t'y conduyra. Car l'intendence, & esleuation d'esprit aux choses diuines,

*c'est la cause pourquoy Isaye l'apelle le Dieu caché.*
*Isaye 45.*

*Vnité.*

*Tout bié procede de dieu tout mal de l'homme.*
*Iaco. 1.*
*Osée. 13.*

obtient

obtient en soy merueilleuse efficace & vertu. De maniere qu'elle dóne grand confort à ceux qui ont affectueux desir à Dieu, & les attire à soy ne plus ne moins que fait la pierre d'aymét le fer.

L'argument du cinqiesme Dialogue.

Le cinqiesme monstre comme Dieu est de nous caché, & incogneu : ensemble comme il reluist & se manifeste par chacune particule du monde. Pareillement que toutes choses qui s'offrent & se presentent à noz sens sont ses images : tellement que leur merueilleux & bel ordre le declare apertement estre celuy qui les a ordonnées vne chacune en son degré & proportion : & que par l'ordonnance de leurs fins & limites, il est leur seigneur & autheur, auquel le Soleil Roy & Prince des astres obeist, & lequel il craint, & que la fructure vniuerselle du monde recognoist pour facteur. En apres il donne sa sentence & opinion sur l'interieure generation de Dieu, disant que sa propre essence est de conceuoir & faire toutes choses: de sorte qu'il est impossible (dit il) qu'il puisse estre, qu'il ne les face sans cesse. Puys apres met fin à son Dialogue en chantant les diuines louanges, & collaudant Dieu le pere & createur de toutes choses.

Que

## DE LA PVISSANCE QVE DIEV EST AVTANT LAtent, que patent. Mercure à son filz Tatius.

### Dialogue V.

Vltre ce que ie t'ay declaré par cy deuant mon filz Tatius, ie veux encore de rechef, en passant le temps auecques toy, te communiquer quelque mot de la pleine & entiere notice de Dieu, à fin que tu n'ignores son principal nom, & ce qui est à plusieurs caché, lesquelz toutefoys le pensent bien entēdre. Car si ce que nous sçauons, n'est fait notoire à ceux qui l'ignorent, il n'est non plus que rien. Or en premier lieu, mon filz, il te faut sçauoir & entendre que tout ce qui s'offre à nostre aspect est engendré, & à quelque commencement : au contraire ce qui luy est caché, est perpetuel, & infiny. Car aussi n'est il de besoing qu'il apparoisse, au moyen qu'il ne cesse iamais d'estre. Mais trop bien nous met deuant les yeux toutes autres choses, en se maintenant tousiours en secret, d'autant qu'il iouist de vie eternelle. Quant il met toutes choses en euidence, il ne laisse pas d'estre caché en ses inuestigables secretz, en les declarant & exprimant vne chacune à par soy à nostre fantasie.

*Tout ce que aperceuons par noz sens est engēdré & crée.*

*Que dieu cōtient tout en ses inscrutables secretz.*

Laquelle

Laquelle aufsi ne gist seulemēt qu'en ce qui est engēdré, à cause qu'il ne gist en elle que generation. Tellemét que ce qui est sans generation & sans commécement, est à elle incōprehensible. Mais atendu que toutes choses cachées sont par luy esclercies & mises en euidence, & qu'il est en tout & par tout reluysant, aufsi s'apparoist il principalement & se manifeste à ceux, aux quelz il a voulu donner sa cognoissance. Toy doncques mon filz Tatius, auant toutes choses inuoque par deuotes & saintes prieres le seigneur Dieu, le seul & vnique pere de toutes choses, duquel procede vn seul filz, à fin qu'il te face digne de sa grace. Car il suffiroit pour auoir pleine & entiere cognoissance de luy, qu'il est vn seul Dieu, si seulement par sa benignité & clemence espandoit l'vn de ses rayons sur ton intelligence: Car la seule intelligence latente, est celle aufsi qui voit & contemple les choses latentes. Si doncques mon filz Tatius, tu le regardes & contemples des yeux interieurs, croy moy qu'il s'apparoistra à toy. Car luy veritablement reculé de toute enuye, espand sa lueur en tous lieux par vne chacune particule du monde & se donne en telle façon à cognoistre que non seulement il nous est facile de l'entendre: mais aufsi (par maniere de dire) le manier. Car de toutes pars son image se represente & s'offre, deuant noz yeux. Mais si ainsi est que tu ne cognoisse

*Exhortatiō digne d'vn crestien.*

*Le seul filz de dieu Iesus christ.*
*Ioan. 8.*

*Dieu se donne à nous tellement à entendre qu'il est facile le manier.*

gnoisses pas ceste lumiere qui est au dedans de toy, comment pourras tu cognoistre toy mesme ou bien luy? Parquoy quand tu voudras aysément voir que c'est que Dieu, esleue ta veuë en mont & contemple le Soleil, voy le cours de la Lune, regarde finablement l'ordre de tous les astres. Or ça, mon filz, ie te voudroys demander, qui peut estre celuy, qui ainsi contregarde & maintient tousiours leur ordre en leur estat. Car en premier item, tout ordre se termine par fins & limites de nombre & de lieu. Et veu que le Soleil soit le plus excellent Dieu des dieux celestes (c'est à dire des planettes) tellement que les autres luy obeissent comme a leur Prince & Roy, ce neantmoins ceste tant excellente lumiere, qui est plus ample que toute la terre & la mer, souffre vn nombre d'estoiles innumerable, beaucoup plus moindre que luy, tournoyer par dessus luy. Qui est celle toutefois que il craint, ou luy puisse faire vergongne? Tu sçais aussi mon filz, qu'il y a es astres diuers mouuemens. Qui est celuy qui asigne à chacun d'eux la proportion & quantité d'iceluy? TATIVS. Ie cuyde que soit le cercle Arctique, qui sans cesse vironne à l'entour du Pole, tirant à soy toute la machine du monde. TRISMEG. Ouy, mais qui est celuy qui vse d'vn tel instrument? Qui est celuy qui a asigné à la mer ses bournes & limites, & luy commande de ne passer outre? Qui

*La vraye cognoissance d'vn dieu par les choses visibles. Ro. 1.*

Qui est celuy qui a donné à la terre son poix, & le fait contenir au milieu des cieux? Certes, mon filz Tatius, si fault il qu'il y ayt quelque autheur, commencement, & seigneur de toutes ces choses cy. Car il est impossible, qu'elles se puissent maintenir en leur lieu, nombre, & mesure, sans la vertu & puissance de quelque autheur. Et est certain, qu'il n'y peult auoir ordre, ou il y a deformité & desarroy: mais, qui plus est, deformité a affaire de quelque moderateur, pour la mettre en son parfait ordre & proportion. O' pleust à Dieu, mon filz qu'il te fust permis auecques l'ayde de quelques æsles de voler en la haulte region de l'air, & qu'estant situé entre le mylieu du ciel & de la terre, tu peusses veoir à ton plaisir la fermeté de la terre, l'estanduë de la mer, le cours des fleuues, l'amplitude de l'air, & la violence du feu. O' heureux spectacle! O' delectable vision! Car d'vn seul trait d'œil tu comprendrois facilement tout l'ordre & disposition de tout le monde, & cognoistrois que leur immobile & immuable autheur, est autant latent que patent, autant caché que cogneu. Mais si d'auantage par les choses fragiles & caducques, ou qui sont portées sur la terre, ou qui sont muffez es abismes & profonditez des eaux, as vouloir d'en chercher l'ouurier de toutes choses, qui est Dieu: or sus mon filz, regarde entierement le corps humain par le regard & con-

*La cognoissace de Dieu par les parties du corps humain.*

templa-

templation duquel pourras aprendre ayſément
& cognoiſtre, qui peult eſtre l'ouurier tant bien
entendant ſon meſtier, qui a peu faire ceſte tant
excellente & tant parfaite image: ou le painctre
tant bien diſtribuant ſes couleurs, qui ayt ſceu
peindre ces beaux yeux. Qui eſt celuy qui ayt
eſtendu les leburcs de la bouche, eſtendu & lié
enſemble les nerfz, arrouſé les veines, aſſemblé
les oz, & fait ſi ſolides & maſsifz. Qui ayt couuert la chair d'vne peau ſi tenue, ſeparé les dois
& leurs iointures les vnes des autres: qui ayt e-
ſtendu ceſte largeur de piedz pour eſtre comme
le fondement de tout le corps, troüé les portz
& ouuert les conduitz: qui ayt ainſi preſſé la
ratte, & imprimé au cueur ceſte figure pyra-
mydale: qui ay tiſſu les filetz & racines du foye:
engraué les tuyaux des poulmons: qui ayt donné au ventre ſi grande eſtenduë & ſi ample capacité: qui ayt fait que les membres honorables
fuſſent mis en euidence, & les ſales cachez, &
mis hors du regard de ceux à qui les a voulu te-

*L'eſgal com-*  nir ſecretz. Voy quantes œuures diuines ſont
*paſſemēt des*  demonſtréés en vne ſeule matiere, & quelle
*membres hu-* beauté a vne chacune d'icelles: & comme el-
*mains.* les ſont bien & egallement compaſſées, & differentes les vnes des autres en leurs offices &
actions. Qui penſes tu doncques eſtre celuy, qui
vne chacune d'elles a ainſi fait & formé? Qui en
eſt le pere? Quelle eſt la mere? Eſt ce pas vn
ſeul

seul Dieu inuisible, & de nous caché, qui de sa propre volonté a fait & fabriqué toutes ces choses icy? Et veu que nul osast dire ou affermer qu'il se peust faire aucune statuë & image sans l'industrie de l'imagier, ou de la main du peintre: estimerons nous qu'vn si grand & merueilleux bastiment comme est le monde, peust auoir esté fait sans ouurier? O' l'homme trop aueuglé! O' l'homme trop malheureux! O' l'homme enseuely & abysmé es profondes tenebres d'ignorance, qui le contraire penseroit. Garde toy doncques mon filz Tatius, garde toy bien de frustrer l'œuure de son ouurier. Mais au contraire inuoque incessamment Dieu, & le louë de vne singularité, & d'vn nom qui ne se peult à autre attribuer, qu'à luy seul, en tousiours l'estimant estre le propre & naturel pere de toutes choses, soient visibles ou inuisibles. Or s'il auient que tu me contraignes dire chose vn peu plus hardiment que de coustume, ie diray que son essence est proprement de créer & faire toutes choses, & les ordonner vne chacune en son ordre & degré. Car tout ainsi que rien ne peut estre fait sans quelque ouurier, aussi est il impossible, que Dieu peust tousiours estre, qu'il ne fist incessamment toutes choses tant au ciel qu'en l'air, en la terre, en la mer en tout le monde finablement, & en vne chacune particule de luy, tant en ce qui n'est point, que en ce

*Inuection contre les atheistes.*

*Comment doit dieu estre loué.*

*L'essence de Dieu.*

D ii qui

qui est. Car il n'y a rien en toute nature, qu'il ne soit, & est aussi tost ce qui est, que ce qui n'est point. Mais les choses qui sont, il les a produites en lumiere, & celles qui ne sont point, les a mussées en soy. C'est celuy doncques qui est le seul Dieu eternel, plus excellent incomparablement & meilleur que tout nom, qu'on luy pourroit donner. Lequel est de nous caché maintenant, tantost tres manifeste & patent, maintenant cler & euident à nostre entendement, maintenant present deuant noz yeux, tantost corporel, tantost (par maniere de dire) ayant plusieurs corps. Car il n'y a rien es corps qu'il ne soit, à raison qu'il est luy seul tout Il nous contient aussi tous en soy, d'autant qu'il est le pere vnique de tous. Et si n'a aucun nom, à l'occasion qu'il est de toutes choses pere : mais a le nom d'vne chacune d'elles. Puys doncques que ces choses sont telles, qui sera ce, qui te pourra louer, ô souuerain Dieu, ou ce qui est au dessus de toy, ou au dessoubz ? Vers quelle part tourneray ie mes yeux pour te collauder, ou vers ce qui est au dessus de toy, ou au dessouz, ou au dedans, ou au dehors? Y a il aucun moyé ou aucun lieu, ou telle autre chose à l'entour de toy, pour ce faire ? Non. Car en toy seul toutes choses consistent, tout procede de toy, tu donnes tout & ne reçois rien, & si as tout : tellement que ce que tu n'as, n'est rien. Mais comment

*Que l'on ne peut atribuer nõ à dieu.*

comment, ou par quel moyen sera ce, que ie te pourray louër, mon Dieu, mon pere? Nous ne pouuons de toute nostre puissance, comprendre ton temps, ny tes momens, espaces, ou articles. En quoy doncques principallement, mon Dieu, chanteray ie tes louanges? Sera ce en ce que tu as crée, ou plus tost en ce que tu n'as pas crée? Sera ce en ce que tu as tiré hors des tenebres, & produit en euidence: ou bien en ce qui est encores latent & musse en tes inuestigables secretz? D'auantage, mon Dieu, par quel organe & instrument Musical pourray ie chanter hymnes, & canticques de toy? Pourray ie estre maistre de moymesme en telle loüange, ou plus tost estre fait autre que ie ne suis, & changer ma nature? Tu es certes tout entierement ce que ie suis. Tu es ce que ie fais. Tu es finablement tout ce que ie dy, & que ie pense. Car tu es celuy qui est tout, & si n'y a rien qui ne vienne de toy. Car qui a il que tu ne soys? Il n'y a rien crée que tu ne soys: ny incrée que tu ne sois? Tu es l'entendement, entendant toutes choses. Tu es le pere eternel, fabricant toutes choses. Tu es le Dieu faisant toutes choses. Le souuerain bien, creant tous biens. Le tres pur & entier de la matiere, l'air de l'air, l'ame de l'ame, la pensée de la pensée, finablement Dieu.

*Nous ne pouuons cōprendre les momens & articles de dieu.*

D iii L'argument

DE LA PVISSANCE

L'argument du sixiesme Dialogue

Le sixiesme monstre que bien, ou la nature d'iceluy, c'est à dire, bonté, ensemble celle de beauté, de puissance, & sagesse, ne se peult trouuer qu'en vn seul Dieu, & que au monde il n'y a que le nom & tiltre de bien seulement. Et par ce moyen il reprend l'erreur des aueuglez humains, & les admonneste fuir les vices, & les auoir en horreur: en monstrant la voye, laquelle nous conduit à icelles beauté & bonté, sçauoir est pitié conioincte à cognoissance, à laquelle les ignorans mortelz, deuoyez de la trace de pitié, ne peuuent paruenir, ny atteindre.

QVE BIEN NE PEVLT ESTRE
qu'en vn seul Dieu, Mercure à
Esculapius.

Dialogue            VI.

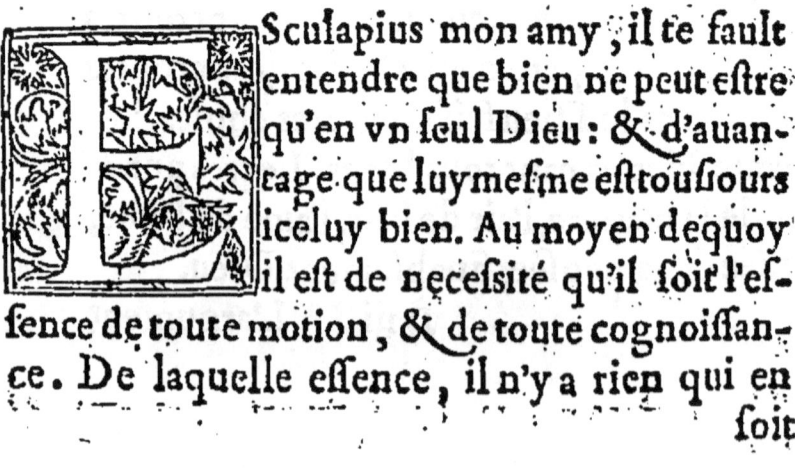

Esculapius mon amy, il te fault entendre que bien ne peut estre qu'en vn seul Dieu: & d'auantage que luymesme est tousiours iceluy bien. Au moyen dequoy il est de necessité qu'il soit l'essence de toute motion, & de toute cognoissance. De laquelle essence, il n'y a rien qui en
soit

soit priué. C'est celle qui obtient vn acte stable au tour de soy, de nulle chose souffreteur ou indigent, mais estant infiny, superaboundamment donnant, & distribuant toutes choses. Elle est le commencement de l'vniuers, espandant par tous lieux sa bonté. Or entends que quand ie nomme ce terme icy bien, i'entends ce qui est & d'ou dependent tous biens, que l'on pourroit dire ou soubhaiter: desquelz Dieu est le collateur & proprietaire. Car en premier lieu, il n'a aucune indigence: en maniere qu'en appetant il peust estre fait mauuais,& se deuier de sa souueraine bonté. Et si ne tombe en luy aucun detriment, au moyen duquel il se peust contrister. Car il surmonte toute maniere de mal. D'auantage il n'y a rien plus fort ny plus puissant que luy, dont peust estre forcé & vaincu. Finablement il ne peult en luy eschoir aucune iniure, au moyen de laquelle peust estre irrité, & s'enflamber de courroux. Car il n'y a rien qui refuse son ioug &obeissance par le contemnement &mespris, de laquelle il peust estre indigné. Il n'y a chose pareillement plus sage & prudente que luy, qui luy peust causer enuye. Veu doncques & consideré que toutes telles choses ne luy peuuent eschoir, il n'y a rien aussi qui reste en sa nature, fors seulement ce supreme bien. Mais tout ainsi qu'il n'y a nulle chose des susdictes en ceste diuine essence,

*Il expose ce qu'il a dit au secõd dialogue, sçauoir est, que toutes choses se mouuent en Dieu.*

*Il prouue par vifz argumens qu'il ne peult en dieu eschoir que bien & la nature d'iceluy qui est bõté.*

D iiii aussi

aussi en nulle autre n'est trouvé ce bien, fors qu'en elle. Car en toute autre chose, ou soit petite, ou soit grande, gist vne chascune des susdictes : & mesmement en celles, qui sont selon & en celuy, qui est le plus grand & le plus puissant de tous autres animaux : c'est à dire, le monde attendu qu'il remplist tout ce qu'il engendre de passions & angoisses. Car aussi generation, est quelque passion. Or où il y a passion, bien ne peult aucunement consister, & où il cósiste il n'y a nulle passion : ainsi comme nous voyons que où il y a iour, il n'y a point de nuyt, & là où il y a nuyt, il n'y peut auoir iour. Qui fait qu'il nous faille conclure, que bien ne peust estre en ce qui a generation, mais seulement en ce qui n'est point engendré. Mais tout ainsi que toutes choses participent de la matiere, aussi pareillement est le monde bon par participation de bien. Ie dy bon, en tant que toutes choses procedent de luy, duquel costé il est estimé bon, & non en toutes autres choses. Car en premier lieu, il est passible, & mobile, & par ce moyen cause de toute passion. L'homme aussi à la comparaison de mal, participe de quelque bien : au moyen que nous appellons le bien qui est es hommes, ce qui n'est pas trop mal, ou ce qui est moins mal. Qui fait que nostre bien ne soit autre chose, que la minime part & portion de mal. Et pour autant s'ensuyt que ce bien ne peut au-

cu-

*Que bien ne peult estre en ce qui est cree.*

*Le monde bon par participation.*

*L'homme participe de bien à la cóparaison de mal.*

cunement estre separé de mal. Lequel bien certes n'est souillé seulement que par la mixtion & meslée de mal: en maniere qu'estant ainsi infecté, ne demeure plus en l'integrité de bien. Et perdant sa nature & proprieté, il se reduist en son contraire, qui est mal, & pert ainsi son nom. *Comme bië pert son nõ.*
Pour toute conclusion doncques, ò Esculape, il fault dire qu'en Dieu seul est permanent & gist ce bien, & qu'il est luy mesme ce souuerain bien. Et quant aux hommes, qu'ilz n'obtiennent que le nom seul & tiltre d'iceluy, & non la nature. Car defait ce corps materiel de toutes pars confit en toute meschanceté, & opprimé de tant de labeurs, douleurs, cupiditez, courroux, deceptions, folles opinions, & milles autres choses friuoles, ne peult en soy comprendre & conceuoir ce tant excellent bien. Et toutesfois, Esculape, entre telles meschancetez, & infirmitez d'esprit, i'estime estre la plus meschante & pernicieuse, qu'vne chacune d'elles est des hómes estimée le souuerain & supremè bien. Mais quát à moy, ie contredy fort bien à leurs fauces & despraués opinions tant qu'à moy est possible, & amonneste sur toutes choses vn chacun de fuyr & euiter tout mal, & singulierement les immoderées concupiscences & superfluitez du ventre ensemble tout autre excez & dissolutiõ, qui sont les nourritures de tous maux, deceptions, & erreurs quelconques, finablement *Raison pour quoy l'hõme n'obtiët que le nom seulement de bien & non pas la nature.*

*Cõcupiscëce de la chair nourriture de tous maux Sap. 4.*

pri-

priuation de tout bien. Certes de mon cofté, ie rends graces à mon Dieu, lequel en meditant & penfant en moymefme quelle eftoit la nature de bien m'a infuz cefte vraye & certaine opinion, d'eftimer qu'en tout ce monde ne peult eftre n'y auoir aucun bien. Car auſsi le monde n'eft qu'vn amas de tout mal. Mais Dieu eft le comble & perfection de tout bien : ou bien eft l'abondante plenitude de Dieu. Car à l'entour de fon effence il y a vne fupereminence de tous biens, plus pure, & plus luyfante, que l'on ne fçauroit dire ne exprimer. Et de faict ie dirois, qu'il n'y auroit parauanture autre effence en Dieu. Et oferois dire d'abondant & affermer que fon effence (fi aucune autre en a) n'eft que vne fupreme bonté. Mais quant au monde, ie croy fermement n'eftre en luy, ny en aucune de fes parties, bonté, ne beauté. Car tout ce qui aux fens fe prefente, & ce qu'ilz agitent, n'eft qu'vne vaine femblance & reprefentation feincte, ou fault cuyder de quelque chofe. Au contraire tout ce qui ne fe fait, & eft recullé des organes des fens, eft chofe appartenante tant à beauté, comme à bonté. Et tout ainfi que la perfpicacité des yeux corporelz, ne peult voir Dieu, auſsi ne cognoift elle beauté ny bonté. Car ce font les parties de Dieu tres parfaites & fes coufines infeparables, & trefaymées : lefquelles tout ainfi qu'il les ayme, auſsi eft il d'elles

*Le monde.*

*Dieu.*

*L'effence de Dieu.*

*Vanité des fens. Eccl. 1. Roma. 8.*

*Beauté & bonté les parties de Dieu.*

les aymé. Si doncques tu peux comprendre que c'est que Dieu, tu pourras pareillement entendre que beauté & bonté sont choses en Dieu, sur toutes autres luysantes, & par luy illustrées. Car de fait il est vne beauté sans comparaison, & vn bien sans imitation. Car aussi ne reçoit il comparaison, ne imitation. Tout ainsi doncq' que nous cognoissons beauté & bonté à Dieu seul appartenir, aussi ne nous les faut il communiquer ny conferer auecques toutes choses viuantes, d'autant qu'elles ne se peuuent de luy separer. Si tu cherches Dieu, tu chercheras pareillement ceste beauté. Or est il que la seule voye qui conduit ceux qui y aspirent, n'est autre que pieté conioincte auecques cognoissance de Dieu. Qui est cause, que maintes personnes ignares, & sans experience, & deuoyez du sentier & trace de pieté, n'ont craint d'apeller aussi tost l'homme mortel bien ou bonté, que l'immortel & eternel Dieu: encores qu'iceluy homme ne puisse nullement auoir la vraye notice de bien: ains soit totalement empestré es lacqs de tous maux, & qu'il estime le mal estre bien, en vsant d'iceluy sans remede aucun d'amendement, & auecques crainte d'estre de luy priué. Finablement en ce qu'il s'esforce de toute son astuce, auecques innumerables machinations & controuuemens, de n'estre greué ny molesté de aucun mal, & pour ce faire l'accroist iournellement

*Dieu ne reçoit comparaison, ne imitation.*
*Psal. 34.*

*Pieté est vn deuoir que l'on doit à Dieu, ses pere, mere & enfans, & autres prochais*
*1. Tim. 4.*

ment

ment en vn nombre infiny. Telles sont doncques ò Esculape, les beautez & bontez des hommes, lesquelles n'est en nostre puissance de fuyr ne hayr. D'autant que celà est la chose que nous auons la plus difficile en ce monde, à raison principallement qu'il nous est de necessité d'en vser & en viure : de maniere que si nous en estions priuez, nous ne viurions pas.

*Raison pour quoy nous ne sçaurions estre priuez du mal.*

L'argument du septiesme Dialogue.

Le septiesme faict complainte de la peste d'ignorance, laquelle gaste & destruit toute la terre, & corrompt l'ame enclose es liens de ce corps. Il enhorte les ignorans de retourner à leur bon sens, & de s'amender. Et pour myeux ce faire, il commande despouiller ce corps mortel, qui est le vestement, par lequel nous sommes precipitez en ignorance, & trainez à la mort : en persuadant, & soigneusement admonnestant nous retirer au lieu secret de nostre entendement, lequel seul contemple celuy qui ne s'entend d'oreilles humaines, ny ne se voyt d'yeux mortelz, ny ne se prononce de bouche humaine.

Que c'est

## QVE C'EST LE PLVS GRAND
### mal, que peult encourir l'homme, que de ignorer Dieu.

#### Dialogue VII.

Où vous precipitez vous hommes mortelz, pleins d'yurognetie? Vous qui estes yures du vin d'ignorance, puys qu'ainsi est que ne le pouez plus porter ny souffrir en voz corps, vomissez. Viuez sobrement, & regardez ce qu'il fault veoir des yeux spirituelz. Et si ne le pouuez tous faire, le facent à tout le moins ceux qui le peuuent. La peste d'ignorance gaste toute la terre, *Complainte* & corrompt l'ame empestrée es liens de ce mor- *sur la peste* tel corps, & l'empesche de ne suyure la voye *d'ignorance* de salut. Ne permettez doncques estre submergez & engloutiz en ce gouffre de corruption, & de mort. Respirez maintenant, respirez, re- *Exhortation* tournez à vostre bon sens, dont auez esté si lon- *digne d'vn* guement esperduz, recourez encore à la fontai- *Chrestien.* ne de vie, & ensuyuez celuy qui vous introduyra en l'oratoire de verité, ou il y a vne lumiere resplandissant à merueille, de nulles tenebres ofusquée ny obscurcie. Là nul ne chancelle d'ebrieté, mais sont tous sobres & veillans, & contemplent clerement des yeux spirituelz

celuy

celuy qui ainsi veult estre véu & contemplé.
C'est celuy qui ne s'entend d'oreilles humaines
ny ne se voit des yeux corporelz, ny ne se pronnonce de langue: mais la seule pensée est, qui le
peut veoir & proferer. De maniere que pour ce
faire il te fault en premier lieu despouiller la
robe que tu portes, qui est le vestement d'ignorance, le fondement de malice, le lien de corruption, le voille tenebreux, la mort viue, le
corps mort sensitif, le sepulchre tournant de
tous costez, le larron finablement domesticq'.
Lequel procure hayne & rancune quand il flate, & lors qu'elle est procurée, conçoit vne ennuye à l'encontre de toy. L'ombrage doncques
duquel tu es enuironné est de telle sorte, que tu
n'as plus mortel ennemy que celuy là. Lequel
s'efforce continuellement t'atirer & fleschir
à soy, & t'abaisser contre bas, craignant qu'en
contemplant la beauté de verité & le prochain
bien, tu ne conçoiues hayne à l'encontre de sa
desloyauté, & ne preuoyes à quelquefois ses embuches qu'il te dresse, & continuellement machine contre toy. C'est celuy qui hebete, &
trouble la viuacité des sens interieurs : & la matiere crasse qui la suffocque, & enyure d'vne
abhominable & ennuyeuse volupté, tendant
tousiours à ce que tu ne puisses iamais ouyr ne
voir ce que doit estre ouy à bon droit, & veu sur
toutes choses, & contemplé des yeux interieurs.
L'ar-

*Description du lieu des bienheureux*

*Belle description du corps.*

*Rebellion de la chair: à l'encontre de l'esprit. Galat. 5.*

### L'argument du huytiesme Dialogue.

Le huytiesme monstre que les corps celestes gardent continuellement le mesme ordre, que Dieu leur pere & createur leur a premierement baillé. Et que la mort s'apparoist à l'entour des corps terriens qui ont vie: mais de dire qu'ilz meurent, ou que ce nom mesme de mort ayt quelque vertu & importance, n'est presques que toute vanité & abus: au moyen qu'ilz ne meurent pas, ains se chargent seulement d'vne espece en autre. De façõ, que la matiere qui est immortelle, change seulement les qualitez des especes, images, & semblances, desquelles Dieu l'a voulu parer, & aorner. Il monstre finablement cõment l'homme immortel (animans dissoluble toutefois, le lien, & neu de toute nature, partie corporel, partie incorporel, & capable du haut entendement diuin) a esté de Dieu créé à la semblance du monde, à fin que par vn corps sensible comprint le monde sensible, & par l'heureuse contemplation de son entendement, s'esleuast en Dieu.

QVE TOVT CE QVE LES ERrans & deuoyez de raison appellent mort, ne soit qu'vne mutation d'vne chose en autre. Mercure à son filz Tatius.

Dialogue            VIII.

Il nous

Il nous fault maintenant mon filz, traicter du corps & de l'ame. Sçauoir est comment elle est immortelle, & quelle grande vertu actiue elle a en la conionction & dissolution de ce corps. Or veux ie dire & maintenir que l'vn ny l'autre ne meurt. Car ce mot Thanatos en langue Grecque, qui signifie mort en la nostre, ne est autre chose qu'vne conception d'vne appellation mortelle, ou quelque autre chose vaine & de nulle importance: ou bien vient de la faute de le bien escrire: de maniere que par la remotion de la premiere lettre nous disons communement thanatos, c'est à dire, mort, au lieu que nous deurions dire Athanatos, c'est à dire immortel. Car thanatos signifie ce que nous disons mort, combien qu'en tout ce qui est en ce monde ny ayt aucune chose mortelle. Car si ainsi est que le monde soit vn secód Dieu tousiours viuant, il est impossible que quelque partie de ce qui est immortel, puisse perir & venir à rien. Or voyons nous que tout ce qui est en ce monde, sont membres d'iceluy, & principallement l'homme, qui est seul animal raisonnable. Dieu premierement sur toutes choses est sempiternel, immortel, non crée, & autheur de toutes choses vniuersellement. Secondement il a fait le monde à son image & semblance,

*Thanatos, c'est à dire mort.*

*Athanatos, c'est à dire immortel.*

*Le monde second Dieu à cause qu'il ne finira iamais, quant à sa substance.*

ce, & est de luy gardé, nourry, & doué d'immortalité comme de son propre & naturel pere, tousiours viuant comme luy & estant immortel. Or y a il grande difference entre ce qui est tousiours viuant, & ce qui est sempiternel, au moyen que ce qui est sempiternel ne fut oncques faict d'autruy, n'y a eu commencement aucun: ains seulement consiste de soy mesme. S'il est doncques de soymesme sans commencement, il ne fut iamais faict, mais se fait tousiours. Car eternité se dit, en tant que toutes choses sont eternelles. Dieu doncques pere & autheur de toutes choses est de soymesme eternel: mais le monde a esté de luy fait & crée à tousiours mais viuant & immortel. Et autant qu'il a conceu de matiere en sa diuine prescience pour la faire corporelle, & assembler en vne masse pour faire toutes ses œuures, il a attrempé en telle sorte & maniere, qu'il a rendu tout sphericq, en imprimant en icelle matiere (estant immortelle, & ayant eternelle raison de matiere) vne qualité. Mais Dieu pere & createur de toutes choses, estant garny de toutes especes, à puis apres mis & semé en ceste sphere toutes autres qualitez, l'enuironnant d'icelle & la remparant tout autour, comme d'vne haye. Car il a voulu aorner, & magnifiquement parer ce qui est apres luy le plus excellent, quasi muniant tout son corps d'immortalité, craignant que la matiere dont il est

*La difference qu'il y a entre ce qui est tousiours viuãt, & ce qui est eternel.*

*Ceste premiere matiere est ce que les Philosophes appellent le premier & dernier subiect de toute forme tant substancielle, que accidentelle.*

E faict

fait se voulust departir de sa conionction, & retourner encores de rechef en sa deformité. Car mon filz, tu dois sçauoir, qu'au parauant que la matiere eust corps, qu'elle n'auoit forme, ny figure. Combien que ceste cy ayt encores quelque deformité, au regard de quelques petites qualitez apres que nature de croistre & decroistre à fait son cours, laquelle communément appellons mort. Tel est le desarroy & confusion des choses terriennes, qui ont vie. Car quant aux corps celestes ilz gardent tousiours & maintiennent le propre ordre qui leur a esté de Dieu premieremẽt constitué. Lequel ordre neãtmoins est gardé par la restitutiõ, de toute chose indissoluble en leur premier estre. Veu doncques & atendu que tous corps terriens seront reduyz à quelquefois en leur premier ordre & estat, & mesmement toute dissolution en corps indissolubles & immortelz, il conuient dire & conclure qu'il se faict seulemẽt priuation de sens, non pas destruction & annullation des corps. Ioinct que le tiers animal qui est l'homme, faict & crée à la semblance du monde, & estant en iceluy, & s'accordant au vouloir du pere celeste, a non seulement oultre toutes autres creatures alliance & affinité auecques le second Dieu, qui est ledit monde, mais aussi intelligence du premier, qui est Dieu le createur. Et comprend entierement par ses sens ce second Dieu.

la

*Que c'est que la mort.*

*Les corps celestes ne deuiẽt iamais de leur ordre.*

*La resurrection des mors.*
1. Cor. 5.
1. Thess. 4.

*La dignité & excellence de l'hõme sur toutes autres creatures.*

la d'autant qu'il est corporel: mais ne s'esleue en la cognoissance du premier, que par esprit, au moyen qu'il est incorporel, & souueraine bonté, qui ne se comprend que par entendemét spirituel. TATI. Cest animal ne deuient il pas à quelquefois à rien? TRISMEGIS. Ie te prie mon filz, de parler plus sagement, & de penser en toy mesme que c'est que Dieu, le monde, & cest animal immortel, & indissoluble. Retiens doncques que le monde procede de Dieu: l'hôme du monde, & au monde. Et que Dieu est le commencement de toutes choses,& les contiét, & ordonne vne chascune en son ordre & degré.

L'argument du neufiesme Dialogue.

Le neufiesme enseigne, les humains, lesquelz encores qu'ilz vsent d'intelligence, estans ce neantmoins materielz, conçoiuent de la semence des diables (car il n'y a partie de ce monde qui soit de leur presence destituée) & en estans gros, enfantent à la fin adulteres, forcement de femmes, homicides, meurtres, & toute autre meschanceté. Mais au contraire ceux qui sont spirituelz, & qui ont Dieu, pour leur ensemenseur, conçoiuent tout aornement de vertu, & enfantent puis apres tout acte vertueux. Car les semences diuines, sont en petit nombre, mais de grand rapport. & belles & bonnes, & trop plus excellentes que l'innume-
E ii rable

rable multitude de vices. Neantmoins ceux qui les suyuent & reçoiuent, ne plaisent iamais au vulgaire, ny le vulgaire à eux. Car ilz sont si ignorans de cognoissance diuine, qu'il leur semble estre hors du sens en se mocquans d'eux, pour autant que la terre est le siege & la region de toute iniquité. Le monde toutesfoys a esté à ceste cause de Dieu faict & formé, qu'en receuant de luy toutes semences, fust l'organe & instrument de la diuinité, & que toutes choses vinssent à produyre d'vne merueilleuse elegance en bel ordre, auquel perseuerassent, & eussent finalement leur yssuë. Ce que certes aduiendroit, si l'ennemy ne semoit tousiours de l'iuroye parmy le blé. Vous doncques qui estes spirituelz eslisez les diuines semences, & reiectez diligemment celles des diables, lesquelles ne taschent qu'à nous surprendre, lors que par sensuelle affection sommes endormys.

## QV'EN DIEV SEVL PEVLT
estre beauté, & bonté, & non ailleurs.
Mercure à Esculapius.

Dialogue           IX.

E fy hier, ò Esculape, vne harangue à mon filz Tatius, touchant ce que les gens errans a-
pellent mort, qui faict que ie
pense à present estre de necessité, de parlementer vn peu auec-
ques toy des sens. Or pour dire ce qui en est, il
me semble premierement, qu'entre sens & mouuement y a vne telle difference, que le mouue- *Difference*
ment prouient de la matiere, & le sens de l'es- *entre sens &*
sence diuine. Il me semble neantmoins que l'vn *mouuement.*
& l'autre reuiennent en vn, & qu'ilz ne sont distinctz es hommes, à cause de raison, de laquelle ilz participent. Quant aux autres animaux, *Le sens des*
leur sens est conioint à leur nature, mais es *bestes brutes*
hommes intelligence. Il y a toutesfois quelque
difference entre intelligence & intellect, ain-
si qu'il y a entre Dieu & diuinité. Car diuinité *Intelligence*
procede de Dieu, & intelligence de l'homme. *& parolle*
Laquelle certes est sœur prochaine de la parol- *instrumens*
le, si nous ne voulons dire plus apertement, que *s'entr'aydās*
l'vn & l'autre sont instrumens s'entr'aydans l'vn *l'vn l'autre,*
l'autre ensemblement. Car ny la parolle peult *pour estre*
estre aucunement prononcée sans l'ayde d'in- *declarez.*
telligence, n'y intelligence estre declaré sans
le moyen de la parolle. Et par ainsi le sens &
l'intelligence sont tellement en l'homme conioinctz, liez, & vnanimes, qu'ilz ne se peuuent
deslier, ne separer, Car il nous est entierement

E iii impos-

impossible d'entendre sans le sens, & de sentir sans l'entendement. Il est neantmoins possible aucunesfois auoir l'intelligence de quelque chose sans le sens, comme ceux qui voyent des phantosmes, ou faulses visions & semblances en leurs songes. Il me semble aussi que l'vne & l'autre operation s'exerce es visions desdictz songes par le sentiment dont l'on se resueille. D'auantage il auient par fois que l'ame & le corps, c'est à dire tout l'homme, se vnyent & conioignent ensemble de telle sorte, qu'il ne se fait qu'vn d'eux deux, toutes & quantesfois qu'il n'y a aucun discord entre les particules des sens, ains sont vnies & concordantes les vnes aux autres, dont lors l'intelligence apres auoir conceu l'entendement, est mise hors. Lequel entendement certes conçoit toutes cognoissances: bonnes premierement toutes & quantes fois que Dieu luy infuse ses semences: mauuaises, quand les diables espandent les leurs. Car il fault entendre n'estre partie en ce monde, qui soit vuyde & destituée de la presence des diables. La clarté & lumiere desquelz, descendent entierement & prouient de Dieu. Le diable doncques espandu en l'homme, iecte en luy, & seme les semences generatiues de sa propre cognoissance & operation. Et l'esprit estant ensemencé de telle semence, engrossist, & puis apres enfante adulteres, stupres ou forcemens de vier-

*Intelligence sans le sens.*

*Conionction du corps & de l'ame.*

*Comme nostre entendement est ensemencé. Les semences de satan, ce que S. Paul apelle les œuures de tenebres & de la chair. Ro. 13. Gala. 5. Ephe. 5.*

vierges, homicides, meurtres, sacrileges, mespris de Dieu, esgorgemens d'hommes, ruynes & euertions de villes, & autres milles oeuures diaboliques. Mais d'autant que les semences de Dieu sont en plus petit nombre, d'autant sont elles plus excellentes, belles & bonnes, qui sont vertu, temperance, & pieté. Laquelle pieté, ne est autre chose, que congnoissance de Dieu. Celuy qui le cognoist, non seulement est remply de tout bien, mais aussi entend & comprend toutes diuines cognoissances: cognoissances, dy-ie, à peu d'autres semblables. Dont vient que si quelques vns se dedient à les vouloir entendre, ilz ne seront iamais aggreables au commun vulgaire, ne luy à eux. Mais qui plus est, ilz sont de luy reputez, comme folz & insensez, mocquez, & hayz, & auecques parolles contumelieuses iniuriez, finablement mis à mort. Car (comme auons dit au dessus) toute improbité fait icy sa demeure, tellement que la terre est la propre region de toute iniquité. Ie dy la terre, & non le monde vniuersel, ainsi qu'ont voulu dire quelque gens impitoyables, & detracteurs. Toutesfois l'homme à Dieu dedié, incontinent qu'il a gousté la vision & cognoissance diuine, il met toutes autres choses en oubly: & qui plus est, tout ce que les autres estiment estre mal, il luy eschait à bien: à raison principallement qu'il y pouruoit prudemment,

*Les semences de Dieu.*

*Les gens de bien ne sont iamais aggreables au monde.*
2. Cor. 4.
Ioan. 15.

E iiii &

& tourne tout à science, & (qui est chose plus esmerueillable) pource que totalement il conuertist le mal en bien. Mais retournons encore à nostre premier propos, de parler du sens. C'est doncques chose qui n'est point hors d'humanité de conioindre le sens auecques intelligence, au moyen que toutes personnes sont (ainsi que i'ay dit au dessus) conduictes par intelligence, ou entendement. Si est ce toutesfoys que l'vn prouient de la matiere, & l'autre d'essence diuine. Car celuy qui est serf de peché, est materiel, & reçoit la semence de son intelligence des diables, comme auons dit au dessus. Mais ceux qui ayment bonté, & obtiennent le bien de l'ame, leur nature est souz la protectiō & sauuegarde de Dieu. Car tout ainsi qu'il est l'origine & cause effectrice de toutes choses, aussi fait il & rend toutes ses oeuures semblables à luy. Iaçoit qu'il y ayt aucunefois quelques vnes de ses oeuures bien faites & formées, lesquelles sont neantmoins steriles en l'effect de leurs operations. Car la reuolution du monde en ce que elle produit, imprime quelques qualitez, souillant les vnes de mal, purgeant les autres, & nettoyant par le moyen de bien. Le monde pareillement, ô Esculape, a sens & mouuement, non toutesfoys pareil à celuy de l'homme: ains beaucoup plus puissant, & plus simple. Car le sens & intelligence du monde, n'est autre chose que faire

*Tout eschait en bien à celuy qui craint dieu.*
*Rom. 8.*
*Eccl. 33.*

*Celuy qui est serf de peché reçoit la semence de son intelligence du diable.*
*Ioan 8.*
*1. Pet. 2.*

*Le sens & intelligence du monde.*

faire & defaire, produyre & deftruyre. C'eſt l'organe & inſtrument de la diuine volonté, lequel a eſté fait de Dieu à ceſte raiſon principallement, qu'il receuſt de luy toutes ſemeces, & les cachaſt fidellement en ſon gyron : finablement les aſſemblaſt toutes enſemble, & puis apres les produiſt : & apres leur production les ſeparaſt de rechef & diuiſaſt les vnes des autres, & à la fin les tolluſt. Faiſant en celà comme vn expers vigneron, lequel taille en la vigne tout ce qui eſt trop vieil & ſuperflu, à fin qu'au printemps de produyre, elle reuerdiſſe de rechef. Et auſsi ny a il rien, auquel le monde ne donne vie, auſsi qu'il eſt le lieu de vie, & d'icelle inſtituteur & commencement. Or eſt il a ſçauoir qu'il y a grande difference entre tous corps qui conſiſtent de la matiere. Car les vns ſont de terre, les autres d'eau, les autres d'air, & la plus grand part de feu. Leſquelz certes ſont tous compoſez. Si eſt ce toutesfoys que les vns ſont plus maſsifz, que les autres, les aucuns plus ſimples: deſquelz les premiers ſont peſans, les ſeconds agilles & legiers. Mais la ſoudaineté de ceſte agitation induiſt par ſa diuerſité les qualitez de toutes generetions. Au moyen que la frequente & aſsidue reſpiration, donne aux corps vne qualité, auec vne ſuperabondance de vie. Dieu doncques eſt le pere du monde, & le monde filz de Dieu, & pere de tout ce qui eſt en luy & ſoubz ſa domina-

*Le monde organe, & inſtrument de Dieu*

*La differēce de tous corps qui cōſiſtent de la matiere.*

DE LA PVISSANCE

*Raison pour quoy le mõde est ainsi appellé.*

nation & puissance. Lequel non sans iuste cause est appellé monde: Car il aorne & illustre toutes choses par la diuersité de generation, ensemble par l'operation continuelle de vie, par la perpetuelle hatifueté de necessité, par la conionction des elemens, par l'ordre finablement, & disposition de toutes choses crées. Le monde doncques, qui vault autant à dire comme aornement, est à bon droit & de necessité ainsi appellé, pour autant que le sens & intelligence de tous animaux reçoiuent de luy exterieurement leur influence, à cause qu'il contient en soy toutes inspirations & influences. Lequel monde garde en son entier à perpetuité tout ce qu'il a receu de Dieu des adoncques son commencement & creation. Dieu aussi n'est pas

*Dieu n'est pas priué de sens, contre les detracteurs.*

(ainsi que tiennent aucuns miserables, & faux detracteurs) priué de sens ny d'entendement. Car eux oppressez de misere, ne sçauent autre chose, sinõ que mal parler de Dieu. Tu dois pareillement sçauoir ó Esculape, que tout ce qui despend de Dieu, aage partie par le corps, partie meut par essence animée, ou viuifie par esprit, ou est receptacle des choses mortes. Sera neantmoins beaucoup mieux dit, quand nous dirons que Dieu n'a point toutes telles choses: mais (à fin d'exprimer la pure verité) qu'il est tout ce que l'on pourroit dire ou penser: & qu'il ne reçoit aucunes telles choses exterieurement

mais

mais qu'il les donne à toutes choses exterieures & eslongnées de sa diuine maiesté. Ce qu'est le sens & entendement de Dieu, sçauoir est de mouuoir tousiours toutes choses. Qui est la cause qu'il nous conuient confesser ne pouoir estre aucun temps, auquel deuienne à neant aucune chose de tout ce qui est. Or toutes & quantesfois que ie dy ce qui est, i'entends dire le thresor de Dieu. Car Dieu contient toute essence, hors lequel il ny a rien, & si n'est hors de rien. Cecy ô Esculape te semblera estre vray, si tu le veux entendre, & y appliquer ton esprit: au contraire incredible, si tu le veux ignorer. Au moyé qu'entendre n'est autre chose, que croyre: comme au contraire ne vouloir croyre, n'est qu'ignorer. Car tout ce que ie dy, n'est que verité, à cause que mon esprit est si dilaté, que deslors qu'il se met à desduyre quelque chose certaine, il en comprend l'entiere & pure verité. Et en comprenant les choses, & les trouuant conformes à ce qu'il interprete, soudain il y adiouste foy: en laquelle estant affermy & asseuré, heureusement se repose. Et ainsi, ce qui se dit des choses diuines, est creu asseurément quand il est entendu: au contraire nyé, quand il ne l'est point. Te suffise doncques d'auoir iusques icy traicté d'intelligence.

*Le sens & entédement de dieu.*

*Le thresor de dieu.*

*Entendre n'est autre chose que croire Isa. 6. Hebr. 11.*

L'argu-

## L'argument du dixiesme Dialogue.

Le dixiesme dit que Dieu est toutes choses, lesquelles toutesfoys vne chacune à part soy retiennent par participation leur nature & proprieté. Que Dieu neantmoins est le pere, & le souuerain bien, en tant qu'il est toutes choses. Il traicte en apres du rauissement de l'ame en silence, en disant n'estre licite ny permis reueler ce que lon voyt des yeux de l'entendement. Touchant ce qu'il adiouste de la transformation des animaux, ce que s'ensuyt puis apres declare assez falloir suyure non la fiction des parolles, ains l'allegorie de la fiction, quand il dit. Il n'y a autre corps que l'humain, qui puisse l'ame humaine receuoir, & n'est licite que l'ame raisonnable tombe en quelque corps de celle qui est irraisonnable. Et vn peu apres. Telle est la digne punition de nature, non telle que toy, mon filz, à l'auenture, ou quelques autres estiment : aux quelz il semble que lors que nostre ame est despouillée de ceste figure humaine, qu'elle retourne, & degenere en corps des bestes brutes. Car tel erreur est par trop meschant, & miserable. Au regard de ce qu'il dit que l'ame de l'enfant se voyt & contemple soymesme, premier qu'elle tombe en ce corps mortel, y prennent esgard ceux qui auecques obstination defendent que l'entendemēt & intelligence est cachée en elle.

## LA CLEF DE MERCVRE A son filz Tatius.

### Dialogue X.

IE te vouay, ó Esculape, la harangue d'hier, qui fait que i'estime estre raisonnable dedier celle du iourd'huy à mon filz Tatius, à cause principallement que la dispute presente ne doit estre qu'vn sommaire des choses qu'auons traitées au parauant. Tout premierement mon filz tu dois entendre que Dieu, pere, & bien, ont vne mesme nature & operation. Car le nom par lequel on appelle communément toutes choses muables & immuables, c'est à dire, humaines, & diuines, n'est qu'vne apellation d'acroissement ou diminution: desquelles choses il veut estre l'vn & l'autre. Mais ailleurs (comme auons mõstré & declaré autre part) il veut estre l'acte de toutes choses, soient diuines, soient humaines. Ce que se peult entendre en celà, que son acte est sa volonté, & son essence de vouloir que toutes choses soient & consistent. Car qu'est ce que Dieu, pere, & bien, sinon estre tout ce qui n'est encores point? Au contraire tout ce qui a estre, n'est autre chose que celà, c'est à dire, Dieu pere, & bien. Auquel certes nulle autre chose doit

*Dieu, pere, bien, ont vne mesme nature, & mesme effect.*

*L'acte & esséce de dieu. Sap. 1.*

doit, ou peult estre appliquée. Car ny le monde, ny le Soleil se doiuent appeller pere des choses viuantes quant à la cause de leur vie & bonté, sinon que par participation. Ou s'il auient que la chose soit telle, c'est à dire, que le monde soit cause de vie & bonté à toutes choses viuantes, il fault dire qu'il est comprins en la volonté de ce supreme bien, sans laquelle il ne peult estre aucunement ny auoir esté fait. Et combien qu'il soit pere des enfans, & de tout aliment, si est ce neantmoins qu'il reçoit celà par le seul vouloir de ce bien (lequel bien certes est actif) & ne peult à autre appartenir ne escheoir fors qu'à luy seul. Lequel pour autant qu'il ne reçoit rien d'ailleurs, il veult estre toutes choses. Ie ne dy pas, mon filz Tatius, que le monde face toutes choses vniuersellement. Car quand il a fait quelque chose, il est long temps puis apres sans rien faire, estant indigent. Au moyen qu'il fait par foys, & par autre se repose, ayant affaire de qualité & de quantité, aucunesfoys les disposant, par autre faisant le contraire. Mais Dieu, pere, & bien, est ainsi appellé, pource qu'il est toutes choses. Estant doncques tel, il peult au monde tout cecy commander, à raison qu'il luy plaist que celà soit ainsi, & est. Et luy commande plus tost qu'à l'vne de ses creatures, à cause principalement que tout est fait pour l'amour de luy. Car la nature & proprieté de bien,

ò Tatius

*Dieu est la cause premiere de toutes choses cõme createur, & les corps celestes la seconde quant à productiõ & destruction.*

ó Tatius mon filz, est de se manifester, & se donner à cognoistre. TATIVS. O' mon pere, que vous m'auez rendu participant d'vne belle vision. Car par icelle l'œil de mon entendemét est presque entierement purgé, de toute ordure. TRISMEGISTE. Et non sans cause mon filz. Car le regard de ce bien, n'est pas semblable à celuy du Soleil. Celuy du Soleil corrompt & esblouist la veuë par sa trop grande lueur: mais celuy de ce bien, illustre & acroist celle de l'œil interieur d'autant plus, que aucun peut plus parfaitement comprendre & apperceuoir l'influance de sa splendeur intelligible. Laquelle certes est beaucoup plus subtile que celle du Soleil: tellement qu'elle remplist vne chacune chose d'immortalité, & innocence. Ceux qui peuuét abondamment puiser de ceste lueur, sont souuentesfois transportez de leurs corps, & rauiz en l'aspect de ceste grande & excellente beauté, côme Selius, & Saturnus noz predecesseurs se sont esleuez. TATI. A' ma volonté qu'ainsi soit il de nous mon pere. TRISMEGIS. A' ma volonté, mon filz: Nous sommes toutesfois encore par trop imbecilles & imparfaitz, pour ainsi se hault bien contempler. Mais lors pourrons nous esleuer les yeux de nostre entendement, & parfaitement regarder ce tant excellent bien, auecques l'incorruptible & incomprehensible beauté d'iceluy, quand nous n'en parlerons point.

*La differen-ce qu'il y a entre le regard de dieu & celuy du Soleil.*

*Selius & Saturnus lesquelz les payans ont estimé & appellé dieux.*

point. Au moyen que parfaite cognoissance d'iceluy, n'est autre chose qu'vn silence diuin, & ententiue application de tous les sens. Celuy qui l'entend, ne peult à autre chose penser. Celuy qui le voit, ne peult voir autre chose. Celuy qui l'oyt ne peult ouyr autre chose puis apres, ny mouuoir les membres de son corps: de maniere qu'estant deliuré de tous ses sens & mouuemens corporelz, fait toutes ses affaires sans crainte aucune. Car celuy qui par sa tresresplendente lumiere tout enuironné, embrase tellement, & de toutes pars iecte ses rayons sur son entendement, qu'il luy tire & soustrait entierement son ame hors de son domicile, & le transmue totalement en essence diuine. Car, mon filz, il est impossible que l'ame de l'homme gissante en l'ordure de ce corps, puisse receuoir en soy l'espece & forme de Dieu. Et n'est aucunement loysible à homme de pouuoir contempler la beauté & excellence de Dieu, s'il n'est en Dieu premierement regeneré, reformé, & transubstancié. TAT. Comment dites vous celà mon pere? TRISM. A cause de la distribution de toute ame mon filz. TAT. En quelle sorte & maniere se font ses changemens? TRISMEG. Ne l'as tu pas entendu en ce qu'auons n'agueres dit generallement, à sçauoir comment de la seule ame du monde toutes les autres depédent, comme par tout le monde esparses çà & là discurren-

*Que c'est que la cognoissance de la bonté diuine.*

*L'ame gissete au bourbyer de ce corps ne peut comprendre les choses diuines.*
*1. Cor. 2.*

*L'ame du monde.*

currentes?Des ces ames donc, il y a diuerses mutations & chāgemens, partie en meilleure condition, partie en contraire. Car aucunes y a de celles des reptiles, qui se changent en aquatiques, & de celles des aquatiques en terrestres, de celles des terrestres en celles des oyseaux, de celles qui habitēt en l'air en celles des hommes. En aprés celles des hommes, qui sont immortelles, en celles des Anges: lesquelles finablement reuolent en l'heureuse compagnie de ceux qui ont iouissance de Dieu. Ce qu'est la supreme gloire de l'ame. Mais l'ame tombée en ce corps humain, si elle perseuere en mal, elle ne gouste aucune chose d'immortalité, ny n'a fruition d'aucun bien: mais son cours finablement reuolu, est precipitée de hault en bas, es infernales contrées. Ce que certes est le iugement & peine de l'ame meschante & deprauée. La prauité de laquelle n'est autre chose que ignorance. Car ignorant les choses de nature, & le supreme bien, ne fait que s'enuelopper es passions de ce corps. L'ame du diable pareillement en ceste maniere corrompuë, & ignorant soy mesme, est à plusieurs corps abietz, & autres monstres diformes & infectz asseruie. Elle traine son corps çà & là, comme vn pesant fardeau, non estant maistresse de luy, mais pour son ignorance subiuguée & maistrisée. Au contraire la vertu de l'ame, gist en la cognoissance de Dieu. Car à la verité,

*Tout cecy se doit entēdre par allegorie comme il le declare puis apres.*

*L'ame de l'homme inique & meschant.*

*L'ame du diable.*

*La vertu de l'ame.*

F celuy

DE LA PVISSANCE

celuy qui en elle est expert, est coustumieremēt bon, pitoyable, & diuin, aymant & craignant Dieu, comme il appartient. TAT. Qui est celuy, qui peut estre tel, mon pere? TRIM. Celuy qui parle peu, & qui en deux parolles entend & oyt ce qui se doit ouyr & respondre, & l'examine en secret. Car Dieu, pere, & bien, ne se prononce de langue, ny ne s'entend d'oreilles, sinon spirituelles. Veu donc & atendu que tout cecy, ainsi se cōporte es choses lesquelles sont, & se disent de luy, il faut dire qu'elles sont ses sens, à l'ocasion qu'elles ne peuuent estre de luy separées. Or y a il grande difference entre le sens & la cognoissance. Car le sens, est vn mouuement de la chose superieure: mais cognoissance est la fin & le but de sciēce, Laquelle science est don de Dieu, à cause que chasque science vse d'entendement incorporel, comme de son instrument & organe, & l'entendement vse du corps. Qui faict que l'vn & l'autre ayent leur resource es corps tant intelligibles, que materielz. Car il est de necessité que toutes choses consistent d'oposition, & contrarieté, & est impossible qu'il se puisse autrement faire. TAT. Qui est doncques ce Dieu materiel? TRISMEG. C'est le monde, lequel certes est beau, non pas toutesfois bon, au moyen qu'il consiste de la matiere, & qu'il est soubmis à passion. Ioinct qu'il est le premier de tout ce qui souffre, & le second de tout ce qui

*L'hōme sage*

*Difference entre sens & cognoissance.*

*Science, don de dieu. Eccl. 17. & 38. Isa. 33.*

*Toutes choses consistēt d'opositiō & contrarieté.*

*Le monde dieu materiel.*

qui est, estant de sa propre nature indigent, & qui a esté vne fois fait & crée, encores qu'il soit perpetuel en sa generation, & la geniture de toutes qualitez, & quantitez. Ce qui se faict, pour raison, qu'il est mobile. Car tout mouuement materiel, se doit appeller generation. L'arrest semblablement & station intelligible, meut en ceste façon le mouuement materiel. Car le monde est vne sphere, c'est à dire, vn chef dessus, lequel il ny a aucune chose materielle, ny au dessoubz aucune intelligible, ains tout ce qu'il a, est materiel. Mais l'esprit, qui est ce chef, est agité & meu tout à l'entour, en façon d'vn cercle, c'est à dire, selon la nature & proprieté dudit chef. Tout ce qui est donc contigu & ioignant à la peau de ce chef, (laquelle peau signifie l'ame) est né immortel, quasi comme si le corps estoit constitué en l'ame, & toutes choses qui ont ame, fussent pleines de corps. Mais tout ce qui est reculé de ceste peau, ou gist ce qui plus participe de l'ame, n'est que corps. Le tout neantmoins composé ensemble & conioinct, est vn animal. Le monde doncques total est partie de chose materielle, partie intelligible. Lequel certes est le premier animal, & l'homme le second apres luy, & sur tous autres le plus excellent, au moyen que luy seul possede tous dons de l'ame, que Dieu a donnez à toutes autres creatures. Et non seulement il est bon, mais aussi mauuais, en

*Belle allusiō de l'ame à la peau d'vn chef.*

*Le mōde est fait & composé de deux choses, l'vne materielle, l'autre spirituelle ou intelligible.*

F ii

ce qui est mortel. Car le monde ne peult estre bon, atendu sa mobilité: ny du tout mauuais, à cause de son immortalité. Mais pource que l'hōme est mobile, & mortel, on l'estime mauuais.

*Comment l'ame humaine est portée*

L'ame duquel est en ceste maniere portée. Car l'entendement gist en raison, raison en l'ame, l'ame en l'esprit, l'esprit au corps. L'esprit diffus & espandu de tous costez par les veines & arteres, meut & agite c'est animal, & entieremēt soubstient & porte la masse de ce corps pendente contre bas.

*De ceste opinion ont esté Empedocles & Cricias Philosophes.*

Dont vient qu'aucuns poures d'esprit & abusez, ont estimé nostre ame n'estre autre chose, que l'humeur du sang. Aux quelz certes a esté caché, estre de necessité que tout premierement l'esprit vital s'espende iusques à l'ame, puis apres que le sang prenne nourriture & acroissement, & que par ainsi les venes & arteres, qui sont creuses, s'estendēt: finablement que cest animal se resoulde. Ce qui est ce qu'on appelle la mort du corps. Si est ce neantmoins qu'il faut tousiours entendre, que tout cecy depend d'vn commencement. Lequel commencement, yst aussi & sourd d'vn autre seul. Mais le premier qui est Dieu, est tousiours tout vn, sans aucune variation, & sans se departir de son vnité. Sont doncques icy les trois commencemens de toutes choses, Dieu, pere, bien, & le monde, & l'homme. Dieu contient le monde, le monde l'homme. Le monde est crée de Dieu, & l'hom-

& l'homme est la geniture du monde. Lequel homme, Dieu n'a pas mis en oubly, mais au contraire l'a en sa solicitude, en voulant estre cogneu de luy. En la cognoissance duquel consiste le seul salut de l'homme, & la droite voye pour monter au ciel. Et est le seul moyen, par lequel est bonne l'ame, non pas toutesfois tousiours bonne, ains aucunesfois mauuaise: ce que se fait, selon fatalle destinée ou necessité. TAT. Comment dites vous celà Trismegiste? TRIS. Ie le dy, mon filz pour raison qu'auant que l'ame de l'enfant soit faite & formée, & qu'elle soit infuse dans le corps de la femme, elle se contemple & se voit soy mesme. Car de fait elle ne est encores corrompuë & souillée des passions de ce corps: ains depend seulement de l'ame du monde. Mais apres que le corps est formé, & que l'ame est espanduë en la masse d'iceluy, lors est soubmise à toute oubliance, & priuée de la vision de toute beauté & bonté. Laquelle oubliance n'est autre chose, qu'improbité, & peché. Semblable aduient à ceux qui decedent de ce monde, au moyen que l'ame, qui est diffuse & espanduë par tout le corps, recourt en soy-mesme, & l'esprit vital au sang: tellement qu'elle se retire en l'esprit, & ne se fait qu'vn d'eux deux. L'entendement d'autre part qui de sa propre nature est diuin, estant deliuré de tous liens corporelz, & ayant vn corps de feu, ne fait que

*De ceste opinion sont les Platonistes, qui disent que nostre souuenir n'est qu'vne recordation de l'ame premier qu'elle entre au corps.*

*Comment se fait la dissolution du corps & de l'ame, & de toutes ses vertus.*

F iii         vaguer

vaguer par tout çà & là, en delaiſſant l'ame à ſon iuſte & merité ſupplice. TAT. Comment dites vous celà mon pere? TRISMEG. Pour autant, mon filz, que l'entendement ſe ſepare de l'ame, & l'ame de l'eſprit, le veſtement duquel entédement eſt l'ame, & celuy de l'ame eſt l'eſprit. Il fault, mon filz, que l'auditeur s'acorde auecques celuy qui parle, & qu'il ayt l'ouye trop plus ague & ſoudaine, que la voix de celuy qui parle. Parquoy entends que l'enueloppement de ces veſtemens, ſe fait au dedans du corps humain. Car de mettre vn entendement tout nud en vne maſſe de terre, eſt choſe totallement impoſsible. Au moyen que l'ordure & infection terrienne, ne peult receuoir vne choſe ſi diuine, ny ſouſtenir vne telle maieſté, comme eſt l'entendendement, miſe en vn corps paſſible, & la conformer à luy. L'entendement doncques s'eſt accompaigné de l'ame, & s'en eſt reueſtu comme d'vn veſtemét. L'ame pareillement qui eſt diuine, vſe de l'ayde de l'eſprit, lequel eſt diffus par tout l'homme entierement. Incontinent doncques que l'entendement eſt deliure de ce corps terrien, il prend incótinent ſon propre veſtement, c'eſt à ſçauoir vn corps de feu, duquel pendant qu'il en eſt reueſtu, ne ſe peult mettre en vn corps terreſtre, pour autant que la terre ne peult ce feu ſoubſtenir ne porter. Car elle ſeroit tantoſt arſe par la moindre e

*L'entendemét ne peut au corps conſiſter, ſans l'ayde de l'ame.*

*Le veſtemét de l'entendement eſt vn corps de feu.*

dre estincelle, qui est en luy. D'ou vient qu'il a fallu créer vn humeur froit pour enuirōner ceste masse terriéne pour estre comme vn obstacle de peur que le feu ne la consommast. Lequel a tendu qu'il est entre toutes conceptions diuines le plus subtil & le plus soudain, ausi comprend il les corps d'vn chascun element. Car de fait le createur des cieux, vse de feu, principallement à gouuerner sa facture. Le facteur certes de l'vniuers, vse de toutes choses: mais tout autre ouurier n'vse seulement, que de ce qui est sur la terre, ou à l'entour d'elle. Car l'humain entendement priué de feu, & seulement idoyne à disposition humaine, ne peut construire chose qui appartienne à diuinité. L'ame humaine ausi (non pas toute, ains celle qui est bien heureuse & pitoyable) est diuine. Laquelle estant exempte & deliure de l'obscure prison de ce corps par la mort, se fait diuine, & se conuertist en entendement diuin. Le plus fort & penible cōbat qu'elle puisse auoir, durant qu'elle est enclose en ce corps, est premierement de recognoistre Dieu: secondement de ne faire tort ny iniure à aucun. Quant à celle qui est meschante, il fault entendre que deslors qu'elle est de ce corps separée, elle demeure en sa propre nature estant d'elle mesme fort tourmentée & affligée, & cherche quelque corps humain pour y entrer & là demeurer. Car il se fault donner garde d'er-

*Dieu vse de feu à gouuerner sa facture.*

*Le plus grief combat de l'ame religieuse & pytoyable.*

F iiii

*Il declare ce qu'il a dit au deſſus du changement des ames.*

de d'errer, en eſtimant qu'il y ayt autre corps que l'humain, qui puiſſe receuoir l'ame humaine : tellement qu'il ne ſe peult faire que l'ame raiſonnable tombe en quelque corps de l'ame irraiſonnable. Car la loy diuine prohibe vne ſi meſchante & ſi abominable degeneration.

TAT. En quelle ſorte doncques, mon pere, eſt l'ame du meſchant homme tourmentée? Quel eſt ſon plus grief tourment? TRISMEG. C'eſt ſon peché mon filz Tatius. Car qui eſt le feu qui puiſſe auoir la flambe plus ardente que peché? Quelle beſte ſauuage ſi cruelle ſoit elle, & rauiſſante, deſmembre ſi fort le corps, comme aflige l'ame iniquité? Ne voys tu pas de combien de deſtreſſes eſt oprimée l'ame du meſchant? Prens garde, mon filz, de quelles calamitez & ſupplices eſt tourmentée, quand en ceſte façon elle ſe eſcrie : Ie bruſle, ie conſume, ie ne ſçay que ie fais, ou que ie dy, toutes calamitez & miſeres qui continuellement ſuruienent, me deuorent. O moy miſerable ie ne voy, ny n'oy rien pour les trop vrgétes deſtreſſes, qui m'opreſſent. Telles ſont les clameurs & doleances de l'ame afligée. Telle eſt la digne punition de nature. Non telle que toy, mon filz à l'auenture, ou quelques autres eſtiment, aux quelz ſemble que deſlors que l'ame eſt deſpouillée de ceſte figure humaine, qu'elle retourne & degenere es corps des beſtes brutes. Car tel erreur, de croyre ou penſer

*Le torment du pecheur eſt ſon peché Iſa.9. Sap.14.*

*La clameur du meſchant ſouffrant pour ſon peché.*

fer celà, est par trop inique & prophane. Mais il y a bien vn autre moyen pour punir l'ame. Tu dois doncques entendre, que lors que l'entendement est conuerty en nature diabolique, que il luy est de Dieu commandé sur l'obeyssance qu'il luy doit, prendre vn corps de feu. Puys apres espandu en l'ame, ainsi pleine de meschãceté, la foëtte & tourmente des verges de peché. Desquelles apres auoir esté bastuë ne s'adonne de là en auant qu'à faire meurtres, à dire iniures, à mesler noyses, à perpetrer innumerables rapines, & (pour le faire bref) à tous autres exces illicites & desordonnez, par lesquelz peche l'homme, & delinque contre Dieu. Mais quand cest entendement est en quelque saincte ame tombé, il l'extolle & esleue en la lumiere de diuine sapience. En maniere que puis apres elle ne peult plus languir de paresse: ainçois, en imitant tousiours Dieu son pere, donne confort & ayde, tant en dict comme en faict, au genre humain. Parquoy, mon filz, en rendant à Dieu humblement action de grace, il nous le fault à mains ioinctes prier, & suplier en cueur contrit, qu'il luy plaise nous faire participans de bon entendement, & faire cheminer nostre ame tousiours de bien en mieux, & iamais en pis. Il y a d'auantage quelque communication entre toutes ames. Car premierement celles des dieux cõmuniquent en quelque chose a-

*L'ame du méchant batue de verges de peché.*
Pro.5.
Psal.31.
Eccl.40.

*L'œuure d'ũ homme de bien.*

*La communication de toutes ames.*

## DE LA PVISSANCE

se auecques celles des hommes. Mais Dieu communique à vne chacune d'elles, au moyen qu'il est plus excellent, & plus puissant qu'elles toutes ensemble: & que toutes choses sont plus imbecilles que luy, en maniere que le mon de luy est submis, l'homme au monde, la beste brute à l'homme. Quant à Dieu il est sur, & à l'entour de toutes choses. Les rayons duquel sont toutes ses œuures: ceux du monde, toutes natures: ceux de l'homme, sont tous artz & sciences. Les actes de Dieu, s'exercent par le monde, & descendent en l'homme par les rayós naturelz du monde, ceux de nature s'expliquét par les elemens, ceux de l'homme par les artz & sciences. C'est doncques icy l'aministration & gouuernement de tout le monde dependant de la nature d'vn seul Dieu, & par vn seul entendement discourant auecques bonne ordre & disposition par toutes les creatures de Dieu. Oultre lequel entendement, ny a rien plus fort & plus puissant, rien plus diuin, finablement rien plus vny & conioint. On voyt doncques assez clerement par cecy, quelle communication y a entre les dieux & les hommes. C'est cy le bon ange, mon filz, duquel l'ame qui en est pleine, est bien heureuse: au contraire malheureuse celle, laquelle est vuyde d'iceluy. TATIVS. Par quelle raison dites vous celà mon pere? TRIS. Sçache mon filz, que toute ame possede le souuerain

*Les rayons de Dieu, du monde, & de l'homme.*

*La force & vertu de l'entendement.*

*Que le souuerain bië est lentendemët de toute ame bië heureuse.*

uerain bien pour sa pensée & entendement. Car ausi de luy est nostre present propos, non pas de son ministre qui est l'ame priuée d'entendement, laquelle auons dit au parauant auoir esté par le iuste iugement de Dieu enuoyé aux infernales contrées. Car l'ame destituée de la presence d'entendement, qui est ce souuerain bien ne peut faire ne dire aucune chose. Cóme nous voyons souuentesfois aduenir que l'entendement est hors de l'ame, dont vient qu'elle ne voyt ny n'oyt rien pour lors: mais est semblable à celle de la beste priuée de raison. Tant est grande la puissance & diuinité de l'entendement. De maniere qu'il laisse (comme auons dit) l'ame enclose en ceste obscure prison corporelle, & puis apres la traine es enfers. Certainement mon filz, l'homme lequel a vne telle ame ainsi priuée d'entendement, ne se doit appeller homme. Au moyen que l'homme est vn animal diuin, & ne se doit accomparer aux bestes brutes, ains aux dieux celestes. De sorte que si nous voulons dire & confesser ce qui est de verité, nous dirons qu'vn vray homme est plus excellent, que ceux qui habitent au ciel, ou pour le moins que sa condition est pareille à la leur. Et la raison est pour ce que celuy qui d'entre les celestes descend du ciel en terre, delaisse les bornes & limites du ciel, aux quelz monte l'homme, & les mesure & compasse sans partir de la terre.

*Raison pourquoy Dieu nous delaisse en vn sens reprouué.*

*L'hôme sans entendemēt ne se doit appeller hôme mais plustost vne beste.*

*La conditiō de l'homme, estre presque pareille à celle des anges.*

terre. Ioinct qu'il entend toutes choses facillement ou soient basses, ou soient haultes, & en cherche soigneusement tout le reste. Et qui est chose plus admirable, sans delaisser la terre, il s'eslieue au ciel. Tant est ample la puissance & vertu de nature humaine. Parquoy nous oserōs bien dire & affermer que l'homme terrien est vn Dieu mortel, & que le Dieu celeste est vn homme immortel. Il fault doncques pour toute resolution entēdre, que par la vertu de ces deux à sçauoir de l'homme, & du monde, sont toutes choses regies & gouuernées, ayans sur eux toutesfoys comme autheur & principal moderateur celuy, auquel sont toutes choses soubmises & asseruies.

*L'homme Dieu mortel & Dieu hōmeimmortel*

### L'argument de l'vnziesme Dialogue.

L'vnziesme plein de haultz propoz, & sentences diuines, declare comme eternité depend de Dieu, le monde d'eternité, le temps du monde: le changement, du temps: du changement, la mort & la vie. D'auantage qu'il ny a puissance, soit diuine ou humaine, ou des choses superieures, ou inferieures, qui se puisse ou se doiue acomparer à celle de Dieu, pour autant qu'elle est insuperable, & infinie. Lequel il monstre par viues raisons & analogies, estre le seul & vnique Dieu de nature: qui pource qu'il ne peult estre ocieux, faict sans cesse toutes choses,

choses. Ce que fault entendre (pour le bien comprendre) de l'eternelle generatiõ du Verbe de Dieu Iesus Christ, au moyen qu'il dit auoir esté de necessité que l'œuure diuine y fust, à fin que ce qui se faict, ou a esté fait, ou se fera à l'aduenir, fust & consistast. Ce que n'est autre chose, que vie, beauté, bonté, finablement Dieu, & la vie de toutes choses. Ou ce qu'a plus haultement exprimé la trompette euangelique saint Iehan, quand il dit: Au commencement estoit le Verbe, & le Verbe estoit auec Dieu, & Dieu estoit le Verbe. Toutes choses ont esté faites par luy, & sans luy n'a rien esté faict ce qu'a esté faict. En luy estoit la vie. La vie doncques de toutes choses procede de Dieu, & Dieu mesmes est la vie. Qui fait que ce que vulgairement on estime la mort, ne soit pas la vraye mort des choses: mais plus tost ce que la vie des choses viuantes delaisse, quand elle se retire & se musse desormais. Il vse à la fin d'vne proportion merueilleuse pour comprendre Dieu: lequel ores qu'on le comprenne, il demeure tousiours incomprehensible, & estant à tous incogneu, se donne en toutes choses à cognoistre. Vous doncques gens de bien, soyez icy ententifz, & prestez l'oreille d'vn franc vouloir aux hautz propos de la diuine pensée, à fin que finablement cognoissiez que celuy qui a faict & fabriqué toutes choses, l'a fait à ceste intention, que par vne chacune d'elles le veissiez.

La di-

DE LA PVISSANCE
LA DIVINE PENSE'E,
à Mercure.

Dialogue            XI.

Eporte toy ò Mercure Trismegiste, à exposer tant de choses si long temps. Repose toy à present, & te remembre de ce que tu as dit au dessus. Car ie ne trouueray estrange de t'exprimer sur ce mon aduis. Et ce à cause principallement que plusieurs & diuerses opinions courent, & s'agitent entre les hommes de Dieu, & du monde. TRISMEGIS. Certes à fin de franchement confesser mon ignorance, ie ne comprend pas encores bonnement la pure & entiere verité de celà. Parquoy, mon seigneur, il vous plaira me la declarer, & faire entendre. Car ie ne pense qu'il y ayt autre que vous, qui me la peust expliquer. LA PENSEE. Escouste moy doncques mon filz. Tu dois sçauoir en premier lieu, que Dieu, le temps, & l'vniuers se comportent en ceste sorte. Car Dieu est eternité, & le temps generation. Dieu fait eternité, eternité le monde, le monde le temps, le temps generation. L'essence de Dieu n'est presques autre chose que bonté, beauté, beatitude, sapience, eternité. Son essence & celà, n'est qu'vn.

*Diuerses opinions des hõmes, de Dieu & du mõde.*

*Dieu, le tẽps, l'vniuers.*

*L'essence de Dieu.*

qu'vn. L'ordre du monde, est changement de temps. Celuy de generation, est la mort & la vie. L'acte de Dieu, est l'entendement, & l'ame eternité, perseuerance, & immortalité. Le cours du monde, est l'acroissement & diminution du temps, auecques la qualité de generation. Eternité doncques gist en Dieu, en eternité le monde, dedans le monde le temps, dedans le temps generation. Eternité est à l'entour de Dieu, le monde se meult en ceste eternité, le temps préd fin au monde, generation se faict dedans le têps. Dieu doncques est la source de toutes choses. L'essence duquel est eternité : la matiere d'eternité, est le monde : la puissance de Dieu, est eternité : l'œuure d'eternité, est le monde. Lequel fut qu'il n'estoit point, estant tousiours neantmoins en Dieu, comme s'il eust esté faict auant tout aage. Et attendu que l'aage ne peult cesser, aussi pareillement le monde iamais ne cessera. Lequel pour ce qu'il est compris d'eternité, iamais aucune partie de luy ne pourra perir.

*Belle gradation pour sçauoir cognoistre l'ordre de toutes choses.*

*Le monde eternel.*

TRISMEG. Mais qu'est ce que la sapience de Dieu ? LA PENSEE. C'est bonté, beaulté, beatitude, toute vertu, & aage. Lequel aage donne immortalité, en donnant semblablemét perseuerance à la matiere. Car l'origine de la matiere depend de l'aage, ainsi que l'aage de Dieu. Generation & le temps sont de double nature, tant au ciel, comme en terre. Au ciel premierement

*Sapience de Dieu, nostre sauueur Iesus Christ.*
*1. Cor. 1*
*Colos. 2.*

ment, ilz sont immuables & immortelz: mais en terre muables, & subiectz à corruption. L'ame d'eternité, est Dieu: celle du monde, eternité, celle de la terre, est le ciel. Dieu gist en l'entendement, l'entendement en l'ame, l'ame en la matiere. Tout cecy neantmoins prouient de l'aage, & est le corps seul, d'ou prennent leur origine tous corps. L'ame pareillement pleine de Dieu, & d'entendement remplist l'interieur du monde, & embrasse l'exterieur, donnant vie à toutes choses, & auant toutes à ce hault & parfait animal, qui est le monde exterieurement, interieurement à tout ce qui est en luy viuant. Lassus il donne vie au ciel, en ce qu'il est tousiours tout vn sans alteration & changement, & le restraint en son ordre, proportion, nombre, & poix. Ca bas il viuifie la terre, en ce qu'il la fait produyre toute generation. L'aage contient le monde soit par necessité, ou par prouidence, ou par nature. Tellement que Dieu fait tout ce que l'on pourroit ou de present, ou à l'auenir dire ou penser. L'acte, duquel est vne puissance nōequiparable, & inuincible, qui est la cause que nul ne doit atenter, à luy comparer aucune autre soit diuine, ou humaine. Garde toy doncq' bien, ó Mercure, d'estimer qu'il y ayt quelque chose, ou lassus au ciel, ou ça bas en terre, qui puisse estre semblable à Dieu, si tu ne veux totallement errer, & foruoyer de la verité. Car ce qui

*L'ame d'eternité, du monde, & de la terre.*

*L'ame du monde.*

*L'acte de Dieu, puissāce insuperable & inuincible.*

qui est à toutes choses dissemblable, & vnique, ne reçoit similitude, ne comparaison. Et de fait aussi n'y a rien qui puisse auoir semblable vertu, que Dieu. Car qui est semblable à luy, quant à la production de vie, d'immortalité, & changement de qualité? Car que peult faire Dieu, outre cela? Or ne peult il estre aucunement oysif. De maniere que si cela auoit lieu, toutes choses seroient pareillement oysiues, & cesseroient d'œuurer à cause qu'elles sont pleines de Dieu. Mais oysiueté ne se trouue en aucune partie du monde, qui fait à dire, que oysiueté ne soit que vn nom friuolle & de nulle importance, tant d'vn costé que d'autre, c'est à dire, tant pour le regard de celuy qui fait, que de ce qui se fait par luy. Au moyen qu'il est de necessité que toutes choses se facent sans cesse, selon la nature & proprieté d'vn chacun lieu. Car ce qui fait, n'est pas present seulement en vn lieu: mais en tous gerallement, & ne produit pas seulement vne chose: mais toutes vniuersellement. Car ceste puissance estant en soy mesme efficace, ne peult estre asseruye aux choses qui ont esté par elles faites & crées: au moyen que toutes les œuures de Dieu sont à elle soubmises, & non pas au contraire. Or sus Mercure, contemple le monde à mon aueu, qui est à ta veuë exposé, & regarde soigneusement sa forme & beauté, & le trouueras estre vn corps incorruptible, outre lequel n'est

*Dieu ne reçoit côparaison ne similitude.*
*Deut. 4.*
*Iob. 22. 41.*
*Isa. 46.*
*Que dieu n'est iamais oysif.*
*Ioan. 5.*

*Que dieu est par tout.*

*Il induit Mercure à cognoistre dieu par ses creatures.*

n'est rien plus excellent, ny en tout & par tout plus parfait, verdoyant & vigoureux. En outre regarde sept autres mondes au dessus de nous, faitz d'vn singulier & merueilleux artifice, d'vn ordre eternel accōplissans l'aage par leurs cours differentz l'vn de l'autre, & vn chacun d'eux plein de lumiere, sans qu'il y ayt en eux aucun feu. Ce qui se fait, au moyen de la seule amytié des choses contraires & non semblables, causans ladite lumiere : estant nonobstant illustrée & esclarcie par l'acte de Dieu, pere de toute bonté, prince de tout ordre, & l'eternel gouuerneur de ces sept mondes. Contemple pareillement la Lune, organe & instrument de nature, comme elle fait son cours & reuolution auant les autres spheres, en changeant la matiere inferieure. Contemple aussi la terre, comme elle est située au mylieu du mōde ainsi que l'escabeau & marchepied du ciel : & comme elle est non seulement la nourrisse, mais aussi la nourriture de toutes choses terriennes. Medite de rechef & considere en toymesme, le nombre des choses tant mortelles qu'immortelles viuantes, & comme la Lune enuironne le mylieu d'icelles, comme limitrophe & separation d'entre elles. Et comme l'ame pleine de toutes choses, est par elle agitée par ses propres mouuemens, partie à l'entour du ciel, partie autour de la terre. Comme finablement les choses qui sont du costé

*Les sept spheres cratiques qu'il appelle mondes.*

*La Lune instrument de nature.*

*la terre marchepied du ciel.*

*La lune est limite d'être les choses mortelles & immortelles.*

costé dextre ne sont iamais meuës vers le seneſtre, ny celles du seneſtre vers le dextre. Semblablement ne celles qui sont en hault vers le bas, ne celles qui sont basses vers le hault. Or que toutes telles choses soient engédrées, mon doux amy Mercure, il n'est besoing, que tu le sçaches par moy, pour autant que facilement tu les voys auoir corps & ame, & mouuement. Mais trop bien dois entendre estre impossible qu'elles puissent s'acorder ensemble, sans la force & vertu de quelque moyenneur. Il fault doncq de necessité, qu'il y ait aucun tel, & qu'il soit totallement seul. Car veu qu'il y a en toutes ces choses plusieurs & diuerses motions, & que leurs corps soient differens & contraires les vns aux autres, & qu'il y a en toutes vn seul ordre de soudaineté, il est impossible qu'il y puisse auoir deux ou plusieurs facteurs. Car vn ordre ne se pourroit garder ne maintenir, en plusieurs facteurs. Tellement que celuy qui entre eux seroit le plus imbecille, auroit enuye sur le plus fort, dont sourderoit vne sedition. Celuy donques d'eux deux, qui auroit crée les choses muables & mortelles, voudroit semblablement créer les immortelles: comme au contraire celuy qui auroit fait les immortelles, voudroit pareillement faire les mortelles. D'auantage atendu qu'il n'est qu'vne ame, & qu'vne matiere dõt toutes choses prennent leur origine, à qui d'en-

*Deduction treselegante pour prouuer qu'il n'y a qu'vn Dieu.*

*Le desarroy qui sourderoit s'il y auoit plusieurs dieux.*

*Cecy est l'opiniõ de tous Philosophes, laquelle ne*

G ii tre

*s'acorde à nostre religion chrestienne qui seule cognoist la verité.*

tre eux appartiendroit il principallement telle œuure, & fabricature? Et s'il aduenoit que ce fust à tous deux, qui seroit celuy à qui reuiendroit la souueraineté, & totalle superintendence? Au surplus, pense que tous corps viuans, soient mortelz, ou immortelz, consistent d'vne matiere & d'vne ame. Car de fait tous corps qui ont vie, ont pareillement ame: mais ceux qui n'ont point vie, ne sont presques que la pure matiere. L'ame pareillement selon soy mesme prochaine à son pere, qui est Dieu, est cause de vie, ainsi comme vne chacune chose immortelle est cause pareillement de vie. Comme se faict il doncques que les choses mortelles qui ont vie, different des autres mortelles, & les immortelles des immortelles? Il fault doncques dire pour toute resolution, qu'il y a quelque auteur plus special, plus excellent, & plus apparent que les autres qui face tout cecy: atendu qu'il n'y a que vne ame, qu'vne vie, qu'vne matiere. Qui est il doncques cest auteur? Qui pourroit estre, fors qu'vn seul Dieu? Appartient il à autres qu'à vn seul Dieu, créer toutes choses viuantes? En celà doncques qu'il n'est qu'vn monde, qu'vn Soleil, *La foy de Mercure quant à vn seul Dieu.* qu'vne Lune, & qu'vne diuinité, est assez declaré qu'il n'est qu'vn Dieu. Or quant à Dieu, nous croyons certainement qu'il n'y en a qu'vn. Luy doncques tout seul fait chacune chose en plusieurs. Estimes tu qu'il soit à Dieu difficile de faire

faire la vie, l'ame, immortalité, & changement du temps? Car toy mesme te peux tant & si grandes choses faire, tu voys, tu oys, tu sens, tu goustes, tu touches, tu parles, tu marches, tu aspires, tu entends, sans qu'il y ait autre en toy qui face toutes ces choses que toy mesme. Entre tous animaux pareillement tu n'en trouueras vn seul qui seulement parle, l'autre seulement qui marche, l'autre qui sente, l'autre qui ait le goust, l'autre qui aspire, l'autre qui entende seulement: mais vn seul fait tout cecy. Lesquelles toutes choses, est impossible de pouuoir faire sans l'operation de diuine nature. Car tout ainsi que celuy qui desiste à les faire, n'est plus animal, aucas pareil celuy qui cesseroit à faire la vie, immortalité, & changement du temps, desisteroit d'estre Dieu. Ce que certes soufpeçonner, seroit par trop illicite & meschant. Si doncques ainsi est, qu'il n'est rien en toute chose naturelle en quoy ny ayt quelque vigueur naturelle d'œuurer, auecques vne execution d'vn certain œuure, à plus forte raison conuient il dire & maintenir ne pouuoir en Dieu eschoir carence aucune de l'effect & puissance de toutes choses. Car toutes choses oysiues, sont imparfaites. Or de dire que Dieu fust imparfait, ce seroit trop irreueremment parler. Il se fault doncques en ce lieu arrester, & conclure, que Dieu fait toutes choses. Arrestons nous icy vn peu Mercure,

*Il prouue qu'il n'est à Dieu plus dificile faire toutes choses generallement, & en particulier qu'il est à l'homme seul de faire ce quil fait par ces cinq sens de nature.*

*Que Dieu n'a aucune carece d'effect ny de puissance.*

G iij &

*Dieu a fait toutes choses à fin qu'elles vinssent en evidence.*
*Sap. 1.*

& mescoute diligemment en te donnant du tout à moy: & en ce faisant, soudain entendras l'œuure de Dieu. Laquelle en premier lieu à esté de necessité, qu'elle fust mise en euidence, à fin que tout ce qui se fait, ou a esté fait au passé, ou se fera à l'auenir, fust & consistast. Ce que mon doux Mercure, n'est autre chose que vie, que beauté, que bonté, finablement que Dieu. Et si tu veux que ie te mette cecy deuãt les yeux par quelque exemple des choses qui se font en ce monde, prend garde à ce qui t'auient quand tu veux engendrer, pose neantmoins, que l'œuure de Dieu ne soit à celle cy accomparer, Au moyen que luy en faisant ses œuures, n'est espris d'aucune volupté, & si n'a aucun coadiuteur à les faire. A' cause que luy ayant de sa propre nature force & pouuoir de faire toutes choses, les fait & parfait de sa specialle vertu, estant tousiours luy mesme tout, & en tout ce qu'il fist oncques. Tellement que s'il auenoit qu'il retirast de quelques vnes son influence & vertu, vie deffailleroit en elles, & deuiendroient à neant incontinent. Mais atendu qu'elles viuent toutes & qu'il n'y ayt en elles qu'vne vie, on peut en celà aysément apperceuoir, qu'il n'y a qu'vn Dieu. D'auantage si toutes choses sont viuantes, tant celles qu'on voit au ciel, que celles qui sont sur terre, & que la vie de toutes prouienne de Dieu, il faut conclure aussi que la vie

*Dieu fait toutes choses de sa propre vertu & puissance.*
*Iudith. 9.*
*1. Para. 29.*

de

de toutes, est Dieu, par lequel sont faites toutes choses, & d'où elles prennent leur source & diriuation. Or n'est ceste vie autre chose, que l'union & concorde de l'ame, & de l'entendement. Et la mort n'est pas la destruction des choses conioinctes, ains la desliesō de leur vnion. L'image doncques de Dieu (pour faire bref) est l'aage, celle de l'aage le monde, celle du monde le Soleil, celle du Soleil l'homme. Mais aucuns estiment la mort estre quelque mutation, pour autant que ceste masse corporelle se resoult, & la vie se reduyt en quelque chose occulte. Certes mon trescher amy Mercure, il fault que de moy tu retiennes que le monde se change aucunement, à l'ocasion que quelques particules d'iceluy se mussent continuëllement: n'estime iamais toutesfoys se pouuoir faire que aucune d'icelles puissent perir. Or ses passions, sont reuolution & occultation. Dont reuolution, vault autant à dire comme conuersion & changemēt d'vne chose en autre: & occultation, renouuellement de toutes choses. D'auantage pour autant qu'il est omniforme, c'est à dire, qu'il cōtient les formes & figures de toutes choses, il n'en reçoit aucunes autres d'ailleurs, & estranges: mais trop bien les meut, & agite en soy. D'ou peut on voir clerement & entendre, que puis qu'ainsi est que ce monde a esté créé plein de toutes formes, de quelle trop plus grande ex

G iiii cellen-

*Que cest que la vie, & la mort.*

*L'aage image de Dieu.*

*Ceste chose oculte est Iesus Christ cōme dit saint Paul.*
*1. cor. 4.*
*Cole. 3.*

*Le monde omniforme.*

cellence doit estre son autheur. Certes au pris, il ne se peut faire, qu'il n'ayt quelque forme. Mais s'il est aussi omniforne, en celà il sera semblable au monde. Au contraire, s'il n'a qu'vne forme, il faut dire par celà qu'il est de pire condition que le monde. Que dirons nous doncques à cecy? Ie te prie que ne demeurons point en doute. Car en matiere de diuinité, ce dont on fait doute, n'est encores cogneu. Dieu donc n'a qu'vne seule Idée, c'est à dire vne forme, ou espece. Laquelle pour ce qu'elle ne se peut voir elle est incorporelle, & exprime ses formes par vn chacun corps. Et ne t'esmerueille aucunement de ce que ie dy, qu'il y a quelque Idée incorporelle. Car il fault que tu entendes, qu'elle est telle que celle de la parolle, ou bien comme sont les sommetz des caracteres en quelque escritz: lesquelz semblent fort exceder, combien qu'ilz soient de leur nature vniz par dessus, & legiers. Mais ie te prie de mediter ce que i'ay vouloir de traiter à present, à cause principallement que ie le veux assertener plus hardiment, & plus veritablement, que ie n'ay encores fait. Tout ainsi que l'homme ne sçauroit viure que par la vie, au cas pareil ne sçauroit Dieu viure qui ne produysist tous biens. Car sa vie, & son acte, est de produyre toutes choses & de leur inspirer vie. Mais entre ce que i'ay dit au dessus, il y a quelques choses, lesquelles requierent autre

*Idée comme dient les platonistes, est vne forme simple, pure, immuable, indiuisible, incorporelle, et eternelle.*

*Dieu ne sçauroit viure sans produyre toutes choses cõtinuellement.*

tre certaine intelligence. Prendz garde en cest exemple, & que ie veux par iceluy singulierement signifier. Toutes choses sont en Dieu, non pas toutesfois comme si elles estoiet colloquées en quelque certain lieu. Car lieu est vn corps immobile, & ce qui est mis en quelque certain lieu n'a aucun mouuement. Car d'vne autre sorte met on quelque chose en vn corps, & d'vne autre en la fantasie. Pense doncques à celuy qui toutes choses contient, pense n'estre rien en toute nature corporelle plus capable, plus abondant, plus fort & puissant que luy : & d'auantage qu'il est sur toutes choses qu'on pourroit dire, ou penser, le tres capable, le tres soudain, le tres puissant. Et ainsi faisant, & commençant encore à toy mesme medite tout cecy de rechef, & commande à ton ame s'en aller ou tu veux penser, & la verras s'en voller premier que luy ays commandé. Commade luy de passer outre la grand' mer Occeane, & aperceueras qu'elle y sera, auant que luy ayes commandé, sans toutesfois sortir hors de son lieu. Commande luy s'en voler au ciel, & elle y vollera incontinent sans ayde d'ælles quelconques, & si n'y aura rien qui puisse nuyre à son cours : ny l'ardeur du Soleil, ny l'amplitude & estenduë de l'air, ny le cours & reuolution des cieux, ny le cours de tous les autres astres, qu'elle ne penetre tout, & ne passe outre, & paruienne iusques au supreme corps.

D'auan-

*Toutes choses sont en dieu non pas toutesfois cō me en quelque lieu.*

*La soudaineté de nostre ame.*

*La viuacité de l'ame.*  D'auantage si as vouloir de surpasser tous les globs & rondeurs celestes, & en chercher tout ce qui est lassus, il te sera pareillement loysible. Voy doncques & considere combien est grande la puissance & soudaineté de ton ame. Tu peux faire tout cecy, & Dieu ne le pourra faire? Contemple doncques Dieu & l'apprehende, comme ayant en soy les parfaites cognoissances & intelligences de toutes choses, & se contenant soymesme à la façon qu'il contient le monde vniuersel. *Qu'il nous fault faire esgaux à dieu si nous le voulons comprendre* Car si tu ne te fais esgal à Dieu, & ne t'appareilles à luy, tu ne le comprendras, ny ne l'entendras iamais, atendu, que le semblable est tousiours cogneu du semblable. Estans toy doncques d'vne grandeur infinie, sors hors de ce corps, surpasse tout temps, sois eternité, & ainsi finablement tu pourras cognoistre Dieu, sans à toy supposer rien impossible. Estime toy immortel, & pouuoir comprendre toutes sciences, & tous artz. Esliue toy plus hault que toute hauteur, & te deprime plus bas que les abismes & profonditez. Recueille tous les sens de tes faitz, ensemble du feu, de l'eau, de toute secheresse & humidité. Soys par toutes les parties du monde, au ciel, en la terre, en la mer, dès adoncques leur commencement iusques à present. Habite hors le vaisseau de ce corps. Estime ne pouuoir rien perir par la mort. Comprends toutes ces choses ensemble, sçauoir est, tous lieux, tous tout temps, toute pesanteur & legereté, toutes qualitez & quantitez, & lors pourras finablement entendre que c'est que Dieu. Au contraire si tu mets à nonchalloir ton ame & n'en fais conte, & la permets estre par ce corps absorbée, & abismée es profondes abismes d'ignorance & paresse, & te veaustres en leur ordure & infameté, par telles ou semblables parolles : Ie ne sçay rien, & ne puis rien sçauoir: I'ay crainte des vastes abismes de la mer: Ie ne peu voller lassus au ciel: Ie ne sçay que c'est de moy à present, ne que ie deuiendray à l'auenir: quelle acointance as tu auecques Dieu? Car pendant que tu seras meschant, inique, & serf de ce puant corps, tu ne pourras aucunement comprendre ceste supreme bonté, ne voir ceste excellente & infinie beauté. Or est la plus extreme meschanceté que peut l'homme encourir, que de ne recognoistre point son Dieu. Mais se confier en luy, & auoir bonne esperance de pouuoir à quelque fois par son moyen trouuer ce bien, est vne voye diuine, conduysant vn chacun par le droit sentier ou y veult aspirer, sans se foruoyer çà & là. Laquelle si tu suys, elle te rencontrera tousiours en tous lieux que tu marcheras sur terre, que tu yras sur mer, que tu parleras, ou te tairas, soit iour soit nuict. Car il n'y a rien en toutes les choses de nature, qui n'ait en soy quelque image representatiue de diuinité. TRISM. Et Dieu n'est il pas

*Le paresseux & nōchallāt ne cognoisny ne gouste iamais rien de dieu.*
Psal. 10.

*Le plus grād malheur que peult l'hōme encourir est de ne recognoistre point son dieu.*
Ro I.
Psal. 13. 52.
Iob. 8.

pas inuisible? LA PENSEE. Ie te prie, Trifmegifte, de plus religieufement parler. Car qui peut eftre plus luyfant que luy? Car auffi il a fait & crée toutes chofes à cefte feule intention, que tu le veiffes & contemplaffes par vne chacune d'elles. Et de fait fa feule bonté & vertu, eft de reluyre par vne chacune de fes œuures. Tellement qu'il n'eft rien inuifible, mefmes es chofes incorporelles. L'entendement certes fe voyt par fon intelligence & apprehenfion, & Dieu par fes œuures. Te fufife doncques, Trifmegifte, t'auoir declaré toutes ces chofes iufques icy, tu pourras les autres facilement par toy mefme en chercher d'icy en auant, fans eftre deceu par quelque faulce efpece de verité.

*Dieu a faict toutes fes œuures, à fin de eftre par elles cogneu. Ro. 1.*

L'argument du douziefme Dialogue.

Le douziefme traicte de l'entendement inferieur, lequel eft quelque apparence & image de celuy de Dieu: apres la breue & parfaicte declaration d'iceluy, il le conioint à l'ame de chafque animans. Difant que es beftes irraifonnables il n'eft autre chofe que leurs nature, mais qu'es hommes, que c'eft leur raifon. De laquelle ceux qui en font deftituez, font à la façon des beftes fauuages, d'ardente impetuofité transportez au defir & accompliffement de toutes voluptez, fans iamais mettre ne trouuer fin à leur ordure, maux, & paffions. Et pour tant, par le decret

decret & arrest de Dieu, ilz endurent à bon droit, & souffrent les peines à eux deuës pour leur ignorance. Les gens de bien au contraire sur lesquelz raison & entendement (qui est l'image de toute beauté & bonté) dominent, reçoiuent le bien, que ce diuin decret & fatalle destinée leur a adiugé. Parquoy il fault penser estre impossible de l'euiter, au moyen que ce n'est autre chose que la loy diuine. Mais on peut bien fuyr les maux, qui suyuent iniquité. Mercure en apres estant inspiré de l'oracle diuin, dispute de plusieurs choses, asseurant auoir sceu ce qu'il dit, par diuine inspiration. Il loüe fort les deux dõs de grace, que sur toutes autres creatures de ce monde, Dieu a conferé à l'homme, sçauoir est, entendement, & la parolle. Il declare puis apres les oracles que son bon ange & celeste esprit, son inspirateur, luy a diuinement inspiré, comme de Dieu, du Verbe, du monde, & de la matiere. Il dit finablement n'estre rien en ce monde, qui soit priué de vie, ou qui soit mortel: mais plus tost, qu'il le fault estimer seulement dissoluble, & qu'il ny a rien immobile. D'auantage, qu'entre toutes choses dissolubles, en maintes sortes Dieu se ioint & se communique à l'homme seulement, en monstrant comme en delaissant les choses sensibles, il se peut esleue pour comprendre Dieu.

D V

DE LA PVISSANCE.
## DV COMMVN MERCVRE
à Tatius son filz.

### Dialogue XII.

Tatius mon filz tu doibs sçauoir & entendre que la pensée naist & procede de la propre essence de Dieu, si toutesfois aucune il en a intelligible. Laquelle essence, quelle quelle soit, seule se comprend soymesme purement & simplement. De laquelle n'est iamais diuisée la pensée mais plustost est à elle conioincte, ainsi que la lumiere au corps du Soleil. Ceste pensée ou entendement, est vn Dieu es hommes, tellement qu'aucuns d'entre eux sont dieux, & leur humanité est tres approchante de diuinité. Et de fait mon bon ange & celeste esprit, m'a souuent inspiré, que tout ainsi que les bienheureux espritz sont immortelz, que les hommes pareillement sont dieux mortelz. Mais es bestes brutes & irraisonnables, que ladite pensée & entédement, n'est autre chose que leur nature. Car tout ce qui a ame, il a pareillement entendement: tout ainsi que ce qui a vie, a semblablement ame. En tout ce qui vit, neantmoins sans le discours de raison, l'ame est leur vie, priuée toutesfois de tout entendement raisonnable. Au moyen que

*L'entendement est vn dieu es hommes à cause de sa diuinité.*

le seul

le seul entendement, conduyt & ayde l'ame de l'homme, la reuocant & esleuant tousiours à son propre & naturel bien. Quant aux autres animaux, qui ne participent de raison, il les conduyt seulement à faire leurs œuures, auecques le naturel d'vn chacun. Il resiste aussi par fois à l'ame humaine, & luy fait la guerre, à raison que quand elle est infuse au corps, se depraue par volupté, & continuel douleur. Car douleur & volupté sourdent de la conionction du corps & de l'ame, ainsi que les ruysseaux de la fontaine, esquelz l'ame vne fois plongée, est souuent suffoquée & noyée. Toute ame doncques à laquelle domine entendement & raison, il l'esclarcist & illustre de sa diuine lumiere, en resistant à ses peruerses meurs, & tous inconueniens qui luy pourroient succeder. Et tout ainsi qu'vn medecin fait vne grieue douleur au pacient, quand il vient à le cauterizer & entailler, à fin que le malade reçoiue garison de son mal: au cas pareil l'entendement en la repugnance qu'il fait à la chair donne grande afliction à l'ame voluptueuse, pour totalement arracher & tollir d'elle les racines de volupté. Pour autant que d'elle prouiennent toutes maladies, qui peuuent eschoir à l'ame. Entre lesquelles la plus grieue & dangereuse est impieté, c'est à dire, mescognoissance & oubliance de Dieu, & ingratitude de ses biens, qu'il nous fait continuëllement. Quand à opi-

*L'entendement est la seule guyde de l'ame humaine.*

*La repugnãce & contrarieté de la chair & de l'esprit. Gala.5. Ro.7.*

*comme l'esprit mortifie les faitz de la chair. Ro.8. & 13. Gal.5. Colo.3.*

à opinion & fantasie, elle n'attrait aucun nullement à bien, mais à mal plus tost. Auquel l'entendement estant par dessus, repugne tousiours, en procurant le bien de l'ame, ainsi que le medecin la santé & coualescence du corps. Or faut il entendre, qu'autant qu'il y a d'ames, qui ne ont cest entendement pour leur gouuerneur, qu'elles souffrent & endurent telles ou semblables choses que les bestes brutes. Car leur laschant la bride il les delaisse à l'abandon de toutes cupiditez & voluptez charnelles : au desir & acomplissement desquelles sont transportez de ardente & affectueuse impetuosité, & comme bestes sauuages immoderement se forcenent de courroux, & conuoytise. Et qui pis est, ne mettent iamais fin à leurs libidineuses voluptez, & autres maux & innumerables passions, que iournellement ilz cōmettent. Aux quelz Dieu a ordonné vne loy, comme d'iceux vindicatrice, & executrice de son diuin commandement, à l'encontre de leurs enormes pechez, dont il est offensé. TAT. En ce lieu, mon pere, la dispute de fatalle destinée, que nous auons au dessus delaissée imparfaicte, se reueille. Car s'il est decerné par diuine prouidence, que les vns soient adulteres, les autres sacrileges, pourquoy seront ilz puniz, atēdu qu'ilz ont delinqué contraintz par necessité de fatalle destinée ? TRISMEG. Il est bien vray que toutes choses sont oeuures de fa-

*Nostre opinion nous attire plustost à mal qu'à bien.*

*Quel mal encourent ceux qui ne ont point de entēdement.*

*La loy ordōnée pour la punition des meschans & iniques.*
1. Tim. 1.

de fatalité, mon filz, sans laquelle ne peut estre aucune chose corporelle, ne pareillement estre faict bien ou mal. Et est de Dieu ordonné que celuy qui commet quelque chose deshonneste, la souffre & endure. Laquelle il a commis toutesfois, à fin d'endurer par celà, tout ce qu'il souffre apres la perpetration du faict. Or quant à ceste fatalle destinée, & supplices que doiuent endurer tous ceux qui delinquët, nous en auons ailleurs traicté, parquoy nous supercederons à present d'en parler d'auantage. Mais maintenant nostre intention est, de traicter de l'entendement: c'est à sçauoir qu'elle puissance il a, & combien est son instinct és hommes different des bestes brutes. Et comme il ne leur faict telle grace qu'aux hommes, en ce qu'il retrenche l'impetuosité de leur libidinité, & restrainct l'ardeur de leurs courroux. Dont ensuyt par celà qu'entre les hommes aucuns sont raisonnables, les autres non, selon qu'ilz refrenent telles passions. Tous hommes doncques sont à trois choses subiectz, à fatalle destinée, à generation, & changement. Car defaict aussi le commencement & fin de fatalité, sont ces deux cy, sçauoir est, generation, & changement. Tous hommes aussi souffrent ce qu'ordonne fatalité. Ceux neantmoins qui vsent de raison, sçauoir ceux aux quelz (comme auons dit au dessus) entendement domine comme leur

*Que toutes choses sont œuures de fatalité, c'est à dire de diuine prouidence.*

*La grace que faict l'entendement aux hommes sur toutes autres creatures de ce monde.*

H con-

*Gens d'entē-*
*dement ne*
*feuffrent pas*
*ce qu'ordon-*
*ne fatalle de-*
*ftinée, cōme*
*ceux qui n'en*
*ont point.*

conducteur & maiſtre, n'endurent pas ainſi que les autres. Mais, à l'ocaſion qu'ilz ſont reculez d'improbité & de peché, & qu'ilz ne ſont mauuais, auſsi ne ſouffrent ilz point de mal. TAT. Comme dites vous cecy mon pere? TRISMEG. Viens ça, que t'en ſemble, vn adultere eſt il pas mauuais? Vn homicide, eſt il pas pareillement mauuais? Vn autre vſant de raiſon, qui ne ſera homicide, ny adultere, l'eſtimes tu ſouffrir de meſme façon, que celuy qui le ſera? Non, non. Vray eſt, qu'il eſt impoſsible pouuoir fuyr la qualité du changement, ne pareillement l'effect de generation: ſi eſt il neantmoins facile à ce-luy qui a entendement, d'euiter le vice & peché

*Le liberal*
*arbitre.*

ou chacun eſt enclin de nature. Par quoy mon filz, i'ay touſiours entendu de mon bon Ange mon inſpirateur, que celuy qui redigeroit par eſcrit toutes choſes dignes de memoire, feroit vn grand fruict & ſingulier emolument au gen-

*L'inſpira-*
*teur de Mer-*
*cure.*

re humain. C'eſt luy ſeul, mon filz, lequel ſpe-culant toutes choſes, nous les declare, & eſpand ſur nous ſes diuins oracles. Lequel ay autrefois entendu dire, que toutes choſes, & principal-lement tous corps intelligibles, n'eſtoient que vn, & que nous viuions par la puiſſance, & l'a-cte de Dieu, & par eternité. Et que l'ame de ce-ſtuy cy, eſt auſsi bonne, que celle de celuy la. Ce que eſtant ainſi, conuenoit conclure, qu'il ny auoit aucun different d'vne choſe intelligi-

ble

ble à l'autre. Bien vray est, que Dieu, lequel est seigneur de toutes choses, pouuoit faire ce que bon luy sembloit. Voylà que m'a declaré mon bon Ange, & inspirateur. Toy doncques, mon filz, considere le tout, & soys ententif de tout ton pouuoir à ce que ie veux inferer tant de fatalle destinée, que de l'entendement. En premier lieu, si auecques soigneuse diligence tu euites, toutes deceptions litigieuses, & iniustes cauillations, tu trouueras sans doute, & en toymesme apperceueras, que l'entendement & ame de Dieu domine à toutes autres, ensemble à fatallité, à la loy, & toutes choses vniuersellement: & que tout ce qui concerne fatalité ne est impossible à l'entendement humain. Et mesme qu'il domine à ladite fatalité, & la surmonte, sans toutesfois mespriser ce qui est à elle soumis. Telz sont les singuliers oracles du bon ange mon inspirateur. TAT. Ie vous asseure, mon pere, que tout cecy a esté de vous deduyt fort commodément, & diuinement. Il y a toutesfois encore quelque chose que ie ne peu bonement compredre, que ie vous supplie me declarer. Vn peu au dessus vous disiez que l'entendement œuuroit es bestes brutes par le moyen & l'ayde de leur nature, & qu'il cooperoit ensemble auecques leurs affections sensuelles: ou certes ay pris aduis, disant en moymesme. Les affections doncques des choses raisonnables

*Qui l nenous apartient de respondre à Dieu pourquoy l'vn est bon, & l'autre mauuais.* Ro. 9.

*L'homme domine à fatalle destinée, pourueu que il viue selon raison & equité, en gardant les commandemens de Dieu.* Isa. 58.

H ii sont

font (comme ie cuyde) paſsions. L'entendemēt opere enſemble auecques les affections. Les affections doncques ne ſont que paſsions. Et par conſequence, l'entēdement eſt quelque paſsion, puis qu'en telle ſorte il ſe conforme aux paſsions. TRISMEGIS. Bon courage mon filz, ayes bon courage. Vrayment puis que tu m'as brauement interrogué, c'eſt bien raiſon que ie face le pareil à reſpondre à ton obiection. Tu

*Il prouue que l'ame & le corps ſont paſsibles.*

dois doncques entendre, que tout ce qui eſt es corps incorporel, eſt paſsible: mais qui plus eſt, ſont propres & naturelles paſsiōs. Car auſsi toute choſe qui meut l'autre, eſt incorporelle, & celle qui de l'autre eſt agitée & meuë eſt corporelle. Celle qui eſt incorporelle, eſt pareillemēt meuë par l'entendement. Or motion, n'eſt que paſsion, qui faict que l'vne & l'autre ſouffre, ſçauoir eſt tant ce qui meut, que ce qui eſt meu: le premier toutesfois comme dominant, & l'autre, comme

*Toutes choſes ſont paſsibles.*

ſubiect. Mais ſi toſt que l'ame eſt de ce corps ſeparée, lors eſt de toute paſsiō deliure. Mais pour mieux dire, mon filz, il ny a rien qui puiſſe eſtre impaſsible. Car de fait toutes choſes ſont paſsibles. Mais paſsion, & ce qui eſt paſsible, different principallement en ce que l'vn aage, & l'autre ſouffre. Tous corps auſsi, ſelon la nature

*Tous corps ou qu'il ſoiēt mobiles ou non, ſi n'eſt ce que paſsiō*

& proprieté d'vn chacun, agent. Car ou ilz ſont immobiles, ou ilz ſe mouuent. Ou ſoit l'vn toutesfois, ou ſoit l'autre, ſi eſt ce nonobſtant touſiours

iours pafsion. Mais à caufe que les chofes in-corporelles agent fans ceffe, elles font aufsi pafsibles. Et ne te trouble aucunement de leurs appellations, au moyen que ce que nous difons action, n'eft autre chofe, que ce que nous appellons autrement pafsion. Il n'y a rien toutesfois qui te puiffe empefcher, que tu n'vfes du vocable plus receu en commun parler. TAT. Vous auez rendu vne fort apparente raifon de ce que ie vous ay requis, mon pere? TRISMEGIS. Confidere d'auantage mon filz, que Dieu de grece fpecialle a donné à l'homme feul fur tous autres animaux deux chofes, lefquelles font eftimées eftre de mefme loz & pris, qu'immortalité, à fçauoir eft parolle, & entendement. De maniere que celuy, qui en vfe a ce qui eft raifonnable & decent, ne differe en rien des immortelz. Mais qui plus eft, apres eftre deflié des liés de ce mortel corps, fera par l'vn & l'autre conduit, en l'affemblée des efleuz de Dieu, & des anges. TAT. Ouy, mais mon pere, entre tous animaux, ny a il que l'homme feul qui vfe de langage? TRISM. Non mon filz, mais trop bien de voix, laquelle eft à tous commune. Ne fçays tu pas bien, qu'il y a grande difference entre voix & parolle? La parolle eft peculiere à l'hôme feulement: mais la voix eft commune tant à luy, comme à tous autres animaux. TAT. Mais mon pere, tant de diuerfes manieres de gens,

*Parolle & entendement dōs de Dieu fpeciaux cōferez à l'hōme fur tous autres animaux.*

H iii vfent

*Que tous lā-*
*gages ne*
*sont qu'vn*
*ainsi qu'il*
*n'est qu'vn*
*genre d'hō-*
*me.*

vsent ilz pas de diuers langages? TRISM. De diuers mon filz. Si est ce nonobstant, que tout ainsi qu'il n'est qu'vn homme en plusieurs, aussi n'est il qu'vne parolle, laquelle est portée çà & là, & par truchemens interpretée. De sorte que tout ce que disent les Egyptiens, ou les Persans, ou les Grecz, n'est qu'vn seul parler, quant à l'importance de leurs idiomes & formes de dire. Mais mon filz, tu me sembles n'entendre pas

*Il interprete*
*que c'est que*
*la parolle.*

bien l'estenduë & vertu de la parolle. Le bien heureux Dieu mon bon ange, & interprete, m'a souuent reuelé, l'ame estre dedens le corps, l'entendemēt en l'ame, la parolle en l'entendemēt: en asseurant que Dieu estoit le pere de tout cecy. La parolle doncques n'est autre chose que

*L'idée & es-*
*pece de l'ame*

l'image & entendement de Dieu, ensemble le corps de son idée. Mais celle de l'ame, & la pure & entiere portion de la matiere est l'air: celle de l'air, est l'ame: celle de l'ame, est l'entendement: celle de l'entendement, est Dieu. Lequel est à l'entour de toutes choses, & par toutes. L'entendement est à l'entour de l'ame, l'ame à

*Les organes*
*du monde.*

l'entour de l'air, l'air à l'entour de la matiere. Quant à necesité, prouidence, & nature, sont les organes du monde, & de l'ordre de la matiere. Et de fait vne chacune chose intelligible est essence, & leur essence n'est autre que celà mesme. Mais vne chacune d'elles, est l'assemblée & multiplication des corps qui sont au monde.

Les

Les corps composez ayans ceste chose intelligible, & s'entremeslans l'vn auecques l'autre (c'est à dire, ces corps auecques ceste chose intelligible & spirituelle) gardent tousiours & retiennent l'immortalité de ceste chose intelligible. Quant aux autres corps qui ne sont pas composez, l'organe d'vn chacun d'eux est vn nombre. Car il est impossible qu'il se puisse faire composition, ou dissolution, sans nombre: au moyen que les vnitez engendrent & accroissent le nombre: lequel puis apres retirent en elles, quand elles sont desassemblées. Or n'y a il qu'vne seule matiere. Et tout ce monde n'est qu'vn grand Dieu, & l'image du treshault & souuerain, estant à luy conioint:& en tousiours gardant son ordre, & la volonté de son pere, est l'entiere plenitude & comble de toute vie. Tellement qu'il n'y a rien en luy de toute eternité, ou depuis qu'il a este crée, ou que l'on prenne garde au total, ou à quelqu'vne de ses parties, qui n'ait fruition de vie. De maniere qu'il n'y a rien qui en soit priué de present, ny au passé, ny à l'auenir. Car Dieu son pere a voulu qu'il fust viuant tant qu'il est, c'est à dire, à tousioursmais. Ce qui fait, qu'il faille dire que soit vn Dieu. Comme donc se pourroit il faire, mon filz, qu'il y eust chose en Dieu, en l'image de toute chose, en la plenitude de vie qui en fust priué? Car priuation de vie, n'est autre chose que corruption:& corrup-

*C'est icy la cause pourquoy il a semblé à Pythagoras & à Zenocrates, que nostre ame n'estoit que vn nombre.*

*Le monde viuant à iamais qui est la cause pour laquelle est appellé dieu.*

tion

tion que destruction de tout bien. En quelle sorte doncques & maniere se pourroit il faire, que quelque partie de ce qui est incorruptible, fust corrompu: ou quelque chose de ce qui est Dieu, deuint à neant? TAT. Et dea mon pere: tous animaux, qui sont partie d'iceluy, ne meurent ilz pas, & deuiennent à neant? TRIS. Parle plus sagement, mon filz: car tu erres quāt au nom, au moyen qu'il n'y a rien en ce monde qui meure, mais se faict seulement dissolution, ou desliaison des corps composez. Laquelle certes n'est pas la mort, ainçois quelque resolution d'vne chose coniointe ensemble. Vray est que l'vnion se dissoult, non toutesfois que ce qui est prenne mort: mais trop bien ce qui est vieil, r'aieunist. TATIVS. Atendu mon pere qu'il se fait quelque operation de vie: ne se doit elle pas apeller motion? Et n'y a il pas quelque chose en ce monde immobile? TRISM. Non, mon filz. TAT. Ne vous semble il pas que la terre est immobile? TRISM. Non. Mais au contraire elle me semble estre de diuerses motions agitée, & neantmoins stable en quelque sorte. Ne seroit ce pas chose ridicule de dire que celle qui nourrist, conçoit, & enfante toutes choses, fust priuée de mouuement. Car il est impossible que quelque chose peust conceuoir & produyre, sans quelque mouuement. Tant que vouloir l'opposite maintenir, ne seroit moins ridicule, que

*Que rien en ce monde ne meurt.*

*Qu'il n'y a rien en ce monde immobile.*

*Que rien ne peut conceuoir ne produyre sans mouuement.*

que dire que ce corps, duquel nous sommes reueſtus fuſt ſterile. Car ce nom immobilité, ne ſignifie autre choſe que ſterilité. Conſidere doncques, mon filz, tout ce qui eſt en ce monde, chacun en ſon degré, & le trouueras ſe mouuoir en accroiſſant, ou en decroiſſant. Or tout ce qui ſe meut, a pareillement vie. Si n'eſt il pas toutesfois neceſſaire, que toutes choſes viuantes ſoient ſemblables, ou qu'elles ne ſoient qu'vne. Car ſi nous prenons tout le monde vniuerſel, nous le trouuerons eſtre immobile, ſes parties neantmoins ſe pouuoir mouuoir de toutes pars, ſans y auoir rien ſubiect à corruption. Mais les hommes ſont troublez & deceuz par quelques noms qu'on leur attribue. Car generation n'eſt pas creation de vie, mais vn decourement ſeulement de la vie l'atente. Mutation ſemblablemēt ne ſe doit apeller mort: ains plus toſt vne occultation d'vne choſe en autre. Veu doncques que tout cecy eſt tel, il conuient dire & conclure n'eſtre rien qui ne ſoit immortel. La vie de la matiere, eſt l'eſprit: & celle de l'ame, eſt l'entendement diuin. Du quel toutes choſes viuantes procedent: qui faict que par ſon moyen elles demeurent à touſiours mais immortelles. Sur toutes leſquelles, eſt l'homme principallement immortel, & entend, & congnoiſt Dieu, & ſe conforme à eſſence diuine. Car à luy ſeul ſur toutes autres creatures de ce monde

*Le monde vniuerſel conſiſte des quatre elemens, & du ciel, & de la nature d'v̄ chacun d'eux, lequel en le prenant ainſi, eſt immobile*

*La vie de la matiere & de l'ame.*

*L'homme immortel & cognoiſſant dieu ſur tout*

## DE LA PVISSANCE

*ses creatures de ce monde.*

monde. Dieu a donné sa cognoissance, & se manifeste à luy, de nuyt premieremēt par quelque songe, de iour souuentesfois par quelque euidente signification, par lesquelles choses il luy predit ce que doit auenir, ensemble par augures d'oyseaux, par speculation d'entrailles, par inuocation d'esprit, finablement par les vaticinations des Sybilles. D'où vient que l'homme à bon droict est dit sçauoir ce qui se faict de present, ce qu'a esté faict au passé, & qui se fera à l'aduenir. Ie veux aussi mon filz que tu prennes garde comme tout ce qu'a faict Dieu & crée, vn chacun se tient en sa region & lieu determiné en ce monde: ce qui est humide, en l'eau: ce qui est terrestre, en la terre: ce qui vole, en l'air. Mais l'homme vse de toutes ces choses, de la terre, de l'eau, de l'air, du feu, & auecques ce sur toute autre creature, il contemple le ciel, & le comprend par la viuacité de son esprit. Quand à Dieu, il est à l'entour, & en toutes choses, au moyen qu'il est leur acte, & puissance. De sorte, que c'est chose fort difficile de le pouuoir cognoistre. Toutes & quantesfois que tu auras vouloir de le voir & cognoistre, contemple l'ordre du monde, & l'ornement & proportion d'iceluy. Contemple la necessité & fatalle destinée des choses qui se peuuent apperceuoir par les sens, ensemble la prouidence de tout ce qu'a esté fait au passé, & se faict continuëllement.

*Que l'hōme sçait tout.*

*Que sur tous animaux l'homme vse de toutes choses.*

*Qu'il est fort difficile de cognoistre dieu, sinō par ses creatures*

Contem-

Contemple ceste matiere, ainsi pleine de vie. Contemple le treshault & puissant Dieu, accompagné d'vne telle troupe d'Anges, & de ses saintz. TAT. Ouy mais, mon pere, il me semble que toutes ces choses, sont quelques operations. TRISMEG. Helas, mon filz, d'ou penses tu qu'elles prouiennent, sinon que d'vn seul Dieu? Ignores tu que tout ainsi que le ciel, l'eau, la terre, & l'air, sont les parties du monde, aussi pareillement que la vie, immortalité, fatalité, prouidence, nature, l'ame, l'entendement, ne soient les membres de Dieu? & que toute leur perseuerance ne soit vne bonté infinie. Tellement qu'il n'est possible se pouuoir faire, ou auoir esté faicte aucune chose, ou Dieu ne soit & n'assiste. TAT. Il est doncques par ce moyen en la matieré mon pere. TRISM. Non pas, mon filz. Car elle est à part & separée de Dieu, à fin de luy assigner quelque certain lieu. Que cuydes tu que ce soit de la matiere, sinon vne masse imparfaicte, & indigeste? Et ne l'estimes autre, si elle n'est reduite en quelque forme. Ce que se il aduient, sçauoir est, qu'elle soit formée, certes celà ne se fait pas sans l'ayde de quelque ouurier. Or auons nous dit au dessus de reduire quelque chose en forme, estre le propre office de Dieu. Parquoy il fault dire que tout ce qui se faict, est l'œuure de celuy qui à tous animaux donne vie, & par lequel est changé tout ce qui

*La compagnée de dieu Isa. 6. Dan. 7. Apo. 4. 5. 7.*

*Que cest que la matiere, & que Dieu est separée d'elle.*

*Qu'il n'apartient qu'à dieu de former toutes choses.*

se

DE LA PVISSANCE

se change, & obtient immortalité tout ce qui a fruition de son loz. Ou que tu appelles doncques tout cecy matiere, ou corps, ou essence, que il té souuienne estre les actes de Dieu. L'acte de la matiere, estre raison de la matiere: l'acte des corps, estre raison des corps: l'acte de l'essence estre raison de l'essence: & tout cecy n'estre autre chose que Dieu, & n'estre rien en tout & par tout que ne soit luy. Il n'y a doncques enuiron luy ne grandeur, ne lieu, ne qualité, ne figure, ne temps aussi, à cause qu'il est tout. Lequel tout est à l'entour de toutes choses, & par toutes. Cecy est le verbe diuin, mon filz, parquoy honore le, & l'adore. L'honneur & adoration duquel, gist seulement à n'estre point mauuais, mais fuir peché de toutes ses forces & vertus.

*Dieu ne reçoit point de raison pourquoy il ayt fait ses œuures.*

*Le Verbe diuin Iesus christ. Ioan. 1.*

L'argument du treziesme Dialogue.

*Le treziesme traicte du mystere de la regeneration, deuant laquelle nul ne pouuoit estre sauué, & dit que l'hauteur d'icelle est le filz de Dieu faict homme, par le vouloir d'vn seul Dieu. Ce qui est vn mystere, qui ne se declare ny ne s'enseigne point: mais qui souz silence se cache, & s'adore des saintz souz silence en grande reuerance & honneur. Toy Chrestien lys le surplus, & si tu es reformé en Dieu par le filz de Dieu d'vne nouuelle regeneration, en de-*

dechassant de toy les douze horribles bourreaux de tenebres, à sçauoir, ignorance, tristesse, inconstance, cupidité, iniustice, luxure, deception, ennuye, fraude, ire, temerité, & malice: & ayant par la diuine clemence obtenu les dix vertus opposites, esiouis toy en Dieu de tout ton cueur, en rendant graces à Dieu le reformateur, de toute la puissance & vertu de ton esprit. Soys d'auantage du tout en son amour embrasé, & estant faict esprit, & de l'esprit regeneré, chante l'hymne de la diuine clemence & misericorde de Dieu: & sans de rechef retourner à ton vomissement, embrasse & retient en ton cueur ce grand bien que Dieu t'a faict: & te conuertys en luy, qui est le pere de misericorde, & de toute consolation, & en son filz autheur de ceste regeneration: en te exercitant en cecy continuellement, & deuotement meditant les merueilles de Dieu en ton entendement.

## DE LA REGENERATION, ET
enionction de silence. Mercure à son filz Tatius.

Dialogue   XIII.

En tous les

DE LA PVISSANCE

**E**N tous les propos qu'auons tenuz ensemble, mon pere, vous auez tousiours traicté de la deité obscurement sans aucune declaration d'iceulx, asseurant nul pouuoir estre sauué, auant la regeneration. Certes, mon pere vous n'auez fois monté en la montaigne, que ne vous aye tousiours accompaigné, vous suppliant humblemét me declarer la raison & mystere de ceste regeneration, attendu qu'il ne me restoit autre chose à apprendre que celà. A' la fin vous me promistes, me la reueler, pourueu que ie fusse retiré de ce monde. Or voyez vous, mon pere, maintenant l'effait, & que ie suis prest & appareillé en celà vous obeïr. I'ay àpresent reieté hors de moy toutes les deceptions & dolz de ce monde. Tenez moy doncques promesse mon pere, & me declarez ou publiquement, ou en secret, ainsi que il vous semblera le plus expedient, la forme de ceste regeneration. En premier lieu mon pere, ie ne suis informé de quelle matiere, ou de quelle semence est fait l'homme TRISMEGIS. Celà, mon filz, est vne sapience contemplatiue en silence, & par ce entends, que la semence est le vray & souuerain bien. TAT. Ouy, mais qui en est le semeur mon pere? Car ie ne le puis bonnement entendre. TRISMEG. C'est la volonté de Dieu, mon filz TATIVS. O' combien

*Nul sauué auant la regeneration.*

*Qu'il faut estre reculé de ce monde qui veut entédre les choses diuines.*

*Le semeur & la semêce de laquelle est fait & crée l'homme.*

donc

donc est grand & excellẽt celuy qui n'est point crée! Et de fait ie pense qu'il n'ayt aucune essence intelligible. Ce que si ainsi est, celuy qui de luy est engendré est vn Dieu, filz de Dieu. TRISMEG. C'est vn total, mon filz, dependant du total consistant de toutes vertuz & puissances. TAT. Vous feignez des enigmes mon pere, & ne parlez à moy à la façon qu'vn pere doit parler à son filz. TRIS. Pour bien te dire la verité, mon filz, tel secret ne se doit enseigner ny irreueremment prostituer: mais toutes & quantesfois qu'il luy plaist il s'en retourne en la memoire de Dieu l'atentement. TAT. Vous inferez l'impossible, mon pere, & choses par trop difficiles à supporter, & à ceste cause ie n'y peux condescendre. TRISM. Tu es merueilleusement abastardy de ton origine paternelle, mon filz. TAT. N'ayez enuye sur moy, mon per, & ne m'iniuriez. Car ie suis vostre legitime filz. Mais laissons telz propos, & me declarez, s'il vous plaist, & m'aprenez la maniere de la regeneration selon le pretendu, sans me faire languir si long temps. TRISM. Que diray ie mon filz? Ie ne sçay que dire, fors que ie voy vn vray spectacle & vision qu'il plaist à Dieu de speciale grace maintenant me reueler. Dont ie suis de present translaté en vn corps immortel, tellemẽt que ne suis plus celuy qu'estois tantost ains suis fait tel que la diuine pensée, laquelle c'est n'agueres

*Il traite a-pertemẽt en ce lieu du filz de Dieu.*

*Qu'il ne faut pas semer les marguerites aux porcz. Mat. 7.*

*Il monstrecõme se deuoit faire la regeneratiõ, par quelque vision qu'il luy*

DE LA PVISSANCE

*monstroit: à sçauoir que tout ainsi que il sembloit estre autre qu'il n'estoit sans chāger son corps en autre espece qu'auparauant: qu'ainsi se deuoit faire ceste re generation par le filz de Dieu prenant corps humain, sonz lequel seroit sa diuinité cachée cōme dit S. Pol. Ro. 5. 2. Cor. 2. Eph. 2. col. 1 Philip. 1. Tit. 3.*

gueres à moy demonstré. C'est vn mystere, mon filz, qui ne se doit facilement enseigner, ny temererement publier. Parquoy aprends le, & le voy euidemment, par l'apparence de cest element qui vient d'estre formé: par lequel ce mystere se peult voir aysément, & oculairement se cognoistre. Tu voys que par cest element, ie ne tiens conte de la premiere espece que i'ay : non que i'aye toutesfois autre couleur, ou attouchement, ou limitation qu'au parauant. Car ie suis maintenant reculé de toutes ces choses. Tu me voys de present des yeux corporelz mon filz, mais quand tu es entētif de corps & d'aspect à ce que tu medites, tu ne voys pas lors de telz yeux, ains des ineternelz. TAT. Vous me prouoquez à grande fureur, mon pere: de maniere que maintenant ie ne me voy aucunement, ny ne sçay quel homme ie suis. TRISM. A' ma volonté mon trescher filz qu'en dormant tu fusses semblablement rauy & transporté de ton esprit, comme ceux qui en leur sommeil sont occupez de visions. TAT. Or sus dites moy qui sera l'autheur de ceste regeneration. TRISM.

*Prophetie cō me le filz de Dieu deuoit prēdre nostre humanité pour nous racheter de la*

Sera le filz de Dieu fait homme, par la volonté d'vn seul Dieu. TAT. Or m'a vous maintenant rendu muet mon pere, & si fort estonné, que ie ne sens point que ie fais: mais estant totallement esperdue de l'estat premier de mon entendemēt ie voy vne mesme grandeur auec vn charactere,

& en

& en iceluy vn mensonge. Car l'espece mortelle se change iournellement (& d'autant qu'elle est faulse) pour quelque temps se diminuë, ou s'augmête. Qu'est ce donc qui est vray, Trismegiste? TRISM. Ce qui n'est ne perturbé, ne limité ne couloré, ne figuré, ne corrompu: mais ce qui est nud, cler, comprehensible de soy mesme, vn bien qui ne se peut changer: & qui est totallement incorporel. TAT. A' la verité, mon pere, ie suis maintenant hors de mon sens, & au lieu que i'esperois estre fait sage de vous, par telle cogitation sont en moy tous mes sens effrayez & pertroublez. TRIS. Il est ainsi mon filz. Car ce qui est lassus large comme le feu, ça bas ample comme la terre, humide comme l'eau, ietant vn vent comme l'air, comme l'entendroys tu par tes sens. Car ce qui n'est ne dur, ne mol, ny espais, ne penetrable, doit estre par puissance seulement, & par acte consideré. Mais qui peut prier Dieu, le prie instamment, qu'il luy plaise luy donner à entendre ceste regeneration, laquelle est en luy. TATIVS. Ie ne le peux pas faire, mon pere. TRIS. A' Dieu ne plaise, mon filz, que tu sois à celà impotent. Retourne seulement à toy, & en obtiendras le pouuoir. Veille le, & sera faict. Purge les sens de ton corps. Deffaiz toy des irraisonnables bourreaux de ceste matiere. TAT. Comment mon pere, y a il des bourreaux au dedans de moy? TRISMEG.

*seruitude de satan.*
*Ioan.1.*
*Gal.4.*
*Isa.53.*
*Baruc.3.*

*Que nous ne pouuons entendre par noz sens ceste regeneration pource que c'est vne chose spirituelle.*

*Quelz ilz nous faut estre pour comprendre les choses spirituelles.*

I                Ouy

## DE LA PVISSANCE

Ouy mon filz en grand nombre & auecques ce fort horribles, & cruelz. TAT. Ie ne les cognois, mon pere, & par ce il vous plaira me les declarer. TRISM. Tiens mon filz, cognoy les. Le premier est ignorance, le second tristesse, le tiers inconstance, le quart cupidité, le quint iniustice, le sixiesme luxure, le septiesme deception, le huytiesme enuye, le neufiesme fraude, le dixiesme ire, l'vnziesme outrecuydance, le douziesme malice. Voy les la reduyz au nombre de douze, combien que souz eux il y en ayt encores plusieurs autres contenuz, lesquelz tout ainsi qu'ilz contraignent l'homme endurer par tous ses sens estant enfermé en l'obscure prison de ce corps, au cas pareil sont ilz esloignez de celuy qui se range souz la sauuegarde & protectiõ de diuine clemence. Et ainsi consiste la forme & maniere de la regeneration, & ce que l'on en peut dire. D'oresnauant doncques, mon filz, tais toy, & louë le seigneur Dieu en silence, & ce faisant la benignité & clemence diuine, ne s'esloignera de nous aucunement. Esiouys toy desormais en ce que par la puissance & vertu diuine, es esleué en la contemplation de verité. La cognoissance de Dieu est elle descenduë en nous? Si tost qu'elle est venuë, toute ignorance est reculée de nous. La cognoissance de ioye est elle descenduë en nous? si tost qu'elle est presente toute tristesse & melencolie s'eslongne de nous

*Les bourreaux qui tourmentent nostre corps.*

*Que Dieu veut estre loué en silence, c'est à dire de cueur & d'entendement.*
Mat. 6.
*La cognoissance de verité.*
Ioan. 8.

nous totalement, & s'en va à ceux qui sont prestz à la receuoir. I'appelle constance, vne *Constance.* vertu, qui nous conduist à ioye, laquelle certes est fort amyable & doulce. Aymons la donc mon filz, & l'embrassons tresuolontiers: car incontinent qu'elle sera presente, & que nous l'aurons receuë, elle reiectera de nous entierement toute voluptueuse delectation, refraindra toutes delices effeminées,& pacifiera toutes mignardises charnelles. I'apelle la quatriesme vertu, continence, ou chasteté, laquelle est la force & vertu victrice de toutes cupiditez. Ce degré cy, mon filz, est le fondement de toute iustice. Mais prends garde comme elle reiecte iniustice de toutes les œuures qu'a crée Dieu. Nous sommes faits iustes, tout aussi tost que iniustice est reculée de nous. I'apelle la sixiesme vne vertu qui descend en nous, sçauoir est parsimonie contre exces. Laquelle quand elle se depart de moy, ie inuoque verité. Laquelle venant à mon ayde, s'enfuyt incótinent deception & ne demeure que verité. Prends garde,& voy comme est le bien parfait & accomply, lors que verité est presente. Car adoncques toute enuye & malueillance s'eslongne de nous. Car bien est enraciné en verité auecques vie & lumiere ensemblement: en maniere que iamais plus outre le bourreau d'ire, n'atente s'aprocher de nous. Mais qui plus est, tous les autres bour-

*Continence ou chasteté.*

*Cóme nous sommes faits iustes.*

*Bien enraciné en verité.*

I ii   reaux

reaux sont par elle reculez, & reietez de sa cõ-
paignée auecques subite impetuosité. Tu as
doncques, mon filz, entendu (comme ie cuyde) la maniere de la regeneration. Et comment
l'intellectuelle est composée du nombre dizain
laquelle reiete celuy de douze, ainsi que nous a-
uons assez speculé par les choses qu'auons traitées au dessus. Quiconque donc delaisse toute sensualité, & corporelle delectation, pour l'a
mour de ceste generation diuine, il se cognoist
estre de diuinité composé & ne voulant de-
cliner en vne part ou en autre: mais estant con-
stant & totallement immuable s'esiouist de tout
son cueur en ceste vertu diuine. TAT. Ie l'entends bien maintenant, mon pere, & le comprend, non par le regard des yeux mortelz, mais
par la vertu de mon entendement, s'exerçant par
ses forces interieures. Ie suis de present au ciel,
en la terre, en l'eau, en l'air, dedans tous animaux, dedans tous arbres, dedans tous corps, &
premier qu'ilz fussent faitz, & apres qu'ilz ces-
feront d'estre, finablement en tout lieu. Mais en
outre ie voudroye bien que me declarissiez,
comme se fait que les douze bourreaux des tenebres, sont reietez des dix puissances, & qu'elle en est la maniere. TRISM. Tu dois sçauoir,
mon filz, que ce tabernacle icy, c'est à dire nostre corps, est fait & composé du cercle Zodiaque, qui consiste de ce nombre de douze, & que
tous

*La cõpositiõ de la regeneration intellectuelle.*

*Comme par esprit seulement s'esleue l'hõme en la cognoissance de Dieu.*

*Nostre corps est cõposé du zodiaque.*

ET SAPIENCE DE DIEV. 67

tous ces nombres icy ne sont qu'vn, & qu'il est omniforme, c'est à dire, contenant en soy toutes formes, selon les especes de nature, pour courir & enuironner l'homme. Parquoy iaçoit que ces bourreaux soient aucunement separez les vns des autres, en leur action neantmoins sont en quelque sorte coniointz, comme nous voyons que ire & temerité, sont inseparables. A' bon droict dõcques font entr'eux separation quand ilz sont des dix puissances reietez, c'est à dire du nombre dizain. Car ce nombre, mon filz, engendre l'ame. Mais la vie & lumiere sont lors vnies, quand les nombres de ceste vnité ont leur naissance de l'esprit. Et ainsi vnité selon raison contient en soy le nombre dizain, comme le nombre dizain vnité. T A T. Or sus mon pere, ie voy maintenant toutes choses en me voyant moy mesme, & me mirant en mon entendement. T R I S. Et celà est la regeneration mon filz, sçauoir est, n'estre plus en vn corps qui soit mesuré & compassé de quantité. La cause pour laquelle i'ay declaré le mystere de la regeneration, est de peur que ne fussions estimez calomniateurs du total, contre plusieurs que Dieu veux estre telz, c'est, à dire mesdisans. TATIVS. Respondez moy à cecy mon pere. Ce corps icy composé de ces diuines puissances, ne se dissoudra il point à quelque fois? TRISMEG. Donne toy garde mon filz d'oser

*Le nombre dizain engẽdre l'ame, à l'ocasiõ que il contiẽt en soy vnité.*

I iii dire

DE LA PVISSANCE

*Il reprēd aigrement Tatius dece que il luy demandoit si l'ame en Dieu regenerée periroit point.*

dire ne proferer vne autre fois telle parolle. Car premierement tu dis l'impossible, & erre totallement, & auecques ce vsans de telle demande, tu te prophanes es yeux de ton entendement de trop grande irreligiosité. Il y a grande difference, entre le corps sensible de nature, & celuy de generation essentiale. Car l'vn est dissoluble, & l'autre indissoluble: l'vn mortel, & l'autre immortel. Ignores tu que tu ne sois né Dieu, & enfant de Dieu. TAT. O' pleust à Dieu, mon pere, que i'eusse entendu ceste analogie, que vous chantastes en forme d'hymne, lors que i'estois ententif à vn huictain, que i'entendois ailleurs chanter. TRISMEG. Ce a esté Pimander mon filz, qui a chanté ce huictain. Si tu l'eusses voulu ouyr, il l'eust fallu te despouiller de cest

*Que dieu requiert tousiours l'hōme semblable à luy, cest à dire, saint, & impoluʼ.*

vmbrage corporel. Car luy qui est la pensée de la diuine puissance, est pur & net, & de tous vices reculé, qui est la cause qu'il requiert l'homme pareil à luy. Et croy, qu'il ne m'a declaré autre chose, que ce qui est escript, estimāt bien que i'en chercherois le surplus de moy mesme. Et en ce toutesfois qu'il m'a declaré, il m'a pareillement enhorté à bonnes œuures & louables deuoirs, dont luy conuient de toutes mes vertus rendre loüanges, & action de graces. TATIVS. I'ay grand vouloir d'ouyr & entendre celà, mon pere. TRISMEG. Repose toy, mon filz, repose toy, & te deportes vn petit de parler

parler, & tu orras maintenant vne fort doulce
& harmonieuse chanson, qui est l'hymne de la
regeneration. Laquelle iamais ainsi aisément ne
te declareroys, si ie n'auois espoir, qu'elle te pro
fitast grandement. Car c'est vn mystere qui ne
se doit enseigner, mais plustost cacher & maintenir en silence. Me voys tu bien mon trescher
filz? Prends garde à moy, & considere tout ce
que ie feray, ou que diray diligément. Me voys *La maniere*
tu faire? Il fault pareillement quand tu voudras *de faire des*
prier & inuoquer Dieu hors ta maison, & souz *Egyptiens,*
le ciel apert, le Soleil tendant au declin tour- *quand ilz*
ner ta face vers le vent de midy, & quand il se *prient dieu.*
lieue, vers celuy d'Orient. Que la nature de
tout le monde oye, & entende l'hymne que ie *L'hymne de*
veux dire. Toy terre, entends le. Toutes eaux *la regenera-*
oyez le. Toutes forestz, donnez moy silence. *tion.*
Ie veux loüer & magnifier le createur de toutes
choses, lequel est tout, & si n'est qu'vn. Oyez
cieux, reposez voz ventz, & cessez à souffler, &
que le cercle de l'immortel Dieu exauce ceste
mienne oraison. Ie chante maintenant & loüe
le createur de toutes choses, de la terre distributeur, du ciel ponderateur, qui commande l'eau
de la grand' mer Occeane s'espandre par tout,
& retenir vne douce saueur pour la nourriture
des hommes. Qui commande que le feu res-
plendisse lassus par l'œuure des dieux, & au
soulas des hommes, Rendons luy tous d'vne

I iiii voix

DE LA PVISSANCE

voix & accord action de graces, qui tous les cieux surpasse, & est de nature createur. C'est luy qui est l'œil de l'entendement: c'est luy qui volontiers receuera (s'il luy plaist) la benediction & loüange des puissances, & de la generation spirituelle. O' doncques toutes mes forces louez celuy qui n'est qu'vn, & si est tout. Toutes les vertus de mon ame, acordez à ma volonté. O' que c'est vne saincte cognoissance, mon Dieu, laquelle prend de toy sa clarté! A' cause que par toy ó intelligible lumiere, me conuient chanter & magnifier le createur, ie m'esiouys de tout mon cueur & pensée. Toutes mes puissances, chantez ensemble auecques moy. Constance, chante auecques moy. Ma iustice, chante auecques moy, magnifie, & exalte le iuste. L'vnion de mon corps & ame, Ie loüe d'vn vouloir entier & parfaict. Que par moy verité chante la verité. Que tout nostre bien, chante finablement le souuerain bien. O' vie, ò lumiere, de toy prouient & descend sur nous toute benediction. Ie te rends graces, mon pere, qui es l'acte de toutes puissances. Ie te rends graces, mon Dieu, qui es la puissance de tous actes. Ta parolle te loüe & glorifie par moy. Par moy le monde reçoit les sacrifices de tes parolles. Mes forces & vertus ne cryent ny ne chantent autre chose que cecy: elles chantent celuy qui est tout, & acomplissent ta volonté. Laquelle

*Il inuite toutes ses vertus à louer le seigneur Dieu.*

aussi

ET SAPIENCE DE DIEV. 69

aussi soit de toy, & en toy faicte, qui es tout. *Precation*
Reçoy le sacrifice de bouche, qu'vn chacun t'of- *digne d'vn*
fre & presente. O' vie, sauue & garde tout ce *Chrestien.*
qui est en moy. O' lumiere, illumine tout ce *Mat. 6.*
qui est en moy. L'esprit est Dieu. Ton verbe
me conduyt, ô createur, qui contiens & por-
tes l'esprit. Tu es le seul Dieu. Ta creature le *Tesmoigna-*
testifie par le feu, par l'air, par l'eau, par la terre, *ge de Dieu*
par le vent, finablement par tout ce que tu as *par ses crea-*
faict & créé. Des adonc le commencement d'e- *tures.*
ternité i'ay trouué benediction, ou (que plus ie
desire) le moyen de me reposer en ta volonté.
T A T. I'ay entendu vostre hymne mon pere, &
ay cogneu auoir esté de vous recitée d'vne merueilleuse affection, & prouenante du profond
du cueur, dont ay apris consequemment, & suis
paruenu à la cognoissance du monde. T R I S M.
Dis doncques du monde intelligible, mon filz. *Le monde in-*
T A T. Ainsi l'entends ie mon pere. Car par vo- *telligible ou*
stre chanson mon entendement est si fort esclar- *inuisible.*
cy, que i'ay pareillement affectueux desir de
chanter à Dieu loüange, comme vous. T R I S.
O' mon filz Tatius, ne chante, ie te supplie les
loüages diuines sans certain propos & affection.
T A T. Ie vous prometz mon pere de les chanter
de tout mon cueur. T R I S M. Ce que ie contemple, mon filz, ie te le declare, ainsi que ton pere & progeniteur. T A T. I'offre doncques à Dieu
tel sacrifice de bouche. O' mon Dieu, qui es le *L'oraison de*
pere *Tatius.*

DE LA PVISSANCE

pere, le seigneur, l'entendement de toutes choses, reçoys le sacrifice de mes parolles, tel comme tu le requiers & demandes de moy, & t'appartient estre faict. Car par ta seule volonté sont faictes & accomplies toutes choses. TRISM. Offre tousiours à Dieu tel sacrifice mon filz, qui luy soit agreable, & sois ententif à ton oraison. TAT. Ie vous mercie mon pere, de ce qu'il vous plaist ainsi bien m'endoctriner, & aduertir. TRISMEG. Ne doubte point que ie ne soys fort ioyeux, mon filz, de te voir tant de biens rapporter de verité. Ce que certes sont œuures immortelles. Apprenant doncques de moy telles choses, ie veux que tu annonçes aux autres la vertu de silence, ne communiquant à nully le mystere de la regeneration, doubtant que ne soyons reputez comme calomniateurs. Et de faict vn chacun de nous l'a à sufisance medité, moy premierement en te le declarant, & toy en l'apprenant, qui faict que tu cognoisses maintenant toy & ton pere.

*Que les mysteres de Dieu ne se doiuent publier temerairement, & à la volée*

L'argument du quatorziesme Dialogue.

*Le quatorziesme, dit que toutes choses, qui s'aperçoiuent par le sens, sont faictes, & se font continuëllement. Car tout ainsi qu'elles dependent de celuy, qui comme tout puissant & eternel Dieu domine sur toutes choses, aussi les soubstient il continuëlle-*

nuellement, & les contregarde, de peur qu'estans de leur nature aisées à cheute, ne deuiennent à neāt la seule cognoissance duquel faict l'homme riche & bien heureux. Lequel Dieu, est le createur & pere de toutes choses, & toutes choses sont ses creatures: de sorte qu'entre le createur & la creature ne peult estre moyen aucun interposé: mais entre toutes choses vniuersellement, n'y a que ces deux, à sçauoir est geniteur & geniture. Il dit d'auantage que le mal ne despēd point de Dieu, non plus que la rouilleure du fer, du serrurier: ains que toutes choses crées ensuyuent leurs œuures. Finablement, par humaine industrie il nous esleue, à comprendre la diuine, disant que Dieu seme au ciel immortalité, en terre mutation & changement des choses, & par tout le monde vie & mouuement.

## L'EPILOGVE DE MERCVRE, A' Esculapius.

### Dialogue XIIII.

Pour autāt que mon filz Tatius, toy, ó Esculape, estant absent, à esté espris d'vn impatient desir d'apprendre la nature de toutes choses, & qu'il n'a peu souffrir, ny endurer que ie differasse cecy à autre & plus opportun temps, attendu que
il est

il est encores ieune & nouueau apprentif, i'ay esté contrainct par son importune instance luy declarer beaucoup de cas en particulier, faisant à la cognoissance d'vne chacune d'elles, à celle fin qu'il les apprinst & contemplast plus aisément. Mais il m'a semblé maintenant expedient d'epiloguer sommairement auecques toy la precedente dispute, en recueillant de plusieurs choses que i'y ay traitées, le meilleur & plus necessaire. Car ie peux bien auecques toy qui es vsité, & entendu es choses naturelles, les discourir succinctement par quelques mysteres.

*Il prouue que tout procede de dieu sãs lequel n'a rien esté fait. Ioan. 1.* Premierement il faut sçauoir que toutes choses qui s'apperçoiuent par le sens, ont esté faictes & crées, & se font continuellement. Car defaict tout ce qui est engendré, se fait non de soymesme, mais d'autruy. Nous voyons pareillement que maintes choses crées s'apperçoiuent par le sens vne chacune à part elle, lesquelles neantmoins sont entre elles differentes, & totallemẽt dissemblables. Toutes choses engendrées donc procedẽt d'autruy. Et pour autant il faut qu'il y ait quelque facteur d'icelles, & qu'il soit incrée, à fin qu'il soit plus ancien que ce qui est tẽporellement engendré & crée. Car nous auons ia dit, que tout ce qui est engendré, procede, & depẽd d'autruy. De maniere qu'entre ce qui est engendré ne peut riẽ auoir qui soit plus anciẽ, que ce *Qu'il n'y a qu'vn Dieu sçachant tou* qui ne le fut oncques. Car il est de necessité que le sale facteur de ce soit plus puissant que celà, & que il soit vnique, & seul, sçachant au vray & entendant toutes choses, attendu qu'il ny a rien qui aucunement le precede. Et ce à cause principallement qu'il domine sur toute multitude, magnitude, continuation d'œuure, & sur la difference de toutes choses engendrées. Consequemment pour ce qu'elles sont visibles, supposé qu'il soit inuisible. Lesquelles neantmoins fait ainsi visibles, à fin d'estre veu & cogneu par elles. Iamais doncques il ne cesse d'œuurer. Ce que certainement est digne d'estre entendu, en l'entendant d'estre loüé, en le loüant d'estimer heureux celuy qui ainsi recognoist son pere legitime. Car qui est la chose la plus douce, & amyable qu'vn pere legitime? Qui est il celuy là? Comment le trouuerons nous? Est il decent, luy attribuer seulement le nom de Dieu? ou seulement de facteur? ou seulement de pere? ou plus tost tous les troys ensemble? Il le fault doncques appeller Dieu, à cause de sa puissance: facteur pour raison de son œuure: pere finablement, pour l'amour de bonté, laquelle à luy seul appartient. Car aussi sa puissance est bien autre que celle des choses par luy faictes & crées. L'acte duquel consiste, & s'apperçoit en la production de toutes choses. Parquoy la diuersité, ou plus tost vanité, de tant de parolles omise, fault en premier lieu considerer deux choses en

*tes choses, à cause qu'il n'y a rien qui le precede.*

*Dieu a fait toutes ses œuures visibles à fin d'estre par elles cogneu.*
Ro. 1.

*Les appellatiös de dieu.*

*L'acte & puissance de Dieu.*

DE LA PVISSANCE

*Deux choses à considerer pour entēdre sont.*
en toutes, sçauoir est le createur & la creature entre lesquelz il n'y a rien interposé, n'autre chose en tout & partout ce qui est, & consiste. Quand doncques tu voudras entendre & sçauoir toutes choses, recorde toy de ces deux, & te souuienne eux estre tout entierement ce que tu pourroys dire ou penser vniuersellement. Et en ce faisant, ne trouueras rien ambigu ne douteux es choses, tant superieures que inferieures: tant diuines, que humaines: tant patentes, que

*Que le facteur ne se peult diuiser de sa facture à cause que l'vn ne peut estre sans l'autre.*
en celles lesquelles sont es tenebres mussées. Car ces deux cy geniteur & geniture, sont tout ce qui est, & qui consiste, sans se pouuoir l'vn de l'autre separer. Au moyen qu'il est impossible que la facture puisse estre sans le facteur, ne le facteur sans la facture, à cause que l'vn & l'autre, n'est autre chose que celà. Et par ce il n'est licite que l'vn soit de l'autre separé, ainsi que l'vn ny l'autre de soymesme. Car si ainsi est que la chose agente, n'est autre que celle qui age (car defaict elle est simple) tout ainsi qu'elle est tousiours, aussi est elle tousiours agente, & quāt à soy tousiours semblable, sans aucune variatiō,

*La conionction du facteur & de sa facture est telle, que l'vn precede & l'autre ensuyt.*
soit en consistant, soit en œuurant. Or entre tout ce qui est engendré, il n'y a rien qui le soit de soy mesme: qui faict que l'œuure ne puisse estre à part & separée de son ouurier. De sorte que celuy qui soubtrairoit l'vn, perdroit l'autre: au moyen que la nature de l'vn, regarde tousiours

iours la propre nature de l'autre. Si doncques ces deux cy, sçauoir est ce qui faict, & ce qui a esté faict, c'est à dire, l'ouurier & l'œuure sont concedez, il faut pareillement dire qu'ilz sont ensemble vnys & conioinctz: en telle sorte neantmoins que l'vn precede, & l'autre ensuyue, dont le precedent est Dieu l'excellent & parfait ouurier, & l'ensuyuent est son œuure, quoy que ce soit. Et si ne fault que nul se deffie de ce qu'auons dit, estonné de la diuersité des choses, comme si leur ordre & côstruction tant diuerse fust difficile à Dieu, & mal seante & indigne de sa diuine maiesté. Car la facture & constitution de toutes choses, est la seule gloire de Dieu, ne plus ne moins que quelque corps representatif de son image & figure. Duquel certes parfait & excellent facteur, ne prouient aucun mal, ne vilenie. Car toutes telles passions sont suyuantes toutes les œuures par luy faites & crées, ainsi cô-me la rouilleure ensuyt l'arain, & le lymon les corps animez. Et tout ainsi que nous voyôs que le serrurier ou mareschal n'induit point la rouilleure, ne le geniteur du corps anime, la bouë & saleté, qui adhere à ce qu'il fait: au cas pareil dieu n'induyt le mal aucunement. Mais la continuation & perseuerance de generation, contrainct peu à peu le mal venir en auant, ce qui est la cause pourquoy a ordonné Dieu mutation & changement à toutes choses, comme quelque purgation

*L'œuure de Dieu est sa seule gloire.*

*Que le mal ne procede point de dieu mais de nous Iaco.1.*

*La cause du mal.*

tion de cefte generation. En outre il eſt à vn & meſme peintre loyſible de figurer, & pourtraire tant & ſi diuerſes choſes, comme le ciel, la terre, la mer, les dieux, les hommes, les beſtes brutes, les arbres, & toutes autres choſes viuantes: & dirons nous que la puiſſance de ce, ſera à vn ſeul Dieu denyée? O l'homme trop fol, & deproueu d'entendement! O l'hôme aueuglé, & ſans aucune cognoiſſance diuine, qui croyroit, & voudroit dire, ou penſer celà! Il ne peult à vn homme choſe plus ridicule eſchoir, mon amy Eſculape, que d'eſtre ſi impudent, ſi effrené, ſi deſtourné de bonne raiſon, que de vouloir telle choſe aſſeurer. Car en côfeſſant ſoy honorer & reuerer Dieu, en ce qu'il le deliure de l'affaire & ſoing de créer, il ignore Dieu totallement. Et qui pis eſt à luy impute telles ou ſemblables paſſions qu'aux hommes, comme enuye, orgueil ignorance, imbecillité. Car ſi Dieu (dit il) ne fait toutes choſes, il eſt ſuperbe & orgueilleux, ou plus toſt imbecille, deſquelz l'vn & l'autre, eſt plein de toute meſchâceté, au moyen que Dieu n'a qu'vne ſeule & propre nature, qui eſt ſouueraine bôté. Or eſt il, que ce qui eſt bon ne peut nullement eſtre ſuperbe, ne imbecille, ne impotent. Mais ce bien, n'eſt autre choſe que Dieu. C'eſt luy, qui eſt la force & vertu, de tout ce qui ſe faict. Tout ce qui eſt engêdré, eſt de Dieu engendré, c'eſt à dire, de ce ſouuerain bien, &

*Bel argumêt pour prouuer que Dieu peut toutes choſes.*

*Inuection cõtre l'impudêce & ignorâce de l'hôme.*

*C'eſt icy l'argument dont a vſé Epicurus pour prouuer le ſemblable.*

*Le ſouuerain bien, eſt la force de tout ce qu'a eſté & ſe fait cõtinuellement*

de

de celuy qui peut toutes choses. Prends garde, ie te prye, comme premierement il les fait: consequemment comme elles se font. Ce que si as vouloir de comprendre, il te fault diligemment entendre vne euidente raison comme vne tres belle image, & fort semblable & acordante au propos que nous traictons. Regarde ie te prie, vn laboureur comment il espand çà & là les semences au giron de la terre, en lieu du forment, en vn autre de l'orge, & consequemment en diuers lieux plusieurs autre semences. Regardes le pareillement houer, biner, & tailler les vignes, pommiers, & figuiers. En ceste sorte aussi, Dieu seme au ciel immortalité, en la terre changement des choses: en tout le monde finablement vie & mouuement. Tout cecy n'est pas grand chose atendu qu'il est determiné d'vn certain nombre. Toutes choses doncques (pour conclusion) se raportent & se reduysent à quatre, estans toutes comprises par ces deux, à sçauoir Dieu & generation.

*Belle similitude pour cõgnoistre les faictz de Dieu.*

*Les semẽces de Dieu.*

Fin du premier liure de Mercure Trismegiste, De la & puissance sapience, de Dieu.

K  LE

# LE SECOND LIVRE DE MERCVRE TRISME-
giste, intitulé de la volonté de Dieu.

L'argument du premier chapitre.

En ce premier chapitre, Mercure monstre que toutes choses apartiennent à vn, pour autant qu'elles ne procedent que d'vn: & qu'elles ne sont qu'vn à cause que par vn elles sont toutes faictes & crées. Il dit en apres, que toute ame humaine est immortelle, de diuerse sorte toutesfois & condition. Item que tout ce qui descend du ciel, cause generation, & ce qui monte en hault, donne vie, disant qu'iceluy vn, à qui toutes choses appartiennent, & qui est tout, meut le monde auecques toutes ses formes & especes. D'auantage qu'il y a quatre choses, dont est faict & composé le monde, & dont il prend nourriture & croissance, sçauoir est, le feu, l'air, l'eau, & la terre. Et tout ainsi que les corps du monde n'en ont qu'vn, aussi pareillemēt que les formes & especes de toutes choses, n'en font qu'vne, les ayant toutes en soy, ce qu'il appelle l'ame du mō=
de, qui faict que tout le monde n'ayt qu'vn corps, ayant en soy toutes formes & especes. De maniere qu'il n'y a (à son dire) en tout & par tout, que ces quatre, vn corps, vne ame, vn monde, vn Dieu.

K ij        Par le-

## DE LA VOLONTÉ

Par lequel Dieu, diuine raison & le Verbe diuin à la semblable d'vn fleuue courant violemment d'vn hault lieu en vne pleine, passe & coule par tout, donnant à toutes choses son influence. Par laquelle diuine raison & verbe diuin, n'est autre chose entendu, que la diuine sapience, laquelle a tout fait & fabriqué, & (comme dit le sage) est trop plus mobile que toutes choses mobiles, & estant seule, a tout en sa puissance, & se maintenant tousiours en soy, sans variation aucune, renouuellant toutes choses. Voylà le contenu de la premiere particule.

### Chapitre premier.

IL me semble, quand ie voy Asclepius, veoir le Soleil. Ie cuyde, ó Asclepe, que Dieu t'a maintenant icy amené, pour assister à ce diuin traicté, que i'ay proposé dire à present: voire qui à bon droict est trop plus diuin, que ce qu'auons traicté au dessus, ou plus tost, que ce qui nous a esté diuinement de grace specialle inspiré. Lequel certes si tu peux ouyr & entendre, tu seras, selon ton souhait, remply de tous biens : si toutesfoys il y en a plusieurs, & non vn seul, auquel sont & consistent toutes choses. Car il se cognoist par viue raison l'vn ou l'autre s'acorder sçauoir

*Il entedprouuer qu'il n'y a qu'vn souuerain bien qui est Dieu.*

sçauoir est, toutes choses à vn appartenir, ou vn estre toutes : au moyen que l'vn est en telle sorte à l'autre lyé & conioinct, qu'ilz ne se peuuēt l'vn de l'autre separer. Mais ie te donneray plus apertement cecy à cognoistre, par le propos que nous aurons cy apres. Entre doncques, Asclepe, vn peu plus auant, & apelle celuy que bon te semblera pour icy asister, & nous faire compagnie. Estant doncques Esculape entré il luy a ramentu de permettre, que Ammon y asistast. A' quoy fit responce Trismegiste, qu'il ny auoit rien qui peust empescher, que Ammon n'y vint, & ne leur feist compagnie. A' cause principallement (dit il) qu'il me souuient auoir escript maintz liures & traictez en son nom, comme à mon tres cher & aymé filz, & entre autres plusieurs choses de Phisique, & autres peregrines sciences. Quant à ce present traicté, ie ne veux qu'il soit dedié à autre qu'à toy, pour la singuliere amytié que ie te porte. Au reste ie te supplye n'apeller icy aucun autre que Ammon, craignant que ce tant religieux, & deuot propos, que nous aurons maintenant ensemble contenant de si haulz mysteres, ne soit violé par la suruenance de quelques autres. Au moyen, que c'est le faict d'vn homme impitoyable & demesuré, de diuulguer vn tel traicté ainsi accomply de diuine maiesté, à la conscience de plusieurs. Apres doncques que Ammon est entré au conclaue

*Plusieurs autres liures qu'à escript Mercure que nous n'auōs point.*

K iij

*La compa-*
*gnée de Mer-*
*cure, à la-*
*quelle decla-*
*roit les se-*
*cretz de*
*Dieu.*

claue & les autres auecques luy, & que ceste
deuote assemblée de ces quatre personnes: à sçauoir, Asclepius, Ammon, Tatius, & Mercure,
feruante & embrasée d'amour diuin, a esté com-
plecte, & qu'ilz ont fait tous silence competant,
les espritz d'vn chacun d'eux pendans & ententifz, le diuin Cupido a ainsi cómencé à dire par
la bouche d'Hermes. O' Asclepe mon amy, il
fault auant toutes choses sçauoir & entendre,
que encore que toutes ames humaines soit immortelles, toutesfois qu'elles ne le sont toutes,
de mesme sorte & condition: mais les vnes d'autre maniere, & par autre temps les autres. A S C.

*Toutes ames*
*ne sont pas*
*immortelles*
*de mesme sor-*
*te & condi-*
*tion.*

Car aussi Trismegiste toute ame n'est pas de
mesme & semblable qualité. T R I S M. O' que
tu es, Asclepe soudain venu à la vraye intelligence de raison. Car aussi n'ay je pas dit, toutes
choses n'estre qu'vne, & vne estre toutes, pource
qu'elles estoient en l'entendement du createur
premier qu'il les fist & creast. Et non sans cause
il est dit estre toutes choses, puis que toutes choses sont ses membres. Qu'il te souuienne donc
par toute ceste presente dispute de celuy, qui est
luy seul toutes choses, ou qui est d'icelle createur. Premierement il te fault sçauoir que tout

*Tout ce qui*
*descend du*
*ciel est cause*
*de generatiõ*
*& ce qui mõ-*
*te, de vie &*
*nourriture.*

ce qui descend en terre, en l'eau, ou en l'air,
vient du ciel. Le feu pour ce qu'il est porté
contre hault, seulement viuifie, & ce qui est
en bas, luy est assubiety. Mais ce qui descend
de

de hault en bas, cause generation: & ce qui monte de bas en hault, nourriture & vie. La terre seule consistant en soy mesme, est susceptible de toutes choses lesquelles puis apres réd, vne chacune en son genre & degré. Par ce total doncques, auquel auons dit vn peu au dessus (si t'en souuient) toutes choses appartenir, & estre d'elles createur, sont agitez l'ame & le monde, comprins de nature, tellement toutesfois diuersifiez de qualité de diuerses sortes d'images que l'on cognoist leurs especes par la difference de leurs qualitez, estre innumerables & infinies. Lesquelles especes neantmoins, sont assemblées & conjointes les vnes aux autres, à ceste seule fin & intention, que toute chose soit veuë & cogneuë n'estre qu'vne, & d'elle seule toutes choses proceder. Les elemens doncques, desquelz est tout le monde formé, sont au nombre de quatre, à sçauoir, le feu, l'eau, la terre, & l'air. Vn monde, vne ame, vn Dieu. Or sois maintenant à moy entẽtif de ton pouuoir, & industrie. Car la diuine raison de diuinité, qui doit auecques intention du sens interieur, & soigneuse aduertance estre cogneuë, est accomparagée à vn fleuue ardent, courãt auecques grande violence, de quelque hault lieu en vne plaine. Qui fait que ceste diuine raison surpasse souuentesfois, auecques merueilleuse soudaineté l'intention, non seulement de ceux qui l'oyent,

*Que Dieu meut l'ame & le monde, & toutes ses formes.*

*Les quatre elemens desquelz est fait le mõde*

*Raison diuine.*

K iiii mais

## DE LA VOLONTÉ
mais de ceux aussi qui traitent d'elle.

### L'argument du second chapitre.

Pour auoir la vraye, & saine intelligence de ce chapitre, & des autres ensuyuans, il fault sçauoir en premier lieu, que Mercure vse bien autrement de ce mot animal, & de ce vocable ame, que n'auons coustume d'vser. Car au second dialogue de Pimander, il diffinit l'ame par son mouuement, & ce mot animal au sequent chapitre par l'ame & le corps. Parquoy tout ce qui a vertu motrice (comme par sa forme de parler on peult recueillir) a pareillement ame, & tout ce qui a corps & ame, est animal. Le ciel doncques est animal, le monde semblablement, les plantes, & elemens. Mais nostre coustume, est d'appeller seulement animal, ce qui a corps animé sensitif. Et non seulement nous disinions l'ame par son mouuement: mais aussi par sa vie, par son sens, par son liberal mouuement, ou intelligence. Toutes & quantesfois doncques, que nous le trouuerons auoir vsurper ceste diction animal, d'autre façon que ne faisons communément, entendons que c'est sa maniere de parler. Mais venons au sommaire du chapitre. Il fait premierement conference du ciel & de tout corps celeste, à toutes autres choses sensibles, comme toutesfois le Dieu sensible: ainsi que de l'homme à tous autres animaux, comme neantmoins le Dieu animans. En

ce qu'il dit Dieu estre le Recteur ou gouuerneur de toutes choses qui sont au monde, ie cuyde qu'il ne veult autre chose signifier, sinon que Dieu pouruoit à toutes choses, & les dispense par tous genres & especes, desquelz le monde en est receptable, en donnant à chacun, comme à vn apte & idoine instrument, quelque don special: comme le Soleil, & la Lune, sont les organes de diuinité, pour la clarté & tenebres de toutes choses, & pour leurs accroissemens & diminutions: & comme il dispense & gouuerne les hommes par les Anges, & les brutaux par les hommes. Mais au regard de ce qu'il dit des diables, que les especes ne recoiuent figure sans leur ayde, & aucuns auoir adheré au genre diuin, & estre par quelque proximité semblables aux dieux, & les autres auoir perseueré en la qualité de leur genre, aymans la condition humaine, nous scauons des sainctes lettres que les Anges, qui ne garderent leur principauté & seigneurie: mais laisserent leur domicille, estre reseruez au iugement du haut Dieu, es prisons eternelles souz les tenebres. Lesquelz combien qu'ilz facent semblant d'aymer les hommes, si toutesfois ne les ayment ilz point, aincois les attirent à toute ruyne & malheur. Ce qu'ilz ont fait des adonc le commencement. Car dissimulans aymer l'homme, en luy procurant la mort, disoient: Vous ne mourrez iamais, ains serez comme Dieux, scachans bien & Gen.1. mal. Ce qu'il dit doncques des diables, il semble
ne se

ne se pouuoir bonnement tirer à saine intelligence, ains suyure l'erreur des Gentilz, & Payens. Toutesfois quant es hommes, qui adherent à Dieu, nous ne voudrions nyer, mais franchement confesser, deuenir diuins: comme au contraire ceux qui adherent aux diables, estre d'auecques eux, lesquelz (comme il est dit) sont reseruez au iugement du hault Dieu, à perpetuelles prisons. Car nous sçauons auoir esté de la bouche de Dieu prononcé, qu'il dira au iour du iugement à ceux qui seront à sa senestre : Retirez vous arriere de moy mauditz de Dieu mon pere, & vous en allez au feu eternel, qui est au diable & à ses anges preparé. Lesquelz ne faut estimer estre autres, que ceux qui se r'allient des diables en ce monde.

Mat.25.

### Dialogue II.

*Préeminence du Soleil & de la Lune.*

*L'influence de Dieu sur toutes ses creatures.*

LE ciel doncques Dieu sensible, est l'administrateur & gouuerneur des corps : sur l'augmentation ou diminution desquelz, ont la préeminence & disposition le Soleil, & la Lune. Mais le grand gouuerneur du ciel & de l'ame, & de tout ce qui est au monde, n'est autre que Dieu le facteur de toutes choses. Car par les choses susdites (desquelles en est le supreme moderateur) est portée sa continuëlle & copieuse influence,

par

par tout le monde, & par l'ame de tous geneits, & toutes especes, & finablement par la nature de toutes choses. Mais le monde a esté de luy faict & preparé, à ceste cause qu'il fust le receptacle de toutes manieres d'especes. Lequel Dieu tirant au vif & representant nature par vne chacune desdites especes, a attiré le monde iusques au ciel par les quatre elemens, à celle fin que toutes choses fussent plaisantes à son regard. Or tout ce qui pend de lassus en bas, est en especes diuisé, en la façon que ie diray. En premier lieu les genres de toutes choses suyuent leurs especes, en sorte que la totalité ou solidité soit le genre, & vne particule du genre, l'espece. Le genre doncques des dieux, & des diables, ensemble des hommes, & des oyseaux, & de toutes autres choses que le mõde contiẽt en soy, n'engendre especes, qu'elles ne soient semblables à luy. Il y a vn autre genre d'animal, lequel posé qu'il soit sans ame, si n'est il point neatmoins priué de sens. Ce que s'apperçoit en ce qu'il se delecte, quand on luy faict quelque bien : au contraire se diminuë & corrompt, quand on luy faict quelque tort, ou qu'il luy aduient quelque infortune. I'entends dire de tout ce qui en terre vit & croist, par la force & vigueur des racines & gettons, & dont les especes sont par toute la terre espanduës. Quand au ciel, il est remply de Dieu. Mais les susditz genres demeurent, es

*Le monde organe de dieu pour toutes choses receuoir.*

*La diuision des gẽres en especes.*

*Il appelle les racines, gettons & plantes animaux*

*Le ciel remply de Dieu.*

lieux

*Espece.* lieux des especes de toutes les choses, qui sont immortelles. Car espece est vne partie du genre: ainsi que l'homme d'humanité, laquelle ensuyt de necessité la qualité de son genre. Dont se faict qu'encore que tous genres soient immortelz, ce neantmoins, toutes especes ne sont pas immortelles. Car le genre de diuinité, est auec ses especes immortel. Mais iaçoit que les genres de toutes autres choses, qui ont eternité pour leur genre, semblent mourir par leurs especes, si est ce toutesfois que ledit genre est tousiours conserué & gardé en son integrité, par la fecondité de naistre. Et pourtant les especes sont mortelles, ainsi que nous voyons que l'homme est mortel: combien que humanité soit immortelle. Les especes neantmoins de tous genres, se meslent auecques leurs genres. Desquelles les aucunes sont faictes auant les autres, les autres dependent & prouiennent de celles cy. Mais celles qui se font des dieux, ou des

*Il ensuyt en ce lieu l'erreur des Payens.* diables, ou des hommes, se font toutes semblables à leurs genres. Car tout ainsi qu'il est impossible, que les corps reçoiuent aucune forme sans la puissance & vouloir diuin: aussi est il impossible que les especes reçoiuent figures, sans l'ayde des diables: ne plus ne moins que

*Cecy est touché en l'epistre S. Iude.* les bestes ne peuuent estre instituées, honorées, & reuerées sans le moyen des hômes. Parquoy tous diables tombans de leur genre, qui se fait

par cas

par cas d'aduenture conioints à quelque espece par la proximité & alliance de quelque vne du genre diuin, sont estimez semblables aux dieux. Mais ceux desquelz les especes perseuerent, au moyen de la qualité de leur genre, estans amoureux de condition humaine, sont appellez diables. Telle est aussi l'espece des hommes, ou encore plus ample. Car l'espece de l'humain genre, est variable & de diuerses sortes & façons. De maniere qu'elle venant d'en hault, de la compagnie deuant dicte, faict maintes conionctiōs auecques toutes autres especes, & presques auecques toutes choses, par fatalle necessité. Et à ceste cause, celuy approche des dieux, lequel par religion & pieté diuine, s'allie auecques eux d'entendement & pensée, par laquelle est à eux conioinct. Au contraire, qui des diables s'adioinct, se faict à eux semblable. Mais ceux sont humains, qui se contentent de la mediocrité de leur genre. Quant aux especes de toutes autres choses, elles sont communément semblables à ceux, aux especes du genre desquelz elles s'adioignent & r'allient.

*Comme se fait qu'il y ait tant de diuersitez d'hommes, & que les vns soient bons, les autres mauuais.*

## L'argument du troisiesme chapitre.

*En ce troisiesme, Mercure extolle à merueilles la dignité de l'homme, au moyen de laquelle doit estre sur toutes choses recogneu autheur de tant de biens*

biens, ayme d'affectueux amour, loué finablement de perpetuelle action de graces, de l'auoir doué de tant & si excellens dons. Car (comme il luy plaist dire) l'homme a esté de Dieu faict & crée, à fin d'heriter diuine nature, & en elle se transformer, en cognoissant le genre des hommes & des Anges. Il dit qu'il est crée ensemble auecques eux, les ayant des adoncques sa naissance pour ses guydes, & obtenant vne nature prochaine des choses immortelles, marquée & cachetée, du marq de Dieu. Et est composé d'vne part mortel, & d'autre immortel, l'vne terrienne, & l'autre celeste. Mais rememorant les dons & graces de diuinité, il mesprise celle qui est terrienne, ayant son appuy sur la celeste & immortelle. Il souspire apres le ciel & le regrette: pour ce que par sa meilleure partie, se sent de la auoir sa propre affinité, & naturelle alliance. Estant toutesfois mis au mylieu du monde, Il r'allie auecques soy par le lien de charité toutes les choses, esquelles se cognoist par l'ordonnance diuine estre necessaire, à fin qu'en aymant ce qui est à luy inferieur, soit aymé des choses superieures. Il dit en outre que entre tous animaux, Dieu seulement aorne & illustre les sens humains, pour auoir l'intelligence de la diuine raison, & que l'intelligence que nous auons, nous est donnée de Dieu, à fin de le recognoistre & faire sa volonté, & ceste intelligence est la partie de l'homme celeste & immortelle, & qu'elle surpasse la nature de toutes les choses de ce monde,
Combien

Combien qu'il y en a, qui par deffault d'entendemẽt ne suyuent que la mondaine, sensuelle, & ombrageuse image de ceste diuine intelligence. Laquelle n'engendre en leur esprit autre chose, que malice, en transformãt l'homme, qui est de sa nature le bon & diuin animal, en nature & meurs des bestes sauuages. Mais ceux qui parfaictement l'entendent, sont heureux, pour autant que par deuote intention d'esprit sont en Dieu continuëllement transportez & rauiz.

## Chapitre. III.

Pour ceste cause il fault conclure, ó Asclepe, que c'est vn grand & esmerueillable cas que l'hõme, & vn animal digne de tout honneur & reuerence. Car c'est celuy, qui se transforme en nature diuine, comme si c'estoit vn Dieu. C'est celuy, qui cognoist le genre des Anges, à cause qu'il se cognoist auoir eu sa naissance ensemble auecques eux. C'est celuy, qui se cognoissant estre de double nature composé, desprise en soy mesme celle qui est humaine, estant appuyé sur la diuinité de l'autre. O' que heureusement doncques, est la nature des hommes temperée, & combien est excellente, & approchante de celle des dieux! L'homme ainsi conioinct à diuinité

*L'excellence & dignité de l'homme.*

*L'homme de double nature composé.*

*charité de l'homme.*

uinité, non seulement contemne dedans soy la partie dont est terrien: mais aussi r'allie auecques soy du lien de charité toutes les autres choses, aux quelles se cognoist estre necessaire, par l'ordonnance celeste, dont vient qu'il contemple le ciel. Il est doncques mis & constitué en l'heureux lieu de medieté, à fin d'aymer ce qui est à luy inferieur, & estre aymé de ce qui est à luy superieur. Et combien qu'il habite en terre, si est ce neantmoins, qu'il se mesle auecques les elemens par sa soudaineté, & descend es abismes & profonditez de la mer, par la subtilité de son entendement. Toutes choses luy luisent: ny le ciel mesme luy semble estre haut, au moyē qu'il le cōtemple, comme s'il estoit presde luy. Nulle obscurité d'air, ne confont l'intention de son entendement. L'espesseur & massifueté de la terre, ne peut empescher son affection, comme ny la profondeur de l'eau, estonner son aspect. Il est toutes choses, & en tous lieux tout vn. Tous animaux, qui à tous ces genres cy apartiennent, ont leurs racines venans de hault en bas. Mais celles de tous autres qui sont sans ame raisonnable, frondoient de bas en hault. Entre lesquelles, aucunes y a, qui sont nourries de doubles alimens, les autres de simples. Les aliments desquelz consistent tous humains, sont le corps & l'ame. Quant à l'ame du monde, elle est tousiours nourrie, par son mouuement continuël.

*Raison pour quoy a esté mis l'homme au lieu de medieté.*

*Viuacité de l'entendemēt humain.*

*L'homme a ses racines venant de haut en bas, & toutes autres choses au cōtraire.*

*La nourriture de l'ame & du mōde.*

tinuël. Mais les corps, prennent leur augmentation & accroissement de l'eau, & de la terre, qui sont les alimens du monde inferieur. Toutes choses semblablement sont pleines d'esprit, lequel estant auecques elles meslé, les viuifie: le sens outre ce adioinct à l'intelligence de l'hôme. qu'il a sur toutes autres creatures. Ce qui est la quinte essence, seulement à l'homme concedée du ciel. Laquelle sur tous animaux anoblist, illustre, & esclarcist les sens humains, à fin de leur donner intelligence de diuine raison. Mais à l'ocasion qu'il me conuient à present traiter du sens, ie vous exposeray puis apres la raison de ceste quinte essence. Car elle est fort diuine, & de fort grande excellence, & non moindre que celle mesme qui apartient à diuinité. Mais maintenant ie vous veux expedier ce qu'auois commencé. Or traictoys ie au commencement de la conionction & affinité qu'ont les hommes auecques les dieux, sçauoir est comme l'homme seulement entre toutes autres creatures, iouist de leur dignité & excellence. Et de faict ceux qui se sont trouuez si heureux, d'auoir obtenu ce diuin sens d'intelligence, ont pareillement aisement entendu, qu'il n'y a sens plus diuin, que celuy qui est vn seul Dieu, & en l'humaine intelligence. ASCLE. Comment cela Trismegiste. Et le sens de tous hommes n'est il pas esgal? ou de mesme sorte & façon? TRISM. Non,

L  ó Ascle-

*Toutes choses sont pleines d'esprit.*

*La quinte essence, qu' Aristote appelle Entelechia.*

*L'homme à cause de son intelligence participe de nature angélique.*

## DE LA VOLONTÉ

*Cuyder entēdre les choses, & ne les entēdre pas sainemēt: de sont l'homme*

ô Asclepe, à cause que tous n'obtiennent pas la vraye & parfaicte intelligence des choses: mais ne suyuent seulement que son image, auecques vne temeraire & oultrecuydée impetuosité, sans auoir esgard à la vraye raison, tellement qu'ilz sont totallement abusez. Laquelle image n'engendre es cueurs des hommes autre chose que malice, en transformant ce bon & excellent animal, en nature des bestes sauuages. Quant au sens & toutes choses sensuelles, ie vous en donneray l'entiere raison, quand ie viendray à parler de l'esprit. L'homme doncques seul

*L'homme de double nature.*

entre tous animaux est double, duquel l'vne partie est simple, que nous appellons communément forme de diuine semblance. Et l'autre que nous nommons mondaine, est en quatre diuisée, dont est faict & proportionné le corps, par lequel est enuironné & de toutes parts couuert ce qui est en l'homme diuin (dont auons traicté au dessus) à fin que ceste diuinité d'entendement, se repose auecques ses cousins & alliez, c'est à dire, auecques les sens de pure & nette pensée, comme close & remparée, du meur de ce corps.

L'argument du quatriesme chapitre.

Il discute en

Il discute en ce chapitre, & cherche la raison, pourquoy Dieu a mis l'homme au mõde,& non plus tost en la region des choses intelligibles. Pourquoy semblablement il l'a composé de double nature, l'vne mortelle, & l'autre immortelle, & a caché la forme de sa diuine similitude(c'est à dire l'ame qu'il a faicte & crée à son image & semblance) soubz ceste mondaine & corporelle couuerture. Il dit en apres que la volonté de Dieu, est la souueraine perfection de toutes choses, lequelle necessité ensuyt,& puis apres l'effect & execution de ceste necessité, au moyen que Dieu, en vn & mesme article de temps, acomplist son vouloir & l'effect d'iceluy. Ce qu'il appellé en ce lieu, & au sixiesme chapitre, le second monde Dieu,est autant à dire comme si tu a=pellois le nombre de deux seconde vnité. Car tout ainsi que l'vnité, n'est parfaictement & absolument qu'vne, & le nombre de deux, n'est pas parfaictement & entierement vn, mais seulement par participation & retraction ou recission n'est qu'vn,& secõd vn: aussi pareillement vn seul Dieu, n'est parfaictement qu'vn, mais le monde est Dieu seulement par participation, à cause de son immortalité, ensemble la tres illustre & belle marque, & enseigne de toutes choses sensibles.

Chapitre     IIII.

L ii     Ascle

ASCLE. Qu'a il doncques esté de besoing, ô Trismegiste, que l'homme ayt esté mis & constitué au monde, & non vivre en la souveraine beatitude, du costé qu'il est Dieu ? TRISMEG. C'est tresbien & sagement demandé à toy, ô Asclepe. Et de faict nous aussi prions Dieu, que son bon plaisir soit, nous prester la puissance, de souldre ceste question. Car comme toutes choses dependent de sa seule volonté, celà principallement en despend, qui traicte de sa hautesse & maiesté. Laquelle raison, nous auons deliberé en chercher par la presente dispute, de tout nostre pouuoir & astuce. Entends doncque Asclepe, & retiens. Tu dois sçauoir en premier lieu, qu'encores que le seigneur & facteur de toutes choses (lequel à bon droict appellons Dieu) ayt en telle sorte faict & crée le second Dieu, qu'il se puisse voir & sentir, si diroys je neantmoins qu'il a ainsi faict sensible, non pour ce qu'il ayt quelque sens ( car au regard de ce, sçauoir est, s'il a sens ou non, nous en parlerons ailleurs plus à plain) mais pour autant qu'il reçoit les sens de toutes choses visibles. En celà doncques que Dieu l'a faict de soy le premier, & second apres soy, ensemble qu'il luy a semblé estre en toute beauté, acomply (d'autant que il est parfaict en toute bonté) il l'a aymé comme

*Ce qui se traicte sincerement de la maiesté diuine, vient de Dieu principalement.*

*Raison pour quoy a faict Dieu le monde sensible.*

vne partie de fa diuinité. A' celle fin doncques qu'il fuft fi grand & fi excellent comme il eft, il luy a pleu en faire vn autre, qui eft l'hōme auquel a donné puiffance, de fpeculer celuy qu'il auoit faict & crée de foy, en le faifant pareillement de raifon & diligence imitateur. Car de faict la volonté de Dieu, eft le fouuerain accompliffement & perfection de toutes chofes, attendu qu'en vn & mefme article de temps accomplift fon vouloir & l'effect d'iceluy. Quand doncques Dieu a eu confideré la forme de fa diuine femblance, ne pouoir auoir efgard fur toutes chofes, s'il ne la cachoit de mondaine couuerture, à cefte occafion il l'a muffée foubz ce domicille corporel, les confondant en vn, par l'vne & l'autre nature, en tant qu'il a cogneu eftre de neceffité. Il a doncques faict & formé l'homme de double nature : l'vne certes eternelle du cofté de l'ame, l'autre mortelle au regard du corps. Ce qu'il a ainfi voulu faire, à fin que l'homme ainfi formé, peuft fatisfaire à l'vne & l'autre fon origine: enfemble pour admirer & prier les chofes celeftes & eternelles : finablement pour feurement habiter & regir les terreftres & mortelles. Non que i'entende dire par les chofes mortelles, feulement l'eau, & la terre (lefquelz deux d'entre les quatre elemens, nature a foubmis à l'homme) ains tout entieremēt ce qui fe faict d'iceux, ou en iceux, par l'artifice

*La puiffance de l'homme, fur tout le monde.*

*La volonté de Dieu.*

*Raifon pour quoy Dieu a créé l'hōme de double nature.*

*Les deux elemēs que dieu a foubmis à l'homme.*

L iij &in-

DE LA VOLONTE'

& industrie des hommes : comme le labourage de la terre, les pastures, bastimens, portz de mer, nauigations, traficques, conuenances, commoditez, & plaisirs mutuelz (ce qui est le tres ferme & indissoluble lien de toute humanité) ensemble celle partie du monde, qui est l'eau, & la terre. Laquelle se maintient tousiours & se conserue par l'vsance & notice des artz, & disciplines, sans lesquelles Dieu n'a voulu que le monde fust parfaict & consommé. Car premierement necessité ensuyt le vouloir de Dieu, & puis consequemment l'effect sa volonté. Au moyen que il n'est pas credible, pouuoir aucune chose estre à Dieu desplaisante, laquelle ap parauant luy eust pleu, d'autant qu'il l'a sceu long temps auant qu'elle auint, qu'elle deuoit ainsi auenir, & qu'elle luy seroit plaisante & aggreable.

*Par quel moyen se congregarde, & s'habite la terre.*

*Prescience de Dieu. Hebr. 4.*

L'argument du cinqiesme chapitre.

*Le cinqiesme, nous informe de la doulceur & harmonie musiqualle, disant auoir esté de Dieu donnée & enuoyé du ciel aux hommes pour chanter les louanges de Dieu, & de ses esleuz. Ce que nous sçauons auoir esté des sainctz Prophetes & amys de Dieu commandé, par l'instinct du sainct esprit, quand ilz nous enhortent de exalter & magnifier Dieu, luy chanter psalmes, & le louer au tabourin, en l'assemblée & congregation des gens*
de

de bien, en cordes, & en orgues. Au moyen que celà est la principalle fin ou tendent ces muses, & toute la musique.

## Chapitre V.

OR entenday je Asclepe, & apperçoys, de quelle affection tu desires d'ouyr & entendre comment peult auoir l'homme l'amour du ciel, & de ce qui est en luy, & luy porter honneur & reuerence. Escoute doncques Asclepe, & l'entends. Il te fault premierement sçauoir que l'amour, que de nous requiert le Dieu celeste, & ceux qui habitent au ciel, n'est autre chose, qu'vne frequentation de seruice & reuerence, qu'on leur faict. Laquelle nulle autre creature a inuentée, que l'homme seulement. Car le Dieu du ciel, & ceulx qui habitent en luy, s'esiouyssent à merueilles, des admirations, adorations, loüanges, & seruices, que les hommes leur font. Dont c'est faict, que non sans iuste cause, a esté du ciel enuoyée en terre par la supreme deité entre les hommes, l'assemblée des Muses. Sçauoir est, à celle fin que le monde terrien, ne fust veu moins orné & annobly, s'il eust esté priué, de la doulceur des chants & modulations. Mais la cause plus peremptoire, a esté, à fin que celuy qui est seul tout, & le cre-

*Quelle amour & reuerence requiert Dieu de sa creature.*

*Pourquoy a Dieu enuoyé du ciel la musique aux hommes.*

L iiii ateur

ateur de toutes choses, fust celebré, & exalté de louanges, & harmonieuses chansons des hommes: & que par ce moyen la doulceur de harmonie, ne defaillist en la terre, pour tousiours sans cesse louer & collauder Dieu. Car bien peu y en a, qui de pur, & syncere esprit, auecques bonne conscience, ayent pris le venerable soing de contempler le ciel. Mais au contraire plusieurs, qui de double confusion de leur nature, ayans abastardy leur intelligence interieure, par la pesante masse de leurs corps se sont appliquez aux elemens, & autres choses inferieures. L'homme doncques, n'est en cela moins à estimer, d'estre en partie mortel: mais pour ceste raison (estans peut estre) plus proprement composé, il semble que son immortalité, soit à quelque certaine raison augmentée. Dont la principalle est, qu'il n'eust peu soubstenir l'vne ou l'autre partie, si les deux natures, desquelles est composé, n'eussent esté meslées, & conioinctes ensemble. Il a doncques ainsi esté formé de deux, à fin qu'il peust non seulement auoir esgard, & s'esleuer es choses diuines, mais aussi donner ordre aux terriennes. Or veux ie Asclepe, que tu entendes la raison de ce present traicté, non seulement par soigneuse intention, mais aussi d'vne viuacité d'esprit. Car encore qu'elle soit à plusieurs incroyable, si est ce neantmoins, qu'elle doibt estre tenuë pour vraye de ceux

*Peu de vie contẽplatiue*

*Beaucoup de vie actiue.*

*L'immortalité de l'homme augmentée, en ce que il est de double nature composé.*

de ceux qui sont gens de bien, sainctz d'esprit & d'entendement. Ie feray doncques icy le commencement.

L'argument du sixiesme chapitre.

Le sixiesme declare que le Dieu de nature est parfaictement le premier & eternel Dieu, le monde le second, non toutesfois absolument, ains par participation seulement du premier, pource qu'il est sa premiere image. Et l'homme le tiers par participation pareillement de diuinité, comme la secõde image du hault & parfaict Dieu. Lequel ne reçoit image ou figure aucune, ains est l'entiere & pure verité de toutes images. Il monstre en apres comme l'homme peult monter lassus au ciel, comme consistant des elemens superieurs, à sçauoir de l'ame, du sens, de l'esprit, de raison. Mais du costé qu'il est composé des inferieurs, c'est à dire, du feu, de l'air de l'eau, & de la terre, qu'il est à la mort asseruy: qui faict qu'estãt asseuré sur la diuine partie de laquelle il consiste, il delaisse par la mort toutes choses de ce monde desertes, & destituées de sa presence. D'auantage il dit que religion (c'est à dire, le soing & cure qu'on a d'obeyr à Dieu, auecques bonne conscience, & fidelité) est la mesure, à la forme de laquelle doibt l'homme se reduyre, & viure en ce monde, qu'en suyt bonté. Laquelle bonté semble lors estre parfaicte & consommée, quand estant
munie

munie de vertu, met ius, & desprise les cupiditez des choses reculées de vertu, comme possessions, le corps, le sens mesme & affection de conuoitise. Car l'homme (selon son opinion) deust estre & auoir esté iusques icy, comme l'intention de raison conduit l'esprit: tellement que par diuine contemplation ne tint conte de la partie mortelle, que luy a conferé Dieu, pour contregarder & regir le monde inferieur. A' la fin Asclepius deuine ne debuoir aucun estre apres nous, qui compreigne la pure & vraye philosophie de la cognoissance de Dieu. Ce que confermant Hermes, monstre la cause pourquoy doit l'homme aprendre les mesures & compassemens de la terre, c'est à dire Geometrie: ensemble les qualitez, quantitez, profondeurs de la mer, la force & vertu du feu, & les natures & proprietez de toutes ces choses: c'est à dire, la totalle philosophie des nombres, des globs ou rondeurs celestes, & toutes autres choses naturelles. C'est à sçauoir, à fin qu'il admire, adore, & collaude l'art & diuin entendement, le facteur de toutes choses. Disant cela estre l'entiere & parfaite philosophie, qui seulement depend de diuine religion: & de cognoistre l'ordre de toutes choses, qu'vne chacune a obtenu par ordonnance diuine, estre la vraye musique, & accord. A' cause que tout cela estãt raporté à raison l'ouurier de toutes choses, fait vn tresdoux & tresharmonieux accord à la diuine melodie. De maniere que la vraye & pure philosophie, de nulle importune
curiosité

curiosité corrompuë, n'est autre que d'estre par simplicité d'esprit & entendement obeyssant aux commandemens de Dieu: auoir ses faitz en reuerence: luy rendre action de graces continuellement: & le prier que sa volōté soit tousiours en tout & par tout faicte & accomplye, laquelle est la seule tres pleine de toute bonté & clemence.

### Chapitre VI.

IL fault entendre premierement que Dieu est le principal Seigneur d'eternité, le monde second, l'homme le tiers. Le facteur du monde & de tout ce qu'il contient en sa rondeur, ne est autre que Dieu. Lesquelles toutes choses gouuerne par sa prouidēce, & a crée par sa puissance, auec leur second gouuerneur, qui est l'homme. Lequel prenant la totalle charge, & superintendence d'icelles, a tant faict par sa propre diligence, que luy & ledict monde se sont faict honneur, plaisir mutuel, & reciproque. De maniere qu'il semble le monde auoir esté droictement appellé des Grecz Cosmos, à cause de ceste diuine compositiō de l'homme. Lequel se cognoist, & si cognoist le monde, à fin de se recoler de la conuenance qu'il y a entre ses parties, & recognoistre desquelles il doit vser &

*Raison pour quoy le mōde est des grecs appellé Cosmos.*

s'en

s'en seruir, & esquelles il doit obeyr. En rendent à Dieu loüanges & action de graces, &

*Le mõde & l'homme les deux images de Dieu. Gen.I. I.Cor.II.*

faisant honneur à son image, non ignorant soy aussi estre la seconde de Dieu, estans deux en nombre, à sçauoir le monde, & l'homme. Duquel homme, attendu que le corps & l'ame, ne soit qu'vne seule conionction, il se faict que du costé qu'il est diuin, c'est à dire de l'ame, du sens de l'esprit, & de raison, monte es cieux, comme consistant des elemens superieurs. Mais du costé qu'il est terrien & mondain, c'est à dire, du feu, de l'air, de l'eau & de la terre, il semble que il doit en icelle demourer mortel, de peur de laisser desertes, & en viduité les choses, qui luy ont esté commises par son createur. Car pour

*Raison pour quoy l'hõme a esté crée de double nature.*

autre cause n'a esté faite humanité d'vne part diuine, & d'autre mortelle, & assemblée en vn corps, que pour celle là. Quant à la mesure de l'vne & l'autre partie, c'est à dire, de l'homme, elle consiste premierement en toute religion, veneration & obeyssance diuine, que bonté en-

*Bonté humaine.*

suyt secondement. Laquelle bonté finablement semble lors estre parfaicte, quand elle munie, de vertu, mesprise & contemne toutes cupiditez des choses reculées de sa nature. Car defaict toutes choses terriennes, lesquelles se possedẽt par charnelle conuoitise sont totalement reculées de l'affection qu'on doit auoir en Dieu. Lesquelles choses sont à iuste raison apellées possessiõs, à cauà cause qu'elles ne sont pas nées auecques nous mais apres nostre naissance auons commencé à les posseder. Toutes telles choses doncques sont à l'homme contraires, & luy nuysent, & le corps mesme, pour despriser tout ce que par sensualité appettons & ce mesmement dont nous auons & retenons le vice d'appetance & couuoitise. Car l'homme a deu estre iusques icy, ainsi que l'intention de raison conduit l'ame: à fin, par eleuation d'esprit en Dieu, de contemner la partie mortelle, laquelle Dieu luy a octroyée, pour conseruer & garder le monde inferieur. Car à fin que l'homme fust tresparfaict & accomply, tant d'vne que d'autre partie (c'est à dire, tant du corps que de l'ame) prends garde comme il a esté de Dieu formé, tant d'vne que d'autre part, de quatre elemens, de deux piedz, de deux mains, & de tous autres membres de son corps, par le moyen & ayde desquelz il eust à seruir au monde inferieur, c'est à dire, terrien. Et quant aux quatre parties de l'ame, qui sont le sens, l'esprit, memoire, & prouidence, il eust par leur conduite & raison, à cognoistre, & contempler toutes choses diuines. De maniere qu'il se faict que l'homme par soigneuse & diligente inquisition, encherche les diuersitez, qualitez, effectz, & quantitez de toutes choses. Mais retardé par vn trop pesant vice de ce corps, ne peult parfaitement preuoir, les vrayes

*Les connoissances de possessions, nous reculent de l'amour que deuōs à dieu*

*Les quatre elemens desqueiz consiste l'ame.*

vrayes causes de nature. L'homme doncques ainsi faict, & commis par le souuerain Dieu à la charge, de gouuerner le monde: & en vne mondicité de tout son possible le maintenant & contregardant: en deuotement adorant Dieu: en dignement obeyssant, & se conformant à sa volonté, en l'vne & l'autre sienne nature, de quel salaire le diroys tu deuoir estre salarié? Or tenons nous & confessons, le monde estre œuure de Dieu. Celuy doncques qui par sa diligence contregarde la beauté d'iceluy, & de iour en iour l'augmente & acroist, conferme toutes ses œuures au vouloir de Dieu, abellist par le trauail de son corps son espece, qu'il a formée par sa diuine prouidéce, de quel salaire croys tu deuoir estre remuneré, sinon de celuy duquel ont esté remunerez noz ancestres? Duquel aussi desirons nous deuotement (s'il plaist à la diuine mercy) estre salariez, à fin qu'apres auoir vigoureusement guerroyé en ceste mortelle bataille, & estre cassez des gages de ce mortel corps, & deliurez de sa prison, nous rende purs & netz à la nature de la superieure partie, c'est à dire, diuine. ASCLE. Vostre dire est iuste & raisonnable, Trismegiste. Car de faict, ie pense que ce soit la, le condigné loyer & remuneration de ceux qui viuent soubz Dieu sainctement, & au monde prudemment. Car ceulx qui au contraire auront faict, & meschantement conuersé

*Le debuoir d'vn homme de bien.*

*Le souuerain desir de Mercure.*

*Le guerdon de ceux qui bataillent vertueusement en ce monde.*
*2. Thimõ. 4.*

en ce

en ce monde, ne pourront iamais retourner laf-
sus au ciel: ainçois leur est de Dieu ordonné vne
demeure & habitation orde, & sale, & indigne
d'vne saincte ame, autre part. Ou certes conuient dire & conclure, selon le discours & preten
du de vostre propos, ô Trismegiste, qu'il y a quel
ques ames, lesquelles en ceste mortelle vie sont
en danger de deschoir, & estre frustrées de l'attente de future eternité, & beatitude. Ce que
nonobstant, est à aucuns incredible, enuers les
autres fabuleux, les autres parauenture le tour-
nent à mocquerie. Tant est doux & amyable
le fruict, que l'on prend en ce que l'on possede
en ceste vie corporelle. Ce qui est la cause que
malignité sur immortalité enuyeuse, detient l'a-
me le col (par maniere de dire) si fort de trauers,
qu'elle detenuë de sa partie mortelle, ne luy
est permis voir ne cognoistre, celle qui est diuine. Car i'oseroys dire (quasi deuinant ce que
doit aduenir) qu'il n'y aura par cy apres, aucun
esgard entre les humains de vraye & simple
philosophie, sans qu'il n'y ayt en elle, quelque simulation entremeslée. Laquelle philosophie certes, n'est autre chose, qu'vne assidue
& continuëlle intendence à diuine cognoissance, saincte religion, & amour de Dieu. Car
plusieurs sont des a present, qui en diuerses sortes la confondent. Mais à ce propos ie vousisse bien sçauoir, ô Trismegiste, comment se
faict

*La damna-
tion des ini-
ques.*
*Mat. 3 & 25*

*Malignité
enuyeuse sur
l'ame. Sa. 5.*

*Que c'est
que vraye
Philosophie.*

## DE LA VOLONTÉ

*Pourquoy est la philosophie incomprehensible.*

faict que plusieurs font la philosophie incomprehensible, & comme en tant de manieres la confondent & abastardissent. TRISM. Celà se fait ó Asclepe, à cause que par cauteleuse & peruerse inuention, la meslent auecques autres diuerses sciences incomprehensibles, comme Arithmetique, Musique, & Geometrie. Mais il fault que la vraye, entiere, & pure philosophie, & qui seulement depend de Dieu, soit telle, que de si ententiue & ardente curiosité, elle s'employe aux autres sciences, que sur toutes choses s'esmerueille, comment il se peut faire, que les reuolutions & mouuemens des astres, leurs prefinies & limitées stations, & le cours de leur changement, consistent par nombres, poix, & mesures. Pareillement qu'en cognoissant les compartimens, qualitez, & quantitez de la terre, les abismes & profondeurs de la mer, la force & violence du feu, auecques la nature & l'effect de toutes ces choses, elle s'esmerueille, adore, & collaude leur artificiel facteur, qui est Dieu. Sçauoir aussi pareillement la Musique, n'est autre cas, que entendre l'ordre de toutes choses, & ce que diuine raison a voulu eslire & ordonner. Car l'ordre de chasque chose, par viue & artificielle raison conferé & rapporté en vne sur toutes les autres, faict vn tresharmonieux & parfaict accord à diuine melodie. ASCLEPIVS. Que sera ce doncques des hommes

*Vraye philosophie.*

*Que c'est que sçauoir la Musique.*

*Deceptions & impostures des Sophistes.*

hommes, qui viendront apres nous Trismegiste? TRISMEG. Eux deceuz par l'imposture des Sophistes, auecques desdaing & mespris se destourneront de la vraye, & saincte philosophie. Car d'adorer Dieu auecques simplesse d'esprit, d'honorer & reuerer ses œuures, de rendre finablement action de graces à sa volonté (qui est la seule pleine de toute doulceur & bonté) est la philosophie, de nulle facheuse curiosité d'esprit violée, & corrompuë. Soit iusques icy traité de ces choses.

### L'argument du septiesme chapitre.

Le septiesme contient de la creation du monde, de la matiere, de l'esprit qui la suyt & accompaigne, & du lieu ou toutes choses ont esté faictes & créés : ce qui est vne philosophie occulte. Il dict que toutes choses mondaines sont au monde contenues, & le monde en Dieu. Il appelle lieu, le poinct de la matiere, ce que l'incite à dire, & estre d'opinion que le lieu du monde ne fut oncques né: mais que le monde l'a esté, en ayant esgard à l'œuure des creatures: & si ne l'a point esté, en prenant garde à leur ouurier & createur. Car Hylé (dit il) & l'esprit, c'est à dire, le monde, & quelque vertu diuine diffuse & espanduë par toutes choses, n'estoient pas en l'ouurage du monde premier qu'ilz fussent nez: ains en celuy, duquel ont deu auoir leur

M naissence

naissance & production. Mais en qui estoient ilz, sinon en ce verbe diuin, par lequel toutes choses sont faictes? Et en qui estoit la vie de tout ce qui a esté faict. Et d'ou finablement est issu, tout ce qui est faict. Il dit en apres que Hylé, c'est à dire, la matiere du monde, est aussi tost feconde de qualité causatiue de bien, que de mal, pour autant qu'elle est capable de tous les deux, ainsi comme quelque terre, laquelle produit aussi bien les bonnes que les mauuaises herbes, au cas pareil est il de Hylé, en la production de bien & de mal. Il dict toutesfois, que Dieu a en cela prouueu aux hommes (en tant qu'il a esté raisonnable & de necessité) en ce qu'il leur a donné sens, science, & intelligence, pour repugner à ceste proprieté materielle, de peur que malice ne surprint & occupast la spirituelle qui est en nous, ainsi que fait quelque meschante herbe, vne terre habandonnée sans labeur, & dont l'on ne tient conte. Il dispute finablement quelque peu de l'esprit, lequel est par tout diffus & espandu. Des enfers semblablement, & du sens, lequel est vne influence des choses diuines, es entendemens humains, comme les rayons de quelque lumiere es yeux.

Chapitre VII.

Or com=

R-commençons maintenant à traiter de l'esprit, & de telles choses. Il fault sçauoir en premier lieu, que Dieu, & le monde, qui des Grecz est apellé Hylé, estoient auāt toute autre chose que Dieu crea oncques, & que l'esprit accompaignoit le monde, mais non toutesfois à la sorte & maniere qu'il accompaignoit Dieu. Et de fait aussi ce dequoy a est fait le monde, n'est pas Dieu. Et à ceste cause, il n'auoit aucun estre, parauant qu'il fust crée, encore quil fust desia lors en celuy duquel il à peu auoir sa naissance. Car non seulement ce qui n'est encor né, est dit n'auoir naissance aucune: mais aussi ce qui est tellement priué de fertilité generatiue, que d'iceluy ne puisse aucune chose naistre ne produyre. Toutes choses donc es quelles gist nature generatiue, encor que d'elles mesmes elles soient nées, si est ce qu'elles peuuent engendrer celles, desquelles on peult naistre. Car il ny a doubte, que de celles lesquelles sont d'eux mesmes nées, ne se puissent facilement engendrer celles, desquelles naissent, & s'engendrent toutes choses. Dieu donc qui est sempiternel & eternel, ne peult, ny n'a peu naistre aucunement: C'est celuy qui est, qui a esté, & qui sera à tousiours mais. C'est donc là sa nature, estant entierement de soy, sans aucune participation d'autruy.

*Il appelle Hylé la matiere du mōde.*

*Dieu n'a ne fin ne commencement. Apoca. 1.*

M ii

truy. Car si autrement estoit, c'est à dire, qu'il participast de quelque autre nature que de la sienne propre, il ne seroit pas parfait en eternelle puissance & maiesté, comme il est. Hylé donc, ou autrement, la nature du monde & l'esprit, iaçoit qu'il semble qu'ilz ayent esté nées des adonc le commencement, si est ce neantmoins, qu'ilz ont de soy vertu de procreation & naissance, & nature de fœcondité. Et defait leur commencement gist en qualité de nature, laquelle obtient en soy & possede la vertu & matiere de toute conception & production. Elle donc est seule, laquelle facilement s'engendre sans autre conception, que de la sienne propre. Si fault il neantmoins tellement separer ce, qui seulement obtient vertu conceptiue, de la conionction de l'autre nature, qu'il ne semble icy que le lieu du monde, & ce qui est en luy, ayt esté né. Or entenday ie dire par ce lieu, celuy auquel sont & cósistent toutes choses. Au moyé qu'elles n'eussent peu estre, si n'y eust eu quelque lieu pour les soustenir & porter. Et pour ceste cause, il a premierement fallu prouuoir au lieu pour les colloquer, parauant que les faire. Car autrement ne les qualitez, ne les quantitez, ne les assiettes & proportions, ne les effectz des choses, qui fussent esté priuées de lieu, eussent peu estre congneuës. Par ainsi encores que le monde n'ayt esté né, si ha il toutesfois en soy

*La force & vertu de la qualité, de Hylé c'est à dire, de la nature du monde.*

*Il appelle lieu le point de la matiere.*

foy la nature & proprieté de toutes choses, pour autant qu'il ottroit aux choses susdictes, ses gyrons & estandues tesfertiles, & tres aptes à conceuoir. Celà donc appartient du tout entierement à qualité, & à la matiere creable, ores qu'elle ne soit crée. Car tout ainsi qu'il y a qualité fœconde en la nature de la matiere, aussi est elle mesme fœconde de malignité. En quoy ie ne veulx dire ne maintenir, ò Asclepe & Ammon, ce que dient plusieurs, demandans temeraierement, si Dieu ne pouuoit tollir, ou diuertir malice de la nature des choses : auxquelz certes ne fault faire aucune responce. Ce que nonobstãt pour l'amour de vous ne desisteray à poursuyure, & en rendray raison. Ilz disent donc, que Dieu debuoit totallement deliurer le mõde de malice. Car elle est au monde en telle sorte plantée (disent ilz) qu'il semble qu'elle soit en luy comme l'vn de ses membres, bien & dument pourueu & ordonné par le treshault & trespuissant Dieu, lors qu'il luy à pleu doter les entendemens humains de science, sens, & intelligence. Auxquelz soit faict responce, que par le moyē de ces troys, par lesquelles nous excellons tous autres animaux, nous est donné de Dieu par dessus eux, le pouoir d'euiter les fraudes, dolz, & vices de malice. Qui faict que par cela nous congnoissions communément celuy la estre muny de prudence & intelligence diuine,

*Il entẽd cecy du monde, estant encore en l'entendement de Dieu premier qu'il le formast.*

*Il reprend en ce lieu ceulx qui sont trop curieux des secretz de dieu, ce qu'à long temps apres ramẽteu. Epicurus.*

*Raison pourquoy Dieu n'a voulu tollir malice de ce mõde.*

## DE LA VOLONTÉ

uine, lequel les euite, premier qu'il soit d'elles surpris. Car le fondement de science, consiste en souueraine bonté. Quant à l'esprit, il fault entendre que par luy sont toutes choses en ce monde administrées & maintenues en vigueur, & qu'il est comme l'organe du souuerain Dieu, subiect à sa volonté. Que ce hault & supreme Dieu donc, lequel est par le seul entendement intelligible, soit d'icy en auant de nous entendu estre le recteur & gouuerneur du dieu sensible, c'est à dire, de celuy qui embrasse en soy tout lieu, & contient l'entiere substance de toutes choses, auec la totalle matiere de tout ce qui engendre & produist. Brief de tout ce qui est & consiste, de quelque precellence, magnitude & gradeur qu'il puisse estre. Mais que par l'esprit sont agitées, ou (pour mieux dire) regies & gouuernées toutes especes en ce monde, vne chascune selon la nature & proprieté, que Dieu luy a distribuée. Ce monde donc, est de toutes choses receptacle, & leur mouuement & continuation, ayas Dieu sur elles pour leur gouuerneur, leur dispensant tout ce qui leur est necessaire. Mais l'esprit les remplit toutes, de quelque nature que soit leur qualité. Car la rondeur du monde, est caue en façon d'vne sphere, estant cause soy mesme de sa forme & qualité. Et si est toute inuisible. Car quelque lieu que tu pusses eslire en elle le plus hault, pour regarder dessoubz,

*Le fondement de toute cognoissance, sourd de Dieu. Psal. 138. Eccl. 17.*

*Le ciel, Dieu sésible.*

*Diuine vertu laquelle il appelle esprit.*

*La rondeur du monde, caue.*

dessoubz, en regardant de ce lieu là, tu ne sçaurois voir qu'il peult auoir en bas. Ce qui est cause, qu'elle est en diuers lieux pressée, & qu'on l'estime auoir quelque qualité. Car on croyt qu'elle soit presques visible, lors qu'on la voit peincte par les seules formes d'especes, aux images desquelles, elle semble estre engrauée: mais au vray dire, elle est tousiours de soy mesme inuisible. Qui faict que sa plus basse partie, soit vn lieu en la sphere (si toutesfois se doibt appeller lieu) qu'on nomme Ades en langue Grecque. Car eden en Grec vault autant à dire que voir, par ce que le bas de la sphere ne se peult voir. D'où vient que les especes, s'appellent communément en Grec Idées, par ce qu'elles sont d'vne forme inuisible. Pour autant doncques qu'elles sont inuisibles, elles se nomment en Grec Ades: en ce qu'elles sont au bas de la sphere, elles s'appellent en vulgaire Enfers. Sont doncques icy les poinctz principaux & les plus autentiques, & presque les commencemens, & chefz, de toutes choses mondaines, qui se font par eux, ou procedent d'eux. A S C L. Il fault doncques par ce poinct dire, ó Trismegiste (ainsi que l'on peult recueillir par tes parolles) qu'en toutes ces choses cy que tu appelles mondaines de toutes especes (s'il fault ainsi dire pour les descrire) qu'il y ayt en vne chacune d'elles à particulier vne parfaite substance,

*Il parle en ce lieu de la totalle sphere, & Globs du monde, lequel consiste non seulemēt des quatre elemens, mais aussi des cieux.*

*Il traite ceste question au chapitre, qui s'ensuit.*

M iiii ainsi

ainsi qu'elles se comportent. TRIMEGIS.
Tu doibs sçauoir que le monde nourrist & alimente les corps, & l'esprit les ames: mais que le sens, qui est vn don celeste, au moyen duquel est heureuse humanité, nourrist l'entendement. Combien qu'il y en ayt bien peu qui ayent cest heur de sens, sçauoir est, ceux desquelz est tel l'entendement, qu'il puisse estre capable d'vn tel bien. Car tout ainsi que le monde a sa clarté du Soleil, au cas pareil l'entendement humain a la sienne du sens, & beaucoup plus. Au moyen qu'à tout ce que le Soleil donne clarté, à quelque fois la nuyt suruenante par l'interposition de la Terre & de la Lune, est priué de clarté. Mais lors que le sens c'est vne fois meslé auecques l'ame humaine, il ne se fait qu'vne nature d'eux deux: par laquelle vnion & mutuelle assemblée, croissent tousiours, & s'entrelassent l'vn auecques l'autre: de sorte que telz entendemens ne sont plus empeschez d'erreur, & foruoyement de tenebres. Qui faict que non sans cause, quelques vns ayent dict, que les sens estoient les ames des Dieux. Mais quant à moy, ie ne dy pas qu'ilz soient d'eulx tous: mais seulement des plus grands, & principaux.

*La clarté de l'entende-ment.*

*Ces dieux sont les princes substancielz des astres, desquelz il parle au chapistre sequent.*

L'argument du huictiesme chapitre.
Le huy

Le huicttiefme traicte des princes substancielz des astres, qu'il appelle dieux, dont celuy du ciel est Iuppiter: & celuy du Soleil, sa lumiere. Il mect puis apres trente six horoscopes des astres, c'est à dire, speculateurs des heures, estans fixes en vn, & mesme lieu du firmament, & appelle leur prince Pantamorphon, qui vault autant à dire, comme omniforme, ou contenant toutes formes. Il dit que les princes substancielz, des sept spheres erratiques, sont fortune & fatalité. Il met aussi celuy de l'air. Mais il semble que tout cecy ne soient que fainctises, & inuentions diaboliques, & autres vaines illusions, lesquelles attirent l'homme en l'erreur des Payens, & le contraignent beaucoup plus (se il s'y arreste) à s'adonner à vaines choses, que par celà recueillir quelque prouffit & vtilité. Apres il retourne de rechef à la contemplation du souuerain Dieu, le disant estre ineffable, à qui l'on ne peult donner nom, qui soit assez suffisant pour declarer sa haultesse & maiesté : ains qu'il doibt estre nommé de tous noms. Il le dit estre tres plein de toute fertilité, pour autant que toutes choses retiennent de luy telle prerogatiue, qu'il n'y a nulles d'entre elles, qui n'ayt en soy plantureuse fertilité. D'où procede ce mutuel amour, & ceste grande application qu'vn chacun a de nature, à procreer son semblable, n'ayant en soy aucune vilenie ne deshonnesteté, ou infamie pourueu qu'on n'y pense point mal, ny qu'on en parle, ou qu'on en traicte

sinō

sinon qu'auecques craincte de Dieu, & honte religieuse. Car cela a esté de Dieu ordonné & permis, à fin d'imiter sa diuine fertilité. Mais pour raison que la plus grand' part des hommes, ignorent ces mysteres, prophanent les loix diuines, & à la façon des bestes brutes traictent ces mysteres auecques grande irreuerence, comme gens insensez, furieux, & hors du sens, à cause de quoy à grand' difficulté ose l'on maintenant y penser, n'y en parler, de honte que l'on en a. Et ce principallement pour autant que les desordres, confusions, & irreuerences, des hommes enuers la venerable ordonnance de Dieu, s'ingerent beaucoup plus tost à noz sens, & pensées, que la saincte, incontaminée, & sans souilleure. Et pour raison qu'il est donné à peu de gens auoir entier sens & raison, ie suis d'auis qu'il en soit peu parlé, & encore moins pensé. En apres Mercure adiouste, que Dieu à sur toutes autres creatures de ce monde à l'homme seul departy & octroyé intelligence & discipline, à celle fin que du costé qu'il est immortel & diuin, peust fuir & euiter les vices, lesquelz pourroit autrement facillement encourir, au moyen de la mixtion & meslée de ceste masse corporelle auecques la diuine. Car à raison du corps & de ceste partie dissoluble, il ne se peult faire autrement que les desirs & conuoitises, & autres vices de l'ame ne tombent es espritz humains.

Cha-

DE DIEV.

## Chapitre VIII.

**ASCL.** Qui sont ceux que tu dis estre chefz, de toutes choses, ou commencemens des commencemens, Trismegiste? **TRISM.** Ie te descouure, & donne à entendre de haultz mysteres, ò Asclepe, lesquelz auant que commencer à declarer, & pour bien les poursuyure, nous demanderons la grace & faueur celeste. Il fault premierement sçauoir, qu'il y a plusieurs sortes de dieux, desquelz l'vne partie est intelligible, & l'autre sensible. Celle qui est intelligible est ainsi appellée, non qu'il ne faille estimer, qu'ilz ne soient soubmis à noz sens (car de faict nous les sentons beaucoup plus que ceulx que nous appellons visibles) ainsi que pourrons aisément voir, & cognoistre par la presente dispute, se nous y voulons entendre. Car la raison & cognoissance de ce, est fort haulte, & plus diuine que les entendemens & intention des hommes, ne peuuent comprendre. En maniere que si tu ne reçoys les parolles de ceulx qui parlent, auecques vn ardent & ententif plaisir d'oreille, elle ne fera aucun seiour en toy, mais oultre passera, comme faict l'eau dedans quelque vaisseau percé: ou bien recoulera es liqueurs de sa primitiue fontaine. Or est il doncques à sçauoir

*Il y a vne partie des astres intelligible, c'est à dire, desquelz l'ō ne peult presques entēdre par les sens naturelz. la substance, ains par l'entendement: & l'autre sensible.*

## DE LA VOLONTÉ

*Ousia ou ypostasis en Grec, se peut tourner en vulgaire substance, ou essence.*

uoir, que les dieux sont les princes de toutes especes. Il y en a aucuns toutesfoys (dont le prince est appellé en langue Grecque Ousia, que nous tournons en la nostre substance) lesquelz sont sensibles, & semblables en l'vne & l'autre leurs origines, à cause que par nature sensible font toutes choses: vn chacun d'eux illuminant son œuure, par le moyen de leurs deux origines, à sçauoir, intelligible & sensible. Le prince substanciel du ciel, ou de tout ce qui est compris soubz ce nom, est Iupiter. Car par le ciel, Iupiter donne vie à toutes choses. Le prince substanciel du Soleil, est la lumiere. Car le bien de la lumiere, est sur nous espandu, par le tour & circuit du Soleil. Il y a semblablement trente six estoilles assemblées en vn signe, estans fixes tousiours en vn lieu, lesquelles on appelle vulgairement Horoscopes, ou speculateurs des heures, ayans vn Prince substanciel, qu'on nomme en Grec Panthamorphon, ou omniforme, par ce qu'il faict & imprime diuerses formes par diuerses especes. Les sept spheres que l'on nomme erratiques, ont deux princes substanciels, dont le premier est Fortune, le second Destinée fatalle: par lesquelz, sont toutes choses changées, par vne ferme stabilité de la loy de nature, & par vn continuel & sempiternel mouuemēt. Quand à l'air, il est l'organe & instrument de toutes choses, au moyen duquel, elles se font

*Iupiter prince substāciel du ciel.*

*Horoscopes, ou speculateurs des heures.*

*Le prince substanciel des spheres erratiques. L'air, organe de toutes choses, & sō prince substanciel.*

toutes

toutes. Duquel le Prince substanciel, est bon, doulx, gracieux, & fauorable aux humains. Toutes ces choses doncques se comportans ainsi, & se mouuans depuis le bas iusques au hault, il fault entendre en apres que celles lesquelles apartienent à soy naturellemẽt, sont en telle sorte & maniere ensemblemẽt liées, que les mortelles sont conioinctes auec les mortelles, les sensibles auec les sensibles. Toutesfois, le sommaire & neud de tout leur gouuernement, obeist au souuerain seigneur: non pas neantmoins comme plusieurs & diuerses choses ou plus tost comme vne particulierement. Car defaict toutes choses dependantes, ou plus tost extraictes d'vne lors qu'elles sont separées les vnes des aultres chacune à part soy, il semble qu'elles soient en diuers & pluratif nombre: mais quand elles sont r'assemblées & conioinctes comme auparauant, il est aduis qu'elles ne sont qu'vne, ou deux. I'entends parler de celles dont toutes choses sont faictes, & de celuy par lequel elles sont toutes faictes, c'est à dire, de la matiere de laquelle elles sont faites, & de la volonté de celuy par le vouloir, consentement, & accord duquel, elles sont faites. ASCLE. Quelle raison apportes tu encore à cecy, ô Trismegiste? TRISMEG. Telle comme te la diray, ô Asclepe. Fault que tu sçache, qu'ores que Dieu soit nommé le pere, ou le seigneur de toutes choses,

*Dieu le souuerain seigneur & prince de toutes choses,*

*Cõment toutes choses encore qu'elles soient diuisées, se raportent à vne, qui est dieu.*

ou

ou qu'il soit encore, de quelque autre non plus sainctement & religieusement apellé des hommes, lequel nom, à cause de nostre intelligence puisse estre entre nous tenu cher & sacré, si est ce neantmoins, qu'en ayant esgard à sa haute maiesté & puissance, nous ne sçaurions par aucun de ces noms, assez expressement & precisement le nommer. Car si ainsi est que ceste voix, n'est autre chose qu'vn son prouenant de la repercution de l'air, declarant l'entiere volonté de l'homme, & l'apprehension qu'il a d'auenture apperceuë en son entendement, par le moyen des sens (duquel nom la parfaicte substance est composée, exprimée, & limitée de peu de syllabes, à fin qu'il y ayt en l'homme communauté & accointance necessaire tant de voix, comme d'oreille, ensemble du sens, de l'esprit, de l'air, & de tout ce qui en eux consiste, & se faict par eux) est ce à dire pourtant, que le nom & appellation de Dieu, gise totalement en ces choses? Non asseurement. Car ie ne pense pas que le facteur de toutes choses, & accomplisseur de toute maiesté, estant le pere & seigneur de tout ce qui est faict, & se fera, se puisse exprimer nomméement de bouche humaine d'vn nom, & fust il ores composé de plusieurs. Si est il neantmoins de necessité, qu'il soit nommé d'vn nom, ou plus tost de tous nos, au moyen qu'il n'est qu'vn seul, & si est tout.

*Que dieu est ineffable, & innominable.*

*Que c'est que la voix.*

*Dieu ne peut estre nomméement exprimé de bouche humaine.*

Ou bien

Ou bien dire, que toutes choses soient son nom, ou le nommer des noms de toutes choses. Luy doncques seul comme toutes choses, estant plantureusement plein de fecondité des deux sexes, & gros de sa volonté, enfante tout ce, à qui luy plaist donner production & naissance. Laquellle volonté, n'est autre chose qu'vne souueraine bonté, sur toutes choses diffuse & espandue. De la diuinité de laquelle est née nature, à fin que toutes choses fussent ainsi qu'elles sont, & ont esté, & seront à l'aduenir, & que ladicte nature fust suffisante à tout ce qui d'elle prend sa naissance. Voylà doncques la raison renduë, ó Asclepe, pourquoy, & comment sont faictes toutes choses, ayans participation de deux sexes. ASCLE. Vous dictes doncques par ce moyen, que Dieu est de double sexe, ô Trismegiste. TRISMEG. Non Dieu seulement, ó Asclepe, mais aussi tout ce qui possede nature animée, ou inanimée. Car il est impossible que quelque chose de ce qui a estre, puisse estre infertile. Au moyen que fertilité tolluë d'iceluy, il seroit impossible qu'il peust tousiours estre. Or quant à moy i'ose dire & maintenir, que nature, le sens, & le monde contiennent en soy telle proprieté & efficace, & que pareillement la retient tout ce qui est en ce monde crée. Car l'vn & l'autre sexe est plein d'engendrement: ayans vne connection & lyaison entre eux deux,

*Que c'est que la volóté de Dieu de laquelle est née nature.*

*Ce qu'il dit en ce lieu que Dieu est de double sexe, n'est autre chose que ce que dit Moyse Dieu auoir crée le masle la femelle. Gen. 2.*

ou

ou (ce qui est plus veritable) vne vnité incomprehensible, laquelle peult on droictement appeller Cupido, ou Venus, ou tous les deux ensemble. Il conuient doncques par ce poinct entendre & retenir en l'esprit plus veritablement & clerement que le vray, estre icy l'office & deuoir de procréer son semblable, inuenté & attribué à tous à perpetuité par le hault & souuerain Dieu de nature, en plantant & enracinant en eux vne extreme charité, vne ioye, vne gayeté, vn vouloir & amour diuin. Ce que nous declarerions volontiers, sçauoir est, combien grande est la vertu & puissance de ce deuoir de nature, n'estoit que ie sçay que chacun en y prenant aduis, le peut assez cognoistre du profond des sens. Car si tu prends garde à cest article de temps que la semence generatiue descend du cerueau, comme l'vne & l'autre nature s'espand en l'vne & l'autre generation, tu apperçoys aussi comme l'vne reçoit affectueusement, & de grande ardeur, la semence de l'autre, & la cache interieurement. Finablement comme en cest article de temps par la commistion & meslée mutuelle, les femmes rauissent la force des masles, dont puis apres se lassent & s'apesantissent par ce moyen. L'effect doncques de ce tant doulx, & necessaire deuoir, se faict occultement, de peur que les imperites, & qui sont sans sçauoir & experience se mocquans, la diuinité de l'vne & l'au-

*C'est pourquoy les poëtes les apellẽt les dieux d'amours.*

*Il mõstre la vertu de dieu, qu'il a donné a nature à procréer son semblable.*

*Raison pour quoy l'on se cache quãd les deux sexes ont ensemble cohabitation.*

DE DIEV. 97

& l'autre nature fuſt contraincte auoir honte de la mixtion du ſexe. Et beaucoup d'auantage s'il aduenoit eſtre ſubmiſe à la veuë de gens qui ne font conte de religion, & qui n'ont conſcience, ne la crainte de Dieu, deuant les yeux. Deſquelz certes il en eſt vn nombre infiny : au contraire peu aymans l'honneur de Dieu : de maniere qu'on les pourroit aiſément conter en ce monde, tant eſt rare le nombre des gens de bien. Ce qui eſt cauſe que malice faict demeure en pluſieurs, par default de ſçauoir les cauſes de toute choſe. Car par la pouruoyāce de Dieu, ou de diuine religion, par laquelle ont eſté faites & ordonnées toutes choſes, s'engēdre es cueurs des hommes, & prouient le meſpris & remede cōtre tous vices de ce mōde. Mais lors que ignorance, & faulte d'experience & ſçauoir perſeuerent, tous vices pareillement accroiſſent de plus en plus, & naurent finablement l'ame d'inſanables corruptions, & meſchancetez infinies. Laquelle eſtant d'elles infectionnée & corrompuë, s'enfle comme de quelques veneneuſes poiſons : fors celle de ceux, qui la medicamentent par l'onguent de diſcipline & ſçauoir. Si donc-ques cecy peult prouffiter à quelques gens de bien, ſi peu qu'il y en a, ſçauoir eſt pourquoy à voulu Dieu ſeulement ottroyer aux hommes ſur toutes les creatures de ce monde, intelligence & diſcipline, ie ſuis d'aduis de le pour-

*Malice.*

*craincte de Dieu.*
*Iob. 28.*
*Pſal. 18.*
*Pro. 1.*
*Eccl. 1.*

*Ignorance.*

*L'eſprit corrompu par ignorance.*

*Pourquoy à donné Dieu à l'hōme ſeul intelligence & diſcipline.*

N ſuyfuyure, & expedier. Entends le doncques ó Aſclepe. Dieu, qui eſt le pere, & ſeigneur de toutes choſes, quand il euſt faict l'homme apres les dieux (c'eſt à dire les Anges) & l'euſt compaſſé de pareille balance tant de la partie corrompuë du monde (c'eſt à dire du corps) que de celle qui eſt diuine, eſt aduenu que les vices du monde ſoient demourez meſlez, & brouillez auecques le corps. Les aucuns, à cauſe des viandes, & de tout le viure, que nous auons neceſſairement commun auecques tous animaulx. Ce qui eſt cauſe, que les deſirs de toutes faulſes & libidineuſes conuoytiſes, & tous autres vices generallement de l'entendement, ſoient entracinez aux cueurs humains. Mais les dieux pource qu'ilz ſont faictz de la tres pure & incontaminée partie de nature, & qu'ilz n'ont nulle indigence d'ayde de raiſon & diſcipline, encore que leur immortalité & vigueur, eſtant touſiours d'vn, & meſme aage ſans alternation ou viciſſitude aucune, ſoit pour leur prudence, diſcipline, & ſçauoir: ſi eſt ce neantmoins que pour le regard de l'vnité de raiſon auecques intelligence, craignant Dieu qu'ilz ne ſe deſtournaſſent de ceſte vnité, il leur a ordonné par preſcription de loy eternelle, l'ordre de neceſſité. Et quant à l'homme, à fin qu'il peuſt cognoiſtre les vices corporelz, & par ſeule raiſon & diſcipline les euiter, Dieu l'a eſleué & bandé à intention,

*Comme les Anges ſont en graces cõfirmez.*

tention, foing, & efperance d'immortalité. Lequel finablemēt a fait & crée bon; tant du cofté de l'vne, que de l'autre nature, fçauoir eft diuine & mortelle, à celle fin, qu'il fuft tant d'vne que d'autre part immortel, & fuft par ce moyen de meilleure, & plus excellente nature, que tous les dieux, qui font feulement formez de nature immortelle; & finablement que toutes chofes mortelles: Dont vient que l'homme ayant auecques les dieux, alliance, & affinité, leur porte honneur & reuerence, par le foing qu'il a de leur obeyr, & par l'integrité de fon entendement. Les dieux aufsi de leur cofté par foigneufe affection, ont efgard fur les chofes humaines, & les fauluent, & gardent: Ce que certes fault entendre eftre dict de peu de gens, à fçauoir de ceux qui ont deuot & fainct entendement: Car quant aux vicieux, n'en fault iamais parler, pour le merite de noftre tant fainct & diuin propos, de peur qu'il ne foit violé, par l'efgard & intendence, qu'on pourroit auoir en eux.

*L'excellence de l'homme à caufe des deux natures dont eft compofé.*

*Protection des Anges. Gen. 24. Exo. 14. Tob. 3. Pfal. 90. Heb. 1.*

L'argument du neufiefme chapitre.

*Tout ce neufiefme eft entierement prophane, qui faict qu'à bon droict le reprend fainct Auguftin, au 8. liure de la cité de Dieu, chap. 23. Il aprouue idolatrie, & l'exalte de grand' louanges, en deplo-*

N ii              rant

rant sa ruyne. Il met vn Dieu sur la cyme du ciel, qui de toutes parts a esgard sur toutes choses : & vn autre entre le ciel & la terre, qu'il nomme Iuppiter Plutoniq', dispensateur & gouuerneur de la mer, & de la terre, comme s'il y auoit multiplicité de dieux, l'vn au ciel, l'autre en l'air, l'autre en terre & en la mer. Ce que certes cõtient grand erreur, iniquité, & iniustice. Car nous sommes puremẽt enseignez par les sainctes lettres, que le Seigneur est Dieu lassus au ciel, & ça bas en terre, & qu'il n'y en a point d'autre que luy. La sapience pareillement auec tous les diuins prophetes en general, nous admonnestent, de sur toutes choses sagement nous garder d'estre souillez de l'erreur, & macule d'idolatrie. Au moyen (dit Sapience) que tant l'idole, que celuy qui la fait, sont de Dieu mauditz. Et de rechef. L'honneur qu'on exhibe aux abhominables idoles, est la cause, comencement, & fin de tout mal. Et par cas semblable, Dieu hayt le meschant, & sa meschanceté. Car ce qui est fait, souffrira peines & tourmens, auec celuy qui la fait. Au Leuitique pareillement, Dieu cõmande aux Israëlites, en ceste maniere : ie suis vostre Seigneur Dieu, vous ne vous ferez idole, ny en tailleure, vous n'esleuerez tiltre d'honneur, ny ne mettrez en vostre terre pierre aucune d'apparence pour l'adorer. En Ezechiel semblablement, il les aduertist en ceste sorte des idoles d'Egypte. Gardez d'estre pollus es idoles d'Egypte, ie suis vostre Seigneur Dieu. Et de leur destruction par le mesme prophete

Deut. 4.

Sap. 14.

Leui. 16.

Ezech. 20.

prophete : Ie destruyray les simulachres, & feray cesser les idoles de Memphys, & ne sera plus capitaine ne duc de la terre d'egypte. Touchant ce qu'il dit, que les ames des idoles & statuës, donnant aux hommes sens & esprit, leur enuoyent diuinement debilitez & maladies, & qu'elles les guerissent quand bon leur semble, il n'y a nul qui maintenant ne cognoisse que sont espriz malings, desquelz parle le prophete Dauid par le saint esprit : Tous les Psal. 95. dieux des Payens ne sont que diables. Suffise auoir iusques icy traité de l'impureté des idoles, desquelles parle Mercure en ce lieu. Car nostre parler, s'addresse à ceux qui ont la cognoissance du vray Dieu, lequel scauoir & cognoistre (ainsi que le Sage dit) Sap. 6. est la parfaite & consommée iustice, & la racine d'immortalité. Lazarelus (que nous auons aussi tourné en vulgaire comme tu verras cy apres) tire tout cecy à analogie & sens mistiq', comme si les idoles fussent les Apostres : le tailleur, Iesus Christ fait homme: la vertu de lassus enuoyée & mise dedans lesdites idoles, le saint esprit. Egypte, les tenebres des Gentilz & Payens, & la persecution des disciples, Apostres, & martyrs. Les pierres engrauées, recitans ses faitz pleins de tout honneur & reuerence diuine, les cueurs de leurs successeurs, retenans non leurs œuures, ains seulement leurs parolles. Ces choses certes, sont de bonne & chrestienne affection inuentée: mais peut estre violées quant à la lettre. Il n'y a gueres hommes de bon iugement, qui ne

DE LA VOLONTE'

qui ne s'accorde en ce present chapitre, & au xiii.
à sainct Augustin. Qui ne sçache aussi que les pro‍phetes des Gentilz, comme Balaam, & les Sybil‍les, ne soient de telle sorte qu'ilz souffrent par
foys lumiere & tenebres, lumineux & ombra‍geux interualles de leurs deuinations: par foys
disans verité, par autre mensonge. Voylà le som‍maire.

### Chapitre. IX.

**M**Ais pour raison que nous som‍mes sur le propos de l'alliance,
laquelle est entre les Dieux &
les hommes, i'ay bien voulu vn
peu m'y arrester, à fin de te dõ‍ner à cognoistre, ó Asclepe, quel‍le est la puissance & vertu des hommes. Premie‍rement tu dois sçauoir, que tout ainsi que le
seigneur, & pere, ou (qui est le plus hault) Dieu,
est le facteur des celestes Dieux, que l'homme
aussi est celuy, de ceux qui sont es temples, se
contentans de l'affinité & proximité humaine.
Ausquelz certes non seulement est donné clar‍té & lumiere, mais aussi la donnent aux autres.
Ce que non seulement sert à l'hõme, mais aussi
conferme les Dieux. Tu t'esmerueilles Asclepe?
Quoy? Te desfies tu de cecy, comme font plu‍sieurs mescreans? ASCL. Au vray dire, ie m'e‍stonne

*Voy icy cre‍stien en quel
erreur est tõ‍bé ce grand
personnage
lequel a si
hautement
parlé de la di‍uinité, à fin
de ne te fier
en toy, mais
en Dieu.*

ſtonne Triſmegiſte, & ſuis en moy meſme tout eſperdu, de ce que tu dis: ſi eſt ce que volontiers m'accordant à ton dire, ie iuge l'homme fort heureux, lequel peult vn ſi grand heur obtenir. TRIS. Et non ſans cauſe eſt il digne de grand eſmerueillement, ó Aſclepe. Car auſſi eſt il de trop plus grande excellence, que les dieux. Au moyen qu'il eſt notoire & euident leur genre eſtre yſſu de la tres pure & entiere partie de nature ſans aucune confuſion, & leurs images eſtre preſques les ſeulz chefz pour toutes leurs autres choſes. Quant à leurs eſpeces que l'homme forme & pourtraict, elles ont leur figure de l'yne & de l'autre nature. La premiere diuine, trop plus excellente que la materielle qui eſt la ſeconde, dont elles & les hommes pareillement ſont tous faictz & fabriquez. De maniere que non ſeulement ſont de teſte figurez comme les hommes: mais auſſi de tous leurs membres, & entierement de tous lineamés de leur corps. Et ainſi humanité memoratiue de ſa nature & origine, perſeuere en ceſte imitation de diuinité. Tellement que tout ainſi que le pere & ſeigneur a faict les dieux eternelz: à fin qu'ilz fuſſent ſemblables à luy: au cas pareil l'homme a fait & figuré ſes dieux à ſa ſemblance. ASCLEP. Entends tu dire celà des ſtatuës & ſimulacres, Triſmegiſte? TRISMEG. Ouy, ie l'entends dire des ſtatues, ó Aſclepe. Or voy ie bien maintenant

*La folie des Idolatres.*

*L'origine de la folie humaine quád es idoles. Sapien. 14.*

*Illusions dia-* iusques ou tu as deffiance que les statues ne soiēt
*boliques.* animées, pleines de sens & d'esprit, & qu'el-
*Psal. 95.* les ne facent telz & si grande merueilles qu'elles font? Qu'elles n'ayent la cognoissance des
choses à l'aduenir, les predisant par songes, &
plusieurs autres indices & aduertissements?
Qu'elles finablement n'enuoyent foyblesse &
maladie aux hommes selon leurs demerites, &
ne les guerissent puis apres? Ignores tu Ascle-
*Egypte le cō-* pe, que Egypte ne soit l'image du ciel, ou (qui
*mencement* est plus veritable) la descente de tout ce qui est
*de toutes i-* regy, & se faict au ciel? Et si nous voulons en-
*dolatries, &* core plus apertement parler, nous pourrons fran
*mescognois-* chement dire, que la terre ou nous habitons est
*sance du sou-* le temple de tout le monde. Ce neantmoins par
*uerain Dieu* ce qu'il fault que gens prudens & sages, sçau-
*de nature.* chent les choses premier qu'elles se facent, il ne
fault pas que vous ignoriez ce que ie veux infe-
rer. Il viendra vn temps par cy apres auquel a-
paroistra les Egyptiens auoir gardé pour neant
diuinité, d'vn si entier & parfaict vouloir, &
auecques si religieuse affection qu'ilz font, &
ont fait par le passé. De maniere que toute leur
saincte inuocation & reuerence faite aux dieux,
reduite à rien, descherra de son attente, à l'occasion que diuinité retournera à son premier
domicille, qui est le ciel. Et ainsi sera Egypte
*Deploration* delaissée, & la terre laquelle a esté le siege con-
*de la ruyne* sacré à diuinité, sera priuée de tout honneur &
*des idoles de*
*Egypte.*
ser-

feruice diuin, & destituée de la presence de toute puissance diuine & maiesté. Car les estrangiers occupans ceste region, non seulement il y aura mespris & contemnement de tous seruices & honneurs que l'on auoit coustume de faire aux dieux: ains (qui est chose plus lamentable, & dure à suporter) il sera ordonné comme par arrest legal, vne deffence & prohibition, de faire honneur, ou porter reuerence aux dieux, de leur rendre l'amour & obeyssance qu'on leur doit, & de les adorer, sur peine de proscription auecques confiscation, & par fois de execution, à celuy que l'on pourra trouuer faisant tel acte, auecques loyer à celuy qui fera le coup. Lors ceste terre, qui est le tressainct siege des temples & lieux dediez à noz dieux, sera totalement remplie de mortz & sepulchres. O' Egypte, Egypte, il ne demoura en toy aultre chose, que les fables seulemement & deuis des honneurs, que tu auois coustume faire aux dieux, estans incredibles à leur successeurs, & ne restera autre chose que les parolles engrauées es pierres, leur recitant les tiens beaux & excellents faictz, pleins de deuoir de toute obeyssance, religion, & amour diuin. Et auecques ce le Scyte ou Lyndien, ou autre tel, c'est à dire, la voysine barbarie, habitera l'Egypte. Au moyen que diuinité se retirera au ciel, & les hommes delaissez d'elle, mourront tous: & par ainsi Egypte

*Cecy a esté faict par la venue de Iesus Christ nostre sauueur. Ez. 30 Isa. 19.*

*Destruction des Idoles come depuis ont predit les sainctz Prophetes de dieu. Ezech. 30.*

pte priuée de diuinité, & d'humanité, sera totallement delaissée deserte, & sans habitation. Il fault aussi pareillement parler de toy, ò tres sainct & sacré fleuue, & te predire ce qui te doit aduenir. Premieremēt toy remply des ruysseaux du sang humain, regorgeras & sortiras violemment hors de tes riuages : tellement que les eaux diuines, non seulement seront polluës par le sang, ains de toutes partz deborderont, en abismant tout le païs. Tant que le nombre des mortz, surmontera celuy des viuans : & celuy qui suruiuera, sera congneu estre Aegyptien, seulement par sa langue, mais par ses actes, estrangier. Pourquoy pleures tu, Asclepe? Sois asseuré, que Aegypte sera infectionnée de beaucoup plus grandz & enormez maux, que ie ne dy. De sorte, que celle, qui estoit iadis le sainct siege, sur toutes choses aymant la diuinité des dieux en terre, par le merite de l'honneur, admiration, reuerence, & seruice, qu'elle leur exhiboit, sera pour lors le mespris & abolition de toute saincteté. Et celle qui estoit la maistresse d'obeyssance deuë aux dieux, sera l'exemple de tres grande cruauté. Adonc pour l'ennuy & fascherie qu'auront les hommes, le monde ne semblera estre admirable, ne digne d'aucun honneur & reuerence. Mais, qui plus est, tout ce grand bien, auquel nul autre est accomparager, ne fut, ny ne sera oncques (comme

*Du fleuue du Nil.*

*Asclepius esmeu des parolles de Mercure pleure.*

*Egypte, maistresse de toute idolatrie.*

me l'on peut euidemment apperceuoir) sera en danger:& pource qu'il sera ennuyeux aux hommes, l'on n'en tiendra conte nullement. Ny pareillement sera ce monde, duquel traictons, aymé, qui est l'œuure immuable de Dieu, son bastiment plein de gloire, & digne de toute loüange, le bien composé de diuerses sortes d'images, l'instrument de la volonté diuine, en son œuure sans nulle enuye prestant faueur & ayde à toutes choses ensemblément, lesquelles peuuent estre reuerées, louées, & aymées de ceux qui les contemplent: finablement l'amas de diuerses formes. Car aussi les tenebres seront preposées à la lumiere, & la mort sera en plus grād pris & recommendation, que la vie. Nul esleuera les yeux au ciel: mais celuy qui seruira à Dieu de tout son pouuoir, sera reputé comme homme insensé: & celuy au contraire qui n'aymera, ny ne craindra Dieu, sera estimé sage & prudēt, le furieux fort, l'inique homme de bien. Car l'ame auecques ce qui est au tour d'elle, au moyen dequoy est née immortelle, & a confiance & espoir de pouuoir à quelquefois obtenir l'immortelle & perdurable vie, non seulement sera estimée mocquerie, mais aussi vanité & mensonge. Croyez d'auantage, qu'il sera pareillement constitué vn peril portant peine de mort, ou pour le moins d'infamie, à celuy, qui s'adonnera à seruir Dieu de tout son cueur & enten-

*Les tiltres du monde.*

*Tenebres preposées à lumiere.*

*Il semble que il descriue en ce lieu le tēps de l'Antechrist, & le supplice des*

## DE LA VOLONTÉ

*martyrs soubs les tyrans.*
*Mat. 10.*
*Ioan. 9. 16.*

entendement. Et seront establies nouuelles ordonnances, coustumes, & ceremonies, auecques vne nouuelle loy, pour punir ceux qui feront ce que dessus. Il ne sera ouy, receu, ne creu, aucune chose sainte touchant le ciel, ou de ce qui est en iceluy. Il se fera pareillement vne separation pitoyable, & estrangemēt douloureux des dieux d'auecques les hommes, & seulement les ma-

*Les malings espritz.*

lings espritz auecques eux demeureront. Lesquelz meslez auecques humanité, contraindront les poures miserables à toute outrecuydance, presumption, orgueil, & temerité: & leur prestant la main, les inciteront à se combatre, rapiner, & deceuoir les vns les autres. Finablement à tout ce qui est à la nature des ames contraire. Alors ne consistera la terre en son poix &

*Le deffault des elemens.*

mesure, ny ne perseuera en sa production accoustumée. On ne pourra aussi semblablement singler sur mer en aucune maniere: ny ne se maintiendra le ciel, selon le cours des astres, ny le cours & reuolution des planettes pourra en soy consister. On n'osera pareillement tenir propos de Dieu, ne de sa diuinité, pour l'urgente necessi-

*La sterilité & corruptiō de la terre.*

té, qui sera lors de se taire. Le fruict de la terre, se corrompra, & n'apportera tant que de coustume. L'air defaillera de sa vigueur, & deuiendra moindre qu'au parauant par vne endormisson triste & langoureuse. Adonc auieillira le

*La vieillesse du monde.*

monde totallemement. La vieillesse duquel serà tout mespris d'honneur diuin, & desarroy de tout bien. Quand doncques sera tout cecy aduenu, ò Asclepe, lors le tout puissant seigneur Dieu, pere, & temperateur du monde, regardant sur les meurs & faictz volontaires des hômes, & par sa volonté inuestigable, & non equiparable iustice, resistera aux vices, & destournera l'erreur corrompant tout le monde: pacifira aussi toute malignité par vne rauine & deluge d'eau, ou la consumera par feu, ou luy mettra fin par pestilentieuses maladies, espanduës en diuers lieux: & par ainsi reduyra le monde vniuersel, en son ancienne figure. De maniere qu'il semblera encore comme parauant, le monde estre digne de tout honneur: ensemble le facteur & restaurateur d'vn tel œuure en son estat pristin (qui est Dieu) sera celebré, & exalté de loüanges, & continuelles benedictions, par ceulx qui pour lors seront au monde. Car ceste restauration du monde, laquelle se fera apres la reuolution de quelque temps, sera vne reformation & amendement general de toutes bonnes choses, & vn moult sainct renouuellement de toute nature, laquelle est, a esté, & sera sans nul commencement sempiternelle. Car defaict aussi la volonté diuine, dont elle depend, n'a nul commencement: mais est tousiours pareille, sans variation, & en tout & par tout eternelle. ASCLE. Ainsi le pensay-ie Trismegiste, pour autant que la na-

*Le regard de Dieu sur les iniques.*

*La restauration du monde.*

*La volonté diuine.*

la nature de Dieu, eſt le conſeil de ſa volonté, ce que n'eſt autre choſe, que bonté ſouueraine. TRISMEG. Il te fault entendre, Aſclepe que ſa volonté n'aiſt de ſon conſeil, & que ſon vouloir procede de ſa volonté. Car eſtant tres plein de toutes choſes, & ayant ce qu'il veult, ne peut rien vouloir fort affectueuſement. Or veult il tout ce qui eſt bon, & obtient tout ce qu'il veut, & tout ce qu'il penſe & veult, eſt bon. Qui fait que le monde ſoit l'image de ſa bonté. ASCL. A' ceſte cauſe doncques le monde doit eſtre dit bon, Triſmegiſte. TRISMEG. Ouy bon, Aſclepe, comme te le donneray à entendre. Premierement tu dois ſçauoir, que tout ainſi que Dieu eſt le diſpenſateur de tous biens, tant du ſens comme de l'ame, & de la vie, à toutes & chaſcunes eſpeces & genres qui ſont au monde, que le monde auſſi eſt collateur de tout chãgement & alternation des choſes, à ſçauoir, des fruictz temporelz, de naiſſance, de toute augmétation & accroiſſement, de maturité, & telz ſemblables. Dieu neantmoins eſtant par deſſus la cyme du plus hault ciel, eſt en tous lieux, & regarde toutes choſes de toutes partz. Car de faict il y a par deſſus le ciel vn lieu, ou ny a point d'eſtoilles, eſtant reculé de toutes choſes corporelles. Il y a d'auantage vn diſpenſateur & gouuerneur entre le ciel & la terre, lequel vulgairement appellons Iupiter. Sur laquelle terre & mer, domine

*D'ou prouiẽt la volonté de Dieu.*

*Le monde image de la bõté de dieu.*

*Que dieu eſt en tout & par tout.*

*Erreur paganique, ſi nous ne diſõs que cecy ſe fait par participatiõ du ſouuerain dieu.*

mine vn autre, que nommons Iupiter Plutonique, lequel est aussi le nourrissier de tous mortelz animaulx, & autres choses portans fruict. Par la vertu & puissance desquelz dominateurs, tous fruictz & fruictiers, & la terre semblablement sont viuifiez & vegetez. Mais les vertuz & effectz des autres gouuerneurs, sont parcialisez par toutes les choses, qui ont estre. Or seront à quelque fois distribuez, & departiz pareillement ceux qui dominent, & maistrisent sur nostre terre, & seront colloquez en vne cité au commencement d'Egypte, qui sera edifié vers Orient, à laquelle tout l'humain genre accourra, de toutes parts, tant par mer que par terre. ASCLE. Maintenant ou sont ilz, Trismegiste? TRISMEGISTE. Ilz sont en la grande cité, au mont de Lybie. Soit iusques icy narré des dieux.

L'argument du dixiesme chapitre.

*Le dixiesme, mentionne de la mort, & de l'examination de l'ame, apres qu'elle est issuë de ce corps. il dit semblablement, que ceux aux quelz par iustice est ostée la vie conuaincuz par les loix humaines pour leurs meffaictz, sont plus griefuement puniz que les autres: au contraire que Dieu donne support & ayde aux iustes. Il traicte aussi de la diuinité du Soleil, & du monde, le descriuant estre le premier*

mier Dieu sensible, le Soleil second, disant que le monde sera eternellement sans corruption aucune. Mais nous Chrestiens qui sommes enseignez de la verité par la mesme verité, n'attribuons iamais au Soleil ny au monde l'incommunicable nom de Dieu, & croyons de ferme & inuiolable foy, le monde, quant à sa figure, deuoir passer vne fois. Parquoy ces parolles d'Hermés entenduës ainsi qu'elles sonnent simplement, portent quelque semblent de l'erreur des Payens. Mais trop bien leur atribuõs nous diuinité par participation, comme aux excellentes & magnifiques œuures de Dieu.

### Chapitre X.

*Comment se faict la mort.*

Vant à ce qui concerne mortalité, & immortalité, il fault en disputer maintenãt. Au moyen qu'il y en a plusieurs ignorans de vraye raison, tourmentez en leur esprit, de l'espoir & crainte qu'il ont de mourir. Or auant toutes choses conuient entendre, que la mort se faict par la dissolution de l'ame & du corps lassé de trauailler, & du nombre parfaict & accomply, par lequel sont les membres du corps adaptez & conioinctz en vn organe pour les vsances vitalles. Car lors se meurt le corps, quãd il ne peult plus porter ny endurer les choses vitales. Voyla dõc que

que c'est que la mort à sçauoir, la desliaison de l'ame & du corps, & destruction des sans corporelz. Qui faict que la craincte d'icelle, soit superflue, & ne serue à riens. Mais il y en a bien vn autre plus à craindre, laquelle ou l'ignorance, ou incredulité humaine, ha en mespris & nonchalloir. ASCL. Qui est elle Trismegiste, celle qu'il ignorent, ou se desfiêt pouuoir estre? TRISM. Entend le, Asclepe. Tu doibs sçauoir, que deslors que l'ame est separée du corps, le iugément & inquisition de son merite, tombe en l'arbitre du Princes des anges: lequel s'il la trouue iuste, & sans aucune macule, il luy permet demourer es lieux à elle competās. Au contraire s'il la trouue entachée de vices de peché, la pousaint rudement de hault en bas, la baille à grandes tourmentes, tempestes, & tourbillons de vent, de feu, & d'eau contrarians les vns aux autres. Et ainsi entre ciel & terre, est rauie, & iectée de costé & d'autre, des vagues mondaines & à tousioursmais de peines eternelles tourmentée. Et d'autant quelle est par sentence eternelle adiugée & submise à vn iugement eternel, aussi est elle plus griefuement tourmentée, & la sentence luy est plus facheuse à porter. Au moyen dequoy congnois Asclepe, & entends falloir bien craindre cecy, & se tenir sur sa garde, de pœur d'estre en tel inconuénient enueloppé. Car ceulx qui ne le veulent croire, pendāt que

*Que la mort ne doit estre crainćte.*
*Isa. 51.*
*Mat. 10.*
*Luc. 12.*

*De l'examination de l'ame apres qu'elle est separée du corps.*

*La peine des damnez.*
*Iob. 24.*
*Mat. 25.*
*2. Pet. 2.*

*Doctrine de bō chrestien*

O ilz

## DE LA VOLONTÉ

ilz sont en ce mortel monde, & qui pour aucun admonnestement & exhortation qu'on leur face, ne desistent de commettre telz delitz, seront contraintz le croire non par parolles & menaces, ainçois par exemples, & souffrace de peines & tourmetz. ASCL. Il fault donc dire, ó Trismegiste, à ce que ie puis entendre, que les delictz & offences, que commettent les hommes, ne sont pas toutes punies par la seulle loy humaine. TRISME. Non, Asclepe. Car tout ce qui est terrien, est pareillement mortel. Et à ceste cause, tout ce qui vit par raison corporelle, & deffault à quelque fois de viure par la mesme loy corporelle, & pour ses demerites est à penes condempné, est asseruy à d'autant plus rigoureux & aspres supplices apres sa mort, qu'a cause des choses esquelles s'estoit plus ententifuement appliqué, n'a esté puny adonc qu'il viuoit. Car Dieu par sa diuinité sçachāt tout auant l'aduenir, rendera peines & tourments à vn chacun, comme la qualité de leurs delictz le merite.

ASCL. Qui sont ceulx qui meritent les plus griefz & penibles tormētz, Trismegiste? TRIS. Ceulx qui sont condempnez à la mort par les loix humaines, & perdent la vie violentement. En sorte qu'ilz semblent estre mortz non pas selon nature, ains par les peines qu'ilz endurent à cause de leurs merites. Ce que au contraire est le reconfort & ayde de l'homme, qui tousiours

*Finalle impenitēce & obstination en peché.*
*Eccl. 8.*

*Dieu rendra à chacun selon sa deserte. Mat. 16. Ro. 2.*

*Endurer la mort iniustement pour le nom de dieu,*

se maintient en la craincte, obeïssance, & amour *est vn grād*
de dieu. Car Dieu ha continuëllemēt en sa gar- *reconfort à*
de telles gens, & les deffend de tous maulx in- *la personne.*
conueniens & oppressions quelconques. Au 1. Pet, 4.
moyen que luy estāt le pere & seigneur de tou
tes choses, & le seul tout, se manifeste à tous volontiers. Non qu'il se donne à congnoistre, en *Dieu ne seco-*
quel lieu il reside, ou en quel il soit quant à sa *gnoist point*
qualité, ou combien il est grand quant à sa quan- *quant à sa*
tité, magnitude, excellence, & haultesse: ain- *substance.*
çois esclercist, & illumine l'homme par la seule
intelligence de son entendement, affin qu'il
entende ce qui se peult congnoistre de luy. Lequel (toutes tenebres d'erreur premierement
dechassées de l'ame, & la clerté de verité venüe
en elle) se mesle auec le sens de son intelligence, laquelle est diuine. Pour l'amour & merite *L'esperance*
de laquelle, l'homme deliuré de la partie de na- *de l'hōme.*
ture, au moyen de laquelle est mortel, conçoit
fiance, & prend appuy, sur la partie de future
immortalité. Ce que certes est en quoy gist la
difference & distinction des bons, & des mau-
uais. Car chacū est clarifié & illuminé de Dieu, *Diuine illu-*
par la recōgnoissance, amour & obeïssance qu'il *mination.*
faict & doibt à Dieu, & à son prochain, quasi
comme l'œil apres auoir veu & contemplé la
vraye raison de quelque chose. Et l'assurāce de *Excellence*
sa foy, est d'autant plus excellente, & meilleure *de la foy de*
sur celle de tous autres hommes, que le Soleil *vn homme*
O ii. ex- *de bien.*

excelle & surpasse tous les autres astres, par sa clerté. Car en ce que le Soleil donne lumiere aux autres estoilles, cela ne se faict pas tant par la grandeur de sa puissance, que par la diuinité, & saincteté, laquelle est en luy. Et par ainsi il te fault croyre, ò Asclepe, estre le second Dieu gouuernant toutes aultres choses, & donnant clarté & lumiere à tous animaux de ce monde ou qu'il soient animez ou sans ame. Car si ainsi est que cest animal, que nous appellons le monde à esté au passé, & est de present, & sera à l'aduenir viuant, à tousioursmais, il fault aussi pareillement dire & conclure, n'estre rien en ce monde qui soit mortel. Car il ne se peult faire, que mortalité ayt lieu en ce qui tousiours vit en ce monde, ou en quelque partie d'iceluy, pour autāt qu'elle procede d'vn mesme animans tousiours viuant. Parquoy il doibt estre consommé, parfaict, & accomply tant en vie comme en eternité, si ainsi est qu'il viue necessairemēt à perpetuité. Tout ainsi doncques que le Soleil est comme le monde sempiternel, aussi est il pareillement tousiours gouuerneur de toutes choses viuantes, ou plus tost de tout viuacité, & leur peupleur, & dispensateur. Dieu donc (pour toute resolutiō) est le perpetuel gouuerneur & conducteur, de tout ce qui obtient vie en ce mōde, & l'eternel distributeur de leur vie. Lequel à vne fois pour toutes distribué vie à toutes choses

*Le Soleil second Dieu sensible, par participatiō du souuerain*

*Qu'il n'y a rien mortel en ce mōde.*

*Le Soleil sempiternel, & maistre de toute viuacité.*

*Il prouue que le monde iamais ne perira parce que il est meu en la viuacité d'eternité.*

ses viuantes, par vne loy eternelle, en la maniere que ie diray. Car en premier lieu, en ceste viuacité d'eternité est meu le monde, & en ceste vitalle eternité, gist le lieu du monde. Ce qui est la cause, pour laquelle il ne pourra iamais perir, pour autant qu'il est enuironné & comme remparé de ferme & stable sempiternité. Il est donc le distributeur de vie a tout ce qui est en luy, & le lieu de tout ce qui est regy & gouuerné soubz le Soleil. Le mouuement duquel monde consiste de double effect. Car premierement il est exterieurement viuifié par eternité, & si viuifie toutes choses qui sont en luy, les diuersifiant toutes de nombres, & de temps limitez. Vniuersellement, par la vertu & effect du Soleil, & discours des estoiles: Temporellement, par la prescription de la loy diuine. Quant au temps terrien, il est cogneu par la qualité de l'air, & diuersité du chauld & du froid. Mais le celeste, s'apperçoit par le tour & reuolution des astres, recourans en leurs mesmes & acoustumez lieux, par vn changement temporel. Au regard du monde, il est receptacle du temps, par le cours & agitation duquel, il obtient sa force & vigueur. Mais le temps est conserué par son ordre. L'ordre doncques & le temps, font le renouuellement de toutes choses de ce monde, par leur alternation & varieté.

*Le mouuemēt du monde de double effect.*

*Le temps terrien.*
*Le temps celeste.*

*Ordre & temps.*

O iij L'argu-

DE LA VOLONTE'

L'argument de l'vnziesme chapitre.

L'vnziesme dit, qu'il n'y a que Dieu seul, qui soit immobile, que toutes autres choses sont muables, & subiettes à corruption: mais quant à luy qu'il est infiny, incomprehensible, inestimable, & incogneu quant à son essence. Il traicte pareillement de l'incorruptible, inuiolable, & sempiternel sens de Dieu, de celuy du monde & de l'homme, & finablement de la difference qu'il y a entre le sens & intelligence.

### Chpitre XI.

*Dieu seul entre toutes choses immobile & immuable.*
*Nu. 23.*
*Mala. 3.*
*Iaco. 1.*

Toutes ces choses doncques estant telles, conuient dire & conclure, qu'il n'y a rien stable, aresté, ny immobile, tant en ce qui prend naissance en ce monde, que en toutes autres choses celestes, & terriennes. Car Dieu seul, & iustement seul, est totalement plein & parfaict en soy, de soy, & à l'entour de soy. Et de luy mesme prouiet sa ferme stabilité, sans pouuoir estre meu de son lieu, par impulsion & contraincte d'autruy, atendu qu'en luy seul sont toutes choses, & qu'il est luy seul en toutes. Si quelqu'vn ne vousist dire, sa motion estre en eternité. Mais

*Eternité immobile.*
plustost doit on dire, ceste eternité estre immobile,

bile, en laquelle recoulle l'agitation & mouuement de tous temps, & de laquelle ilz prenent leur source & origine. Dieu doncques a esté, est, & sera à tousiours stable, ayant tousiours quant & soy eternité, & le monde, qui n'a point esté né (lequel droictement nous appellons intelligible) dedãs soy. Dout vient que ce monde, cõme estant l'image de Dieu, est fait imitateur d'eternité. Mais le temps encores que il se mouue sans cesse, ce nonobstant il obtient la force & nature de sa fermeté, par la mesme necessité de retourner en soy. Parquoy iaçoit que eternité, soit stable, immobile, & fixe, ce neantmoins à cause que le temps est mobile, son mouuement aussi se replye tousiours en eternité, qui est la cause que ceste mobilité se tourne & se faict au moyen du temps: tellement qu'il semble que eternité, laquelle est seule immobile, soit meuë par le temps, auquel est & consiste icelle agitation, & tout autre mouuement. Qui faict à presupposer que la fermeté d'eternité soit meuë & agitée, & la stable mobilité du temps se face par la fixe loy, de courir & tourner incessamment. En ceste sorte peut on croyre pareillement, que Dieu se meult en soy mesme par semblable immobilité. Car l'agitation immobile de sa fermeté, gist en sa haultesse: au moyen que telle agitation est l'immobile loy de sa maiesté. Parquoy ce qui est tel, qu'il ne

*Le mõde qui n'a point esté né.*

*La fermeté d'eternité meuë.*

O iiii puisse

## DE LA VOLONTE'

*Tout ce qui ne peult estre aperçeu par noz sens, est infiny, & incomprehensible, comme dieu, & eternité.*

puisse estre submis à noz sens, est totalement infiny, incóprehensible, inestimable, & ne peut estre soustenu, ne porté, ny encerché par humain esprit. Car il est incertain dont il est, ou il y a, ou il est, ou quel, ou comment il est. Au moyen qu'il est porté en vne supreme & souueraine fermeté ayant mesme en soy ceste fermeté, ou que soit Dieu, ou eternité, ou l'vn ou l'autre, ou que l'vn soit en l'autre, ou l'autre en soy mesme. Qui est cause que eternité, est sans limitation, ou diffinition de temps. Mais le temps à

*Eternité, sás limitatiõ ou diffinition de temps.*

l'occasion qu'il peut estre expliqué & determiné par nombre, ou par changement & variation, ou par ce qu'il retourne par le circuit & cours d'autruy, il est aussi eternel. Il semble doncques par ce poinct que l'vn & l'autre (à sçauoir temps & fermeté) est eternel & infiny. Car fermeté cóme estant fixe, à fin qu'elle peusse soubstenir les choses mobiles, obtient à bon droict à cause de sa stabilité, la principauté & préeminence.

*Dieu & eternité, le cómencement de toutes choses, Psal. 100. Ioan. 18. Colo. 1. Apoc. 1.2. l es sens de dieu. Sap. 7.*

Car Dieu & eternité, est le commencement de toutes choses. Mais le monde, d'autant qu'il est mobile, n'a nulle principaulté, n'y eminence. Car sa mobilité preuient sa fermeté, contre la loy d'eternelle agitation ayant immobile fermeté. Pour autant doncques que le sens de diuinité, est entierement immobile, il se meult soy mesme, en sa propre & naturelle fermeté. Lequel certes, est sainct, incontaminé, impollu sans

cor-

corruption, & eternel, & tout ce que l'on pourroit plus excellentement dire, ou penser. C'est pareillement vne eternité, consistant en la volonté du hault & souuerain Dieu, tres plein, tres parfaict & accomply en toutes choses sensibles, & de toute discipline, consistant (par maniere de dire) en Dieu. Quant au sens du monde, il est receptacle de toutes choses sensibles, especes, & disciplines. Mais l'humain, consiste en la force retentiue de la memoire, pour autant que l'homme a souuenance, de tout ce qu'il a faict. Car celuy de Dieu, s'abessant de sa hautesse & maiesté, paruient iusques à cest animal seulemét qui est l'homme, & se mesle auecques luy sur toutes autres creatures. Car Dieu aussi n'a voulu, que ce souuerain sens de diuinité fust meslé auecques toutes choses qu'il a crées, de peur que il ne dedaignast la mixtion auecques tous autres animaulx. L'intelligence doncques du sens humain, de quelle qualité ou quantité qu'elle soit gist totalement en la memoire & recordation du passé. De maniere que l'homme au moyen de ceste vertu retentiue de memoire, à esté faict & ordonné gouuerneur sur toute la terre. Or quant à l'intelligéce de la nature, qualité & sens du monde, elle se peult euidemment apperceuoir par tout ce qui est sensible en iceluy. Le sens aussi qui a esté donné à eternité (laquelle est seconde apres Dieu) & sa qualité mesme, se

*Le sens du monde.*

*Le sens humain.*

*Que Dieu se communique à l'homme seulemét sur toutes creatures de ce monde*

*L'intelligence du sens humain, Ge.1. Psal.8.*

*L'intelligéce du monde.*

*Le sens d'eternité.*

co-

cognoiſt par le monde ſenſible. Mais l'intelligence de la qualité, & la qualité meſme du ſens du ſouuerain Dieu de nature, eſt la ſeule verité. De laquelle verité, on n'en cognoiſt rien en ce monde, ny l'ombre meſme, de la derniere ligne, qu'elle ayt. Car ou l'on en penſe bien cognoiſtre quelque choſe, par le compaſſement des temps, c'eſt adonc ou giſt tout menſonge. Et ou il y a generation, la voit on tout erreur, tromperie, deception, & foruoyement d'eſprit auoir lieu. Voy doncques Aſclepe, de quoy nous nous oſons entremettre de traiter. Parquoy, mõ ſouuerain Dieu, ie te rends graces, de ce qu'il t'a pleu m'illuminer de ta clerté & lumiere, à fin de pouuoir voir & entendre ta diuinité, maieſté, & hauteſſe. Au reſte, ie vous ſupplie affectueuſement vous Tatius, Aſclepe, & Ammon de tenir ſecret & cacher dedans le profond de voſtre cueur, ces diuins myſteres, que ie vous declare. Il fault auſſi que vous entendiez qu'il y a entre ſens & intelligence telle difference, que noſtre intelligence preuient l'intention de l'entendement, pour entendre & cognoiſtre la qualité du ſens du monde. Mais l'intelligence du monde, vient iuſques à auoir la cognoiſſance d'eternité & des dieux qui ſont ſur luy. Et ainſi aduient qu'entre nous hommes voyons ce qui eſt au ciel (entant qu'il nous eſt loyſible & permis, par la condition & nature du ſens humain)

*L'intelligēce de Dieu.*

*Qu'on ne cognoiſt riē au vray de la ſubſtance de dieu ſinõ que par ſoy.*

*Action de graces de Mercure, pour ſon illumination.*

*Difference entre ſens & intelligence.*

*Des dieux ce c'eſt à dire, des aſtres, ou des Anges.*

quaſi

quasi comme par quelque obscurité & esblouyssement d'yeux. Car ceste nostre estanduë & intention, est par trop estroite & debile, pour paruenir à la coutemplation de tant & si grandz biens. Au contraire fors large & ample, moyennant qu'elle les contemple par bonne, & entiere conscience.

### L'argument du douziesme chapitre.

Le douziesme declare, n'estre rien vuyde en toutes les choses de ce monde. Semblablement que les diables font demeure icy auecques nous à l'entour de la terre : mais à cause de leur trop grand subtilité sont à nous imperceptibles. Que les demydieux pareillement que l'on appelle en langue Latine Heroes & en la nostre Barons, c'est à dire hommes ayans quelque chose de vertu, plus que de l'hõme, font leur seiour en la pure partie de l'air. Il dit en apres que le seul nom de lieu, sans autre adionction est vne chose vaine & de nulle importance, pour autant qu'il appartient à quelque chose, sans l'intelligence de laquelle ne peult on entendre, que se puisse estre au vray: mais qu'il s'adapte à tout ce que l'on le veult faire rapporter. Il dit d'auantage que le monde sensible, auecques tout ce qu'il contient, est couuert & reuestu de l'intelligible, comme de quelque vestement, pource qu'il est en luy contenu. Il met pareillement la difference qu'il y a entre
les

DE LA VOLONTE'

les formes d'vn chacun genre vniforme, c'est à dire, de mesme forme & espece, si comme est le genre des hommes. Mais quant à nous qui sommes chrestiens, entendans la pure & entiere verité des choses, nous ignorons ce Dieu là, & le delaissons à la folie des Gentilz, si toutesfois aucuns y en a, qui soient encores detenuz de telles resueries, & radotent en chose si manifeste. Car (ainsi que tesmoigne saint Paul) il n'est qu'vn seul Dieu, pere & createur, dont toutes choses procedent, & nous en luy: & vn seul seigneur Iesus Christ, par lequel ont esté faites toutes choses & nous par luy. Il met les especes & formes, qu'il appelle Idées (desquelles Platon, & tous les Platonistes ont tant escrit) comme immuables, & inuariables, en ce Dieu qu'il appelle Pantamorphon, c'est à dire, ayant toutes formes & idées. Desquelles à toutes heures & momens, il forme vne chacune chose d'vne mesme espece, diuersement toutesfois. Quant à toutes autres choses, il dit qu'elles sont muables, comme le monde, le ciel, & la terre. Au surplus ie laisse à chacun à estimer ce que bon luy semblera, du Pantamorphon de Mercure, & de l'idée de Platon, & les mettre, si bon luy semble, entre choses fabuleuses, fainctes & controuuées à la poste des hommes.

1 Cor. 8.

Chapitre XII.

Or tou-

OR touchant ce que l'on dit estre vuyde, ce que aussi trouble maintes personnes, & leur semble estre quelque grand cas mon aduis est tel, ne se pouuoir faire, qu'il y ayt, ou ayt esté, ou soit à l'aduenir, chose telle, c'est à dire, qui soit vuyde. Et ce à raison qu'il n'y a rien, qui ne soit membre du monde, tres parfaict & consommé. Car autrement le monde ne seroit parfaict ny accomply en corps, diuersifiez de forme & qualité, comme nous voyons estre vray & vn chacun d'eulx auoir son espece & grandeur. Entre lesquelz l'vn est plus grand ou moindre que l'autre, en diuersité neantmoins de vertu, ou bien de foyblesse & tenureté. Dont les plus fortz & plus grandz, se voyent facilement, mais ceux qui sont plus minces & deliez, à grand'dificulté, ou totalement ne les voyt on. Lesquelz par atouchement tant seulement les cognoissons estre, & non autrement. Dont aduient, que plusieurs croyēt celà ne pouuoir estre corps ains quelques lieux vagues, ce que neantmoins est impossible. Car tout ainsi que ce que l'on dit estre vuyde, est hors le monde (si toutesfois celà peut estre quelque chose, car au regard de moy, ie n'y adiouste aucune foy)aussi pareillement est il dit, estre remply par le monde des choses intelligibles, c'est à dire, des choses accor-

*L'aduis de Mercure sur ce que l'ō dit estre vuyde.*

*Diuersité de tous les corps de ce monde*

*Les Epicuriēs, qui ont esté lōg tēps apres Mercure, mettoient deux commencemens de toutes choses, dont le premier nōmoiēt corps, & le second toute chose vuyde, c'est à dire l'espace*

## DE LA VOLONTE'

*ou estoiēt les dictz corps contenuz.*

cordantes à sa diuinité, ne plus ne moins que celuy monde que nous appellons sensible, lequel est tres plain de corps & animaulx, sortables à sa nature, & qualité. Desquelz, n'en voyons pas toutes les formes & figures, ainçois voyōs nous les vnes grandes oultre mesure, les autres tres briefues. Ce que certes se faict, ou pour raison de la longue distance & interposition des lieux ou par ce que nous auons la veuë esblouye, ou pour leur trop grande petitesse & minceté : tellement que quelques vns se deffient que celà puisse estre.

*Les diables font icy auec nous leur residence.*

Ce que i'entends dire des diables, lesquelz il cuyde habiter, & faire leur demeure ensemble auecques nous. Semblablement

*Les demydieux.*

des hommes ayās quelque chose de vertu plus que de l'homme, lesquelz ie croy pareillement faire residence par dessus nous entre la tres pure partie de l'air, & de la terre, ou n'ōt lieu brouée ny brouillard, ny neuës, ny ne si faict commotion par quelque mouuement de signes. Parquoy ò Asclepe, ie te prye ne dire n'y estimer, se pouuoir faire, que quelque chose puisse estre vuyde, si tu ne veux dire celà l'estre, lequel ne contient rien, comme nous disons cecy ou celà estre vuyde de feu, d'eau, ou de telles choses semblables. Ce que s'il aduient, sçauoir est, qu'il soit vuyde de telles choses, si est

*Que rien ne peut estre vuyde d'air ou de diuine influence.*

ce toutesfois qu'il ne le peult estre d'air, ou de quelque vertu diuine : ou que celà qu'on estime

me

DE DIEV. 112

me ainsi estre vuyde, soit petit ou soit grand.
Or en peult on autant dire de lieu, lequel nom *Lieu ne peut*
entre toutes choses, ne peult estre facilement *estre cogneu*
entendu, ny cogneu: Mais seulement l'entēd
on, par celà à quoy on l'applique, & le fait on
conuenir. Car le principal nom osté, se couppe
pareillement &se mutille sa signification & importance. D'ou vient que communément nous
disons le lieu de l'eau, le lieu du feu, ou de telles choses semblables. Car tout ainsi qu'il est
impossible, que quelque chose puisse estre vuyde: au cas pareil est il impossible de pouuoir
entendre & sçauoir que c'est que lieu seul. Car
si tu metz lieu, sans ce à quoy il appartient, il
semblera estre vuyde, que ie ne peux croyre
toutesfois estre & se trouuer au monde. Si donc *Que lieu ne*
ainsi est qu'il n'y ayt rien qui soit vuyde, aussi *se peult co-*
poreillement ne sçauroit on cognoistre que ce *gnoistre sans*
peult estre que lieu à part soy, sans l'adionction *quelque ad-*
de quelque autre chose, ou de longueur, ou de *ionction.*
largeur, ou de haulteur, ainsi que quelque signe au corps des hommes, pour les sçauoir distinguer, & cognoistre les vns des autres. Toutes ces choses doncques estans telles, ò Asclepe, & vous qui estes icy presens, sçachez tous,
que le monde intelligible, & Dieu (lequel seulement se cognoist par le regard de l'entendement) est incorporel, & que nulle chose corporelle, ne se peult mesler auecques sa nature,
voire

voire qui se puisse cognoistre, par qualité ou quantité, ou nombre: car en luy rien tel ne cōsiste, ny ne peut eschoir. Ce monde doncques qu'on appelle sensible, est receptacle de toutes especes & formes sensibles, qualitez & corps.

*Rien n'avoir tant vigueur sans le souverain Dieu.*

Lesquelles toutes choses ne peuvent avoir force ne vigueur sans le tres hault & tres puissant Dieu. Au moyen qu'il est tout, & que de luy tout provient, & que par sa simple volonté tout est & consiste. Ce que certes n'est autre chose, que toute bonté, toute convenance, toute prudēce, toute chose qui ne reçoit imitatiō: mais laquelle est à luy seul sensible, & intelligible. Sās laquelle il n'y eust iamais rien, ny n'est de present, ny ne sera à l'avenir: par ce que tout vient de luy & consiste en luy, & par luy soyent les qualitez de tant diverses sortes, soyent les grandes quantitez & magnitudes, lesquelles excedent toute mesure: ensemble les especes vniformes. Lesquelles toutes choses ò Asclepe, si tu entendoys comme il appartient, aussi pareillement remercyrois tu leur autheur de toutes tes forces & vertuz, & luy rendroys graces de nous avoir faict participans de tant & si excellens biens. Si tu prenoys bien garde semblablemēt, & diligemment consideroys le tout & par tout: tu apprendroys aussi par vive raison, ce monde sensible auecques tout ce qui est en luy comptins, estre contenu du monde superieur, quasi tous

*Tout vient & procede de Dieu. Ro. II.*

*Le mōde sensible auecq' tout ce qui est en luy est revestu de l'intelligible par ce qu'en luy est contenu.*

côme d'vn veſtement. Car tout le genre de tous animaux ô Aſclepe, de quelque qualité qu'il ſoit mortel ou immortel, raiſonnable ou irraiſonnable, ayant ame ou n'en ayant point, ſelon qu'vn chacun a ſon genre, chacun auſsi pareillement poſſede l'image & forme d'iceluy gêre. Et combien toutesfois qu'vn chacun animal obtienne ainſi la vraye & entiere forme de ſon gêre, ſi eſt ce qu'vn chacun à part, eſt diſſéblable en icelle meſme forme. Ainſi que l'on voyt celuy des hômes, lequel ores qu'il ſoit d'vne & meſme forme à fin qu'il puiſſe eſtre cogneu par ſon vouloir & affectiô, ſi eſt ce neâtmoins qu'vn chacun à part ſoy, eſt en vne & meſme forme different de l'autre. Car l'eſpece, qui eſt diuine, eſt incorporelle, enſemble tous ce qui ſe comprend par l'entendement. Veu donc que ces deux cy, dont la forme & le corps conſiſtent, ſont incorporelz, il eſt impoſsible qu'vne chacune forme puiſſe naiſtre du tout ſemblable à l'autre, obſtant les poinctz, minutes, eſpaces, articles, & diſtances, tant des heures, comme des climatz, païs, & regiôs, ou l'on habite, ſi differentes, & loingtaines les vnes des autres. D'ou vient que leſdictes formes, & conditions de tous animaulx, ſe changent autant de foys, & auſsi ſouuent, qu'vne heure a de minutes du cercle circôcurrent, auquel eſt & preſide ce Dieu omniforme duquel auons traité cy deſſus. L'eſpece doncq' eſt

*Que tous hômes ſont diſſemblables tât en forme qu'en affectiô, & la raiſon.*

*L'eſpece de l'homme, incorporelle.*

*La diuerſité des mœurs, et conditions humaines.*

P

est permanente sans variation, autāt de fois engendrant de soy, si grandes & si diuerses images, & impressions, que le changement & reuolution du monde a de momentz. Lequel monde certes encores qu'il se muë en sa reuolution, si est ce que l'espece, ne se muë, ny ne se change iamais. Par mesme moyen aussi, les formes d'vn chacun genre, sont permanentes, à soy neantmoins en vne & mesme forme & espece dissemblables. ASCLE. Le monde doncques à ce point, muë & change son espece, Trismegiste? TRISMEG. Ne voys tu pas Asclepe, par ce que tu inferes, que i'ay autant gaigné à te dire ce que ie t'ay dit, comme si ie l'eusse recité à vn homme endormy? Qu'estimes tu que ce soit du monde ou de quoy il consiste, sinon de toutes choses nées? Tu veux doncques dire ce que tu dis du ciel, de la terre, & des autres elemens, comme ie pense. Car de faict toutes ces choses souuent changent leur espece. Nous voyons par euidente experience, que le ciel est maintenant humide, maintenant sec, tantost froit, tantost chault, maintenant cler, maintenant trouble en vne & mesme sienne partie. Ce sont ces especes cy Asclepe, qui sont alternatiues, estans puis d'vne sorte, puis d'autre. Et quant à la terre, elle a tousiours plusieurs & diuerses mutations de son espece, ou en produisant les fruictz, ou en les nourrissant: ou quand

*Que toutes choses sont muables fors leurs especes ou formes, que l'on appelle idées.*

*L'espece de la terre muable.*

quand elles faict variable, & diuerses qualitez, & quantitez, stations & discours en toutes sortes d'arbres, fleurs, odeurs, saueurs & menuz fruictz, comme lauriers, cormiers, allisiers, & semblables. Le feu pareillement faict plusieurs & diuers changemens. Car les images du Soleil & de la Lune se font en plusieurs sortes & manieres. Lesquelles aussi sont presque semblables à celles de noz mirouers, rendans telles semblances d'images, que la lueur du Soleil. Mais il sufist auoir iusques à present traité de telles choses. L'espece du feu.

L'argument du tresiesme chapitre.

Ce tresiesme est infectionné de pareille souilleure, que le neufiesme, auquel Mercure dit l'homme estre tres diuin, & tres admirable, en ce qu'il a trouué idolatrie, & inuenté la maniere d'inuoquer les diables, & les enfermer es statues & simulachres, & de leur faire sacrifices, & oblations. En quoy certes au contraire est l'homme meschant, & prophane, pour autant qu'il delaisse le souuerain createur, pour adorer les creatures. Il mentionne aussi d'Esculape, du grand Mercure son oncle, D'isis & Osiris, lesquelz des Egyptiens estoient lors adorez: ensemble des bestes, qu'ilz appelloient diuines, aux quelles aussi faisoient diuins honneurs & reuerences. Pareillement des herbes, pierres,

P iij        odeurs,

DE LA VOLONTÉ

odeurs, chantz, & accordz, dont ilz ſouloient capter la faueur des malings eſpritz, qui eſtoient dedans ces idoles, ſtatues, & images, Ce que en= encores quelque Phitoniſtes (ô ſiecle malheureux) ont accouſtumé faire, leſquelz penſent auoir des eſpritz familiers enclos dedans des anneaux, ou autres veiſſeaux. Qui eſt vne maniere de gens, tres impudentz, meſchantz, iniques & ennemys de Dieu & des hommes. Contre lequel malheureux erreur d'infidelité, eſcrit à bon droict ſainct Auguſtin, en ſon liure de la cité de Dieu, & les conuaincq de droicte verité & comme gens deteſtables, pleins d'horreur & abomination, les reiette.

### Chapitre XIII.

Retournons encores, à parler de l'homme, & de raiſon dont il participe, qui eſt vn don diuin, au moyen duquel eſt apellé ſur toutes autres creatures, le raiſonnable animal. Or combien que ce que auons dit de luy au deſſus ſoit admirable, ſi ne l'eſt il point tant en celà, que en ce qu'il a trouué, & inuenté nature diuine, & le moyen de la mettre en œuure. Car en celà, il ſurmonte l'admiration, & merueille, de toutes choſes admirables. Attendu doncques que noz anceſtres erroient grandement, en la foy d'vn Dieu,

*Le commencement de toute idolagrie.*

Dieu, & ne prenoient esgard à l'adoration, honneur, & reuerence qui luy est deuë, ilz ont inuenté l'art à faire nouueaux dieux. A' laquelle inuention, ont adiousté force & vertu conuenable, de la nature du monde, & l'ont meslée ensemble auecques la diuine. Et à l'ocasion qu'ilz ne leur pouuoiēt faire ame, ont cōtrainct celles des diables, ou des Anges de venir parler à eux, & les ont enfermées dedans les sainctes images & diuins mysteres, à celle fin, que par elles seules les idoles peussent auoir force & vertu de bien ou mal faire. Car ton ayeul, ô Asclepe, premier inuenteur de medecine, au nom duquel y a vn temple cōsacré sur le mont de Lybie, iouxte le riuage du fleuue des Crocodyles, auquel gist & repose son homme mondain c'est à dire son corps (car l'autre ou l'homme entierement, se c'est mieux iuger, l'homme total consiste au sens de la vie, est retourné au ciel) donne aussi tost maintenant ayde aux malades par sa diuinité, qu'il souloit adonc qu'il viuoit par l'art de medecine. ✶Hermes pareillement duquel ie retiens le nom que ie porte, venant de noz predecesseurs, n'est il pas ainsi qu'à l'inuocation de son surnom paternel il ayde, garde, & suruient à toutes gens, qui de toutes parts viennent à luy pour receuoir guerison? Isis semblablement femme d'Osyris, ignorons nous quants biens & faueurs, a coustume de donner

*Inuocation des diables.*

*Esculapius premier inuēteur de medecine.*

*✶Hermes oncle de Mercure Trismegiste, lequel nō vaut autant à dire cōme, interpreteur ou truchement.*

*Isis autremēt dicte Io, adorée en egypte en forme de vne vache.*

donner aux hommes, pourueu qu'elle ne soit irritée? Au contraire en quantes manieres, leur nuyst & les endommage, quand elle est despitée? Car de faict aussi il est aisé aux mondains & terrestres dieux de se courroucer, pour autāt qu'ilz sont faictz & composez des hommes, & hors nature. D'ou viēt qu'ilz sont appellez des Egyptiēs, sainctz animaulx, & qu'iceux adorent par toutes leurs citez les ames, de ceux qui ont esté dediez à ce faire, pendant qu'ilz viuoient. Tellement qu'ilz sont honnorez & reuerez de leurs mesmes loix, & nommez de leurs mesmes noms. Ce qui ne se faict pour autre raison ò Asclepe, sinon que ce qui semble que les vns deussent adorer & reuerer, enuers les autres se faict autrement. Qui est la cause que les villes & citez d'Egypte, ont coustume se irriter & prouoquer les vnes les autres par mutuelles guerres. ASCLEPIVS. Et de ces dieux terriens, qu'elle est leur qualité, Trismegiste. TRISME. Elle consiste d'herbes, Asclepe, de pierres, d'odeurs, senteurs, & parfumtz, ayans en eux vertu naturelle de diuinité. Dont vient qu'ilz se delectent de continuelz sacrifices, d'hymnes pareillement & loüanges, auecques doux sons resonans à la façon de l'harmonie celeste. A'fin que ce qui est celeste attraictes idoles, par vsage & frequentation celeste, peust durer longuement ioyeux, & endurer d'humanité. Et par ainsi

*Les bestes que les Egyptiens adoroiēt le tēps passé.*

*Les choses dōt vouloiēt estre honorez les dieux d'Egypte.*

ainsi l'homme est inuenteur des dieux. N'esti- | *Il veut enté-*
mes pas neantmoins ó Asclepe, que les effectz | *dre par ces*
de ces dieux terriens, soient casuelz. Les dieux | *dieux cele-*
celestes, font leur seiour lassus es cieux, vn cha- | *stes les astres*
cun d'eux acomplissant & contregardant tous- | *ou les diuins*
iours son ordre. Mais ceux cy, qui auecques | *espritz qui*
nous resident, ont garde chacun à part de quel- | *les cōduysent*
que chose, en predisant maintenant ce qu'il | *que les philo*
doit aduenir par sort & deuination, tantost en | *sophes appel*
pouruoyant à quelques autres choses, & leur | *lent: diuins*
aydant & secourant selon leur pouuoir: & ain- | *moteurs des*
si par vne doulce alliance, & amyable affinité, | *cieux.*
aydent, entretiennent, & conseruent les choses
humaines.

## L'argument du quatorziesme chapitre.

*En ce chapitre, Mercure traicte des fatalles de-*
*stinées, lesquelles il appelle Imarmenis, necessité,*
*& ordre. Les vns leur donnent autres noms, &*
*les nomment, Clotho, Lachesis, Atropos. En quoy*
*n'ont moins resué les Ethniques, qu'en leurs au-*
*tres dieux, qu'ilz ont inuentéz, les faignant faire*
*ces grandes merueilles, desquelles sont farciz tous*
*leurs liures. Mercure toutesfois en parle sebrement*
*& soubz couuertes parolles, & quasi à deux en-*
*tentes, comme si ces trois cy estoient la presinition*
*ou predestination de l'entendement diuin, que ne-*
*cessité des choses suyt, à fin qu'elles soient: lesquel-*

les finablement estans, sont par ordre cõtregardez ainsi qu'il est par divine, & eternelle loy de Dieu ordonné, & arresté. Tellement que par Imarmenis est entendu divine predestination : par necessité, la suyte & consequence des choses predestinées : & par l'ordre, leur conservation. Ces troys cy doncques, sont ou la loy divine, ou tout ce qui suyt l'ordre & contexte de ladicte loy, ensemble ce qui contient la continuation des causes definies, & conditionnées selon nature. Il dict neantmoins que fatalle destinée, permet aussi es choses cõtingentes quelques causes indifinies, & non determinées contre nature. Ie laisse toutesfois à l'opinion & fantasie des autres, à en faire iugement.

Chapitre XIIII.

ASCLE. Si doncques ainsi est (comme tu dis) que les dieux celestes, dominent sur tout generallement, & que les terrestres ont soing & intendence d'vne chacune chose à part, en quelle partie de raison, aurõt lieu les destinées fatalles? Ou qu'est ce que nous apellons fatalité. TRIS. Icelle est la necessité de tout ce qui se faict, ó Asclepe, estant tousiours à soy cõioincte par neuz, & lyaisons s'entrelassans, & concatenans ensemble. Ceste cy doncques, est celle qui faict toutes cho-

*Diffinition de fatalle destinée dont a vsé puis apres Chrysippus.*

choses, ou bien le souuerain Dieu, ou celuy qui a esté de luy faict second Dieu, c'est à dire le monde, ou certes la prescience de toutes choses tant celestes que terriennes, arrestée & confermée par les diuines loix. Ceste fatalle destinée doncques, est auecques necesité conioincte, d'vne conionction & lyaison inseparable. Dont la premiere à sçauoir destinée fatalle, engendre les commencemens de toutes choses, lesquelles puis apres necesité contrainct venir à l'effect & yssuë de ce qui est ordonné par ceste fatallité. Lesquelles deux, ordre ensuyt, c'est à dire, le contexte & presinition du temps des choses lesquelles se doiuent parfaire & accomplyr. Car il n'y a rien sans composition de quelque ordre: qui faict que le monde soit parfaict & consommé en toutes ces choses. Au moyen qu'il est porté par ordre, ou qu'il consiste d'ordre en tout & par tout entierement. Ces troys cy doncques à sçauoir destinée fatalle, necesité, & ordre, sont faictes, & se font principallement par le vouloir & permission de celuy qui gouuerne tout le monde par sa loy & raison diuine. Tout vouloir doncques par ce moyen & repugnance, est detournée diuinement de ces troys. Car iamais ilz ne s'esmouuent ny d'ire, ny de courroux, ne pareillement sont flechiz à grace ou à faueur: ains tout leur faict, est d'obeyr à la necesité de la raison eternelle. La-

*La conionction de fatalle destinée, auec necessité.*

*La perfectiõ du monde, cõsiste en ce qu'il est maintenu d'ordre.*

*L'efficace & vertu des fatalles destinées.*

quelle

quelle est telle, qu'elle ne se peult euiter, ne destourner: mais est immobile, inuariable & indissoluble. Premierement doncques ordonnance diuine: ainsi comme vne terre ensemencée, reçoit la propagation de toutes choses lesquelles doibuent aduenir. Laquelle necessité ensuyt secondement, par laquelle sont contrainctes lesdictes choses necessairement, venir à leur effect & execution. Ordre tient le tiers degré, lequel garde le contexte & tissu, de tout ce que destinée & necessité disposent. C'est doncques icy eternité, n'ayant fin ne commencement: mais estant fixe par vne loy immuable d'aller & de venir, est maintenüe & contregardée d'vn mouuement eternel. Et si d'auantage elle naist & s'estainct souuentesfois par membres alternatifz, de sorte que apres le changement & mutation de quelques temps (selon qu'ilz sont variables) elle resourd de rechef, par pareilz & semblables membres qu'elle estoit estaincte. Car telle est la raison de la rondeur voluble (c'est à dire de toute la fabrique de ce monde) que toutes choses sont si fort entremeslées & concatenées ensemble, qu'on ignore & ne sçayt on que c'est que du commencement de sa volubilité & circuition, pour autant qu'il semble que toutes choses continuëllement se precedent, & s'entresuyuent. Quant à cas d'auenture, & sort, ilz sont entremeslez auecques

*Ordonance diuine, ou fatalité.*

*Necessité.*

*Ordre.*

*Eternité.*

*La volubilité de toute la fabrique du monde.*

*Cas d'auenture.*

tout

DE DIEV. 118

tout ce qui est en ce monde.

L'argument du quinziesme chapitre.

En ce quinziesme, Mercure fine son dialogue auecques deuote action de graces. Et apres que tous quatre, à sçauoir Mercure, Asclepe, Ammon, & Tatius (lesquelz estoient en cest conclaue ensemble cōuenuz pour entendre le sermon de Mercure) ont adoré & rendu graces à Dieu, s'en vont prendre leur repas sans aucun appareil de viandes, selon la religieuse forme de faire des Egyptiens. Et ainsi fine le second liure de Mercure Trismegiste Hermes, de la volonté d'e Dieu.

Chapitre XV.

Ous auons traicté (mes amys) de toutes choses, tant diuines, que naturelles, en tant qu'il nous a esté loysible par humaine fragilité, & qu'il a pleu à Dieu, & nous a permis faire. Qui faict que de present, il ne nous reste plus, sinon que en louant & priant Dieu, nous nous reposions, & refectionnions. Car au regard de nostre esprit, nous l'auons rassasie, en traitant ainsi amplement des choses diuines, comme de sa propre & peculiere pasture. Or apres qu'ilz sont sortiz

*La propre et naturelle pasture de l'ame.*

DE LA VOLONTÉ

sortiz du conclaue auquel s'estoient assemblez, si tost qu'ilz ont commencé à faire leur prieres à Dieu, ilz ont tourné leurs faces vers mydi. Car le Soleil tendant au declin, si quelque Egyptien à vouloir de prier Dieu, il tourne sa face vers occident, comme quand il se lieue vers orient. Ainsi doncques qu'ilz faisoient leurs prieres & supplications à Dieu, Asclepius a tout bas aduerty Tatius, d'eux deux reduyre à memoire leur pere, de commander faire à Dieu leurs prieres auecques parfuntz & odeurs. Ce qu'entr'oyant Trismegiste, leur fist responce, que les souueraines incensions des choses odoriferantes, desquelles se delectoit Dieu estoient, quand les hommes luy rendoient action de graces pour tous ses biens. Et pour ceste cause, qu'en le mercyant, le conuenoit ainsi adorer.

*La forme que tiennent les Egyptiens à prier dieu.*

*Que Dieu sur toutes choses requiert le cueur de celuy qui le prie.*
Mat.6.

### Action de graces de Mercure.

Nous te rendons graces, ô hault, souuerain, & excellent seigneur Dieu, en ce que par ta singuliere & specialle grace, auons eu si parfaicte clarté de ta cognoissance, sans l'auoir enuers toy desseruy. Ton nom est sainct, honorable, magnifique, & digne de toute loüange,
par

*Le nom de Dieu.*
1.Par.29.

par lequel toy seul Dieu doibs estre (comme il t'appartient) exalté, & magnifié de reuerence, honneur, & obeïssance paternelle, en ce qu'il te plaist, nous faire tant de grace, de nous instruyre & enseigner, à t'obeïr, honorer, & aymer, comme nostre naturel pere: & à faire toute autre chose (si quelque vne y a plus doulce, & amyable, & de plus grande vertu, que celle là) quand tu nous donnes sens, raison, & intelligence. Sens, à fin que nous te cognoissions. Raison, à fin que t'encerchions par eleuation d'esprit, & admiration. Intelligence, à fin qu'en nous informant de toy par cognoissance, nous nous delections en toy. Et entendans que nous sommes sauuez par ta puissance, nous nous esiouyssions en toy. Et en ce que tu t'es totallement à nous demonstré nous prenions ioye & & liesse. Ioinct que nous as estimez dignes, estás encores situez en ce corps caduc & mortel, d'estre destinez à eternité. Car la vraye esiouyssance humaine, n'est autre, que la cognoissance de ta hautesse & maiesté. Nous t'auons cogneu, & pour ceste cause la parfaite lumiere, par seule intelligence sensible. Nous t'auons entendu ô vraye voye de vie, ô fertile generation de toutes choses crées. Nous t'auons cogneu, ô tres plein de conception de toute nature. Nous t'auons cogneu perseuerance eternelle. Parquoy en toute ceste oraison, adorans le bien de ta bôté,

*Psal.*8.47.
110.
*Isa.*9.12.
*Dan.*3.
*Mala.*1.
*Mat.*6.
*Phil.*2.
*Heb.*1.
*Act.*4.
*Apo.*19.

DE LA VOLONTÉ

*Aucuns e-* té, te prions seulement, qu'il te plaise nous vou-
*stoient entre* loir sauuer & garder, & donner tousiours per-
*les Egyptiés,* seuerance en l'amour de ta cognoissance, & que
*qui pour leur* ne soyōs iamais retirez de ceste forme de viure.
*viure n'e-* Ce que de tout nostre cueur souhaictans, nous
*stoiēt iamais* en allons prendre nostre repas ✳ sans aucun a-
*la vie à cho-* pareil de viandes.
*se qu'ilz eus-*
*sent.*

Fin des dialogues de Mercure Trismegi=
ste Hermés.

En espoir & silence, force.

Recueil

# RECVEIL DE QVEL-
## QVES LIVRES DE MERCVRE
### QVI NE SE TROVVE AVX EXEMPLAI-
res Latins, par feu monsieur Strobeus, &
depuis mis en langue Françoise par
ledict Gabriel du Preau.

Que celà est seulement vray, qui de soymesme est
iuste, permanent, immuable, non consistant de
la matiere, ny contenu de corps, sans couleur,
sans figure, & sans alteration, qui
est vn Dieu seul. Mercure à
son filz Tatius.

IL est impossible, Tatius, que l'homme, qui est vn animal imperfect, consistant de membres imperfectz, & reuestu d'vn corps constitué de plusieurs & diuers corps, puisse asseurément & au vray parler de la verité. Toutesfois en tãt qu'il m'est possible & licité d'en dire ce que il m'en semble, i'ose affermer, que la seule verité ne consiste qu'es corps eternelz, & enco- | *En quoy gist*
res en ceux la seulement qui sont vrays corps. | *& consiste*
Comme nous voyons que le feu, n'est autre cho- | *verité.*
se que feu : la terre, autre chose que terre : &
l'air, autre chose qu'air. Or consistent noz corps

de

de toutes ces choses icy. Car ilz participent du feu, de la terre, de l'air, & de l'eau. Et si ne sont toutesfois ny feu, ny terre, ny air, ny eau, ny autre chose qui soit vraye. Parquoy si nostre constitution des son commencement mesme n'a compris la verité, comment se pourra il faire, que nous puissions, ou veoir ou parler au vray de la verité? Dont fault conclure Tatius, que tout ce qui est sur terre, n'est point verité, mais sont seulement imitations & approchemés de ce qui est vray: & ny mesme encore toutes ces choses, dõt nous parlõs, ains seulement quelques vnes d'entre elles. Quant à toutes autres choses mon filz Tatius, elles ne sont que mensonge & erreur, fantasies, & opinions, non plus ne moins, que quelques simulachres & illusions. Mais quand l'influxion tombe d'en hault en la fantasie, lors se fait vne imitatiõ de verité: au contraire sans l'efficace supernelle, il ne demeure en elle que mensonge. Tout ainsi que nous voyons que vne image monstre bien certes le corps de la peincture, encore que elle ne soit le corps tel que l'imagination de la peincture le represente. Et bien qu'il semble qu'elle ayt des yeux & des oreilles, si est ce neantmoins qu'elle ne voit, ny n'oit aucunement. Et ainsi de toutes autres choses representées par la peincture, lesquelles toutesfois sont toutes faulses, & deçoiuent la veuë de ceux qui les regar-

*Que toute creature n'est qu'imitatrice de verité.*

*Inspiration diuine pour apprehender verité.*

gardent, leur semblant qu'elles soient vrayes, ores qu'à la verité elles soient faulses. Or tous ceux qui ne voyent point le mensonge, voyent la verité. Tellement que si nous pensons, ou voyons vne chascune de ces choses, comme elle est à la verité, nous pensons & voyons choses vrayes: si celà se fait oultre ce qui est, nous ne penserons ny ne sçaurons chose qui soit vraye. TAT. Et doncques mon pere, la verité ne sera elle pas aussi en terre? MERC. Tu ne te trompes pas sans occasion, mon filz. Mais Tatius, il te fault entendre, que verité n'est aucunement en terre, ny ne se peult faire qu'elle y soit. Toutesfois il se peult faire, que quelques hommes, aux quelz Dieu a donné faculté de pouuoir cõtempler les choses diuines, ayent apprehension de la verité. Autrement il n'y a rien en terre, qui se puisse offrir vray soit à la pensée, soit à la raison: mais toutes les choses que la raison ou pensée estiment estre vrayes ne sont qu'opinions, & imaginations. TAT. Et penser, ou parler choses veritables, celà ne se doit il pas aussi appeller verité? MERC. Que s'ensuyt il? Est il possible de pouuoir dire, ou penser les choses qui de soy mesme sont & consistent? Or n'y a il rien en terre qui soit tel. TAT. Est il possible qu'il n'y ait aucune cognoissáce du vray? MER. Et comment celà se pourroit il faire en la terre mon filz? Car de fait verité est vne vertu sur toutes

*Voir & penser les choses à la verité, que c'est.*

*Que verité n'est és choses faites & creées.*

*Qu'il n'y a que ce qui cõsiste de soymesme cõme Dieu, qui soit vray.*

*Que c'est que verité.*

tes autres la tres parfaite & accomplie, & le fouuerain bien mesmement, n'estant ny troublé par la matiere, ny enuironné de corps: estant vne chose nuë, reluysante, immuable, autentique, sans alternation & vicissitude, bref le supreme bien. Au contraire les choses qui sont icy mon filz, ce peult il faire qu'on les voye garnyes d'vn si grand bien: attendu qu'elles sont corruptibles, passibles, dissolubles, & lesquelles s'alterent incessamment, & se conuertissent les vnes aux autres? Et par ainsi les choses, qui d'elles mesmes, ne sont vrayes, comment pourroient elles simplement estre vrayes? Car tout

*Ce qui reçoit changement n'est que mensonge.*

ce qui reçoit changement & alteration, n'est que mensonge, ne s'arrestant point en ce dont il resort: ains nous representant par son changement & mutation plusieurs fantasies deuant les yeux, les vnes d'vne sorte, les autres d'autre. TAT. Comment, mon pere, ny a il rien qui soit vray, ny l'homme mesme? MERC. En tant qu'il

*Que l'hôme n'est pas vray.*

est homme, il n'est pas vray, mon filz. Car il fault que tu entendes, qu'il ny a que celà vray qui de soy seul, & par soy seul a, & demeure en sa qualité. Mais l'homme, consiste de plusieurs choses, & ne demeure pas par soy mesme, ains se change d'vn aage en autre, d'vne forme en autre, & ce encore residant en ce corps.

*Ignorance de l'homme*

De là vient que plusieurs n'ont cogneu quelque peu de téps apres, leurs propres enfans, ny les

les enfans leurs parens. Celà donc qui se change en telle sorte, qu'il ne se cognoist plus, peut il estre vray Tatius? Et au contraire ne doibt il pas plustost estre appellé mensonge, veu qu'il verse & gist en diuerses fantasies de chågemens? Parquoy estimes celà seul estre vray, qui à tousioursmais est permanent, & iuste. Ce que l'hõme n'est tousiours, dont viet qu'il n'est pas vray: ains plustost est quelque imagination; estant par ce point le souuerain mensonge. TATIVS. Voudriez vous doncques conclure par celà, mon pere, que les corps eternelz ne fussent vrays, à l'occasion qu'ilz sont muables? MERC. Certainement toute chose engendrée & muable, n'est pas la vraye: & combien que les corps eternelz faitz & créés par le premier pere de toutes choses, puissent bien auoir receu de luy vne vraye matiere, si est ce qu'ilz contiennent en eux mesmes quelque chose de mensonge, à cause de leur mutation : Car en toutes choses qui puissent estre, il n'y a rien vray, si en soymesme n'est permanent. TAT. Si tout ce que vous dites est vray, mon pere, aussi ne sera ce pas mal dit, si le Soleil, qui sur toutes choses du monde ne se change, ains demeure en luy mesme, est appellé verité: MERC. Ce n'est que bien dit Tatius, d'autant que l'operation de tout ce qui est au monde, luy a esté de Dieu commise commandant à toutes choses, & les faisant toutes:

*Celà seul qui est tousiours permanēt est vray*

*Que les corps celestes mesmes ne sõt vrays.*

*Cõmēt le Soleil peult estre appellé chose vraye.*

Q ii lequel

lequel aussi ie honore, & en adore la verité, & recognois seul maistre & operateur de tout ce qui se fait au monde, apres le seul premier, qui est Dieu. TAT. Qu'appellez vous doncq' mon pere, la premiere verité? MERC. Celuy là seul & vnique, Tatius, qui ne participe point de la matiere, ny n'est compris de corps: ains est sans couleur, sans figure, non subiect à mutation ou alteration quelconque, de soy permanent. Tu dois sçauoir mon filz, que mensonge perit, & desiste d'estre à quelque fois. Car la prouidence du vray a occupé par corruption toutes choses terriennes, & les enueloppe, & enueloppera. Car de fait generation ne peult estre sans corruption. Et si corruption ensuyt toute generation, à fin qu'elle soit de rechef engendrée. Car il fault de necessité que toutes choses engendrées, ayent leur production des corrompuës, & que les engendrées soient puis apres corrompuës, de peur que la generation ne cesse. Recognoys doncques le premier facteur de toute production. Il se fait doncques que toutes choses procrées de corruption, soiét fauses & abusiues, d'autant qu'à quelquefois les vnes se font, les autres par autres interualles. Car elles ne se peuuent faire toutes ensemblement. Ce que doncques n'est ny vn, ny semblable, comment pourroit il estre vray? Parquoy mon filz, il fault toutes ces choses appeller i-

*Que c'est que la premiere verité*

*Prouidence de verité. Psal. 101. Hebr. 1.*

*Toutes choses procrées de corruptiõ faulses & abusiues.*

ma-

maginations, si nous les voulons droictement nommer: à sçauoir, l'homme, la fantasie de l'essence humaine, l'enfant de l'enfant, le iouuencel du iouuencel, le viril du viril, l'ancien imagination & fantasie de l'ancien. Car au vray dire l'homme n'est pas homme, ny l'enfant enfant, ny le iouuencel iouuencel, ny le viril viril, ny l'ancien ancien : mais le changement & mutation des choses nous deçoit, comme celles qui estoient au parauant, & celles qui sont de present. Or pour toute resolution, mon filz toutes ces choses doibuent estre ainsi entendues, de sorte que tu te recordes, que ces faux effectz dependent d'en hault de la supreme verité ce que estant ainsi, l'ose dire que mensonge est œuure de verité.

*Les effectz de toutes choses dependēt de la souueraine verité.*

### Le mesme à son mesme filz.

### Qu'il est difficile de sçauoir que c'est que Dieu.

C'Est chose fort difficile, mō filz de sçauoir & entendre que c'est que Dieu, & impossible de le pouoir declarer par langue humaine. Car vne chose incorporelle, ne peult estre signifiée & declarée par la corporelle: & ce qui est perfect estre

*Chose incorporelle ne peult estre cōprise par la corporelle*

Q iii

estre compris de l'imperfect: & ce qui est eternel, mal ayſément ſe conioinct auecques le temporel. Car ceſtuy paſſe à quelquefois, & l'autre eſt touſiours en ſoy & de ſoy permanent. Auſsi que le temporel eſt adumbré de l'imagination, & l'eternel eſt & conſiſte à la verité. Or y a il autant de difference de l'imbecille au fort, & de l'inferieur au ſuperieur, qu'il y a d'vne choſe mortelle à la diuine. De ſorte que l'interualle qui eſt entre ces choſes cy obſcure, & esblouiſt la viſion de la beauté. Et par ainſi les choſes corporelles peuuent eſtre apprehendées des yeux, & les viſibles eſtre prononcées de langue humaine: mais ce qui eſt incorporel, inuiſible, & ſans aucune figure, & qui ne conſiſte de la matiere, ne peult eſtre cogneu ny apperceu par noz ſens. Parquoy, mon filz Tatius, i'entends, i'entends dy ie, Dieu eſtre vne choſe, qui ne ſe peult dire, ne declarer.

*Nulle proportion de la choſe parfaicte à l'imparfaicte.*

*Dieu ne ſe peut dire ne declarer.*

## LE MESME.

### Que c'eſt que Mort.

OR fault il maintenāt dire quelque choſe de la mort. Car d'elle, comme de quelque grand mal, ſont pluſieurs troublez, au moyen qu'ilz ignorēt que c'eſt. La mort doncques n'eſt autre choſe,

*La mort.*

chose, que la desliaison du corps amorty & defaillant, à sçauoir quand le nombre des ioinctures du corps est accomply. Car le nombre de icelles est mis en la congruë & decente constitution d'iceluy corps. Lequel meurt lors qu'il ne peut plus porter l'homme. Voylà doncques que c'est que la mort, à sçauoir la desliaison du corps, & abolition des sens corporelz.

ESCVLAPIVS AV ROY AMMON
des difinitions,

De Dieu,
De la matiere,
De fatalité,
Du Soleil,
De l'essence intellectuelle,
De l'essence diuine,
De l'homme,
De la prouidence & perfection des estoilles,
De l'homme faict à l'image de Dieu.

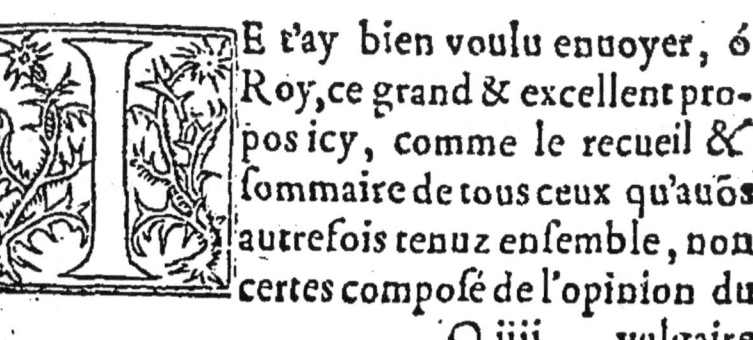

IE t'ay bien voulu enuoyer, ó Roy, ce grand & excellent propos icy, comme le recueil & sommaire de tous ceux qu'auōs autrefois tenuz ensemble, non certes composé de l'opinion du vulgaire

DE LA VOLONTE'

vulgaire, ains contenant raisons toutes diuerses & opposites à celles de plusieurs. Et qui est tel, qu'il te semblera, à mon aduis, ne s'acorder à quelques autres de mes disputes. Et aussi Mercure mon maistre conferant souuentesfois auecques moy tant en priué, qu'en la presence de son filz Tatius, disoit qu'il aduiendroit que ceux qui liroient mes liures, en iugeoiēt la structure & style de parler fort simple, aperte, & aysée à entendre: mais qu'à l'ocasion de la dispute des choses contraires, l'estimeroient obscure, & auoir en soy vn sens fort hault, & caché souz le contenu des parolles. Et principallemēt lors que les Grecz entreprendroient traduyre nostre langue en la leur: chose qui apporteroit vne merueilleuse ruine, destruction & obscurité à noz escritz. Car en nostre oraison expliquée par nostre langue, le sens est fort apert, & facile à entendre, pource que la forme & maniere de la voix & la vertu des motz Egyptiens, obtient en soy l'efficacité & importance des choses qui se disent. En tant dōcques qu'il t'est possible, ò Roy (or ne t'est il rien impossible) ie te prie de te donner garde, que nul n'interprete ce present traicté, que ie t'enuoye, de crainte que ces secrets ne viēnent à la cognoissance des Grecz, & que par l'arrogante, dissolue, & comme fardée maniere de parler d'iceux, la grauité, force, & efficace des parolles contenues

*Iugemēt & approbation de Mercure touchant les escrits de Esculapius.*

*Grecz curieux des liures Egyptiens.*

nuës en ce propos, s'aneantisse. Car les Grecz, ô Roy, quant à leur langue ne se plaisent qu'à nouuelleté, & ne gist qu'en ostentation: de sorte que toute leur Philosophie n'est seulemẽt qu'vn son de parolles. Mais au regard de nous, nous ne nous soucions pas des motz: ains seulement de la haulte energie des voix, laquelle cõprenne grandes choses. Ie commenceray donc icy mon propos en inuocant Dieu, le seigneur facteur & pere de toutes choses, contenant tout & qui estant toutes choses, n'est qu'vn: & n'estant qu'vn, est toutes choses. D'autant que le cõble & perfection de toutes choses, n'est qu'vn & ne consiste qu'an vn: non certes qu'il faille dire qu'il y ayt vn autre secõd vn: mais que l'vn & l'autre n'est qu'vn. Et par ainsi il te plaira, Sire, de retenir de moy ceste sentence & opinion, par tout le traicté de ce propos. Car si aucun pensast n'estre autre chose de dire toutes choses, & vn, & se voulsist parforcer de diuiser en multiplicité d'vn toutes choses, & ne les raporter au comble & perfection d'iceluy pensant deuoir estre ainsi appellées (chose qui ne se peut faire) en les tollissant l'vniuersel deuiendroit à neant. Car il fault qu'vn soit toutes choses, d'autant qu'elles sont en luy. Or sont elles: & les choses qui sont, ne desisteront iamais d'estre vn, à fin que les comble soit deliure. Cõsidere en la terre plusieurs sources d'eaux & de feu

*La langue Grecque ne gist qu'en ostentation.*

*Inuocation de Dieu au cõmencemẽt de toutes choses.*

*Que Dieu n'estant que vn, est toutes choses.*

*Exẽple pour mõstrer que Dieu est toutes choses.*

DE LA VOLONTÉ

feu, toutes yssantes des parties interieures & occultes d'icelle, & en ce mesme troys diuerses nature, du feu, de l'eau, & de la terre, qui toutes dependent d'vne mesme racine: d'ou aussi a on creu, que là estoit la retraicte & receptacle de toute la matiere: d'autant que de là en sourd l'affluence, & que puis apres en reçoit d'ailleurs plus loing la perpetuité. En ceste sorte aussi l'ourier, & facteur de toutes choses apres Dieu (J'entends dire le Soleil) tousiours auallant son essence du ciel en terre, & par elle esleuant la matiere, & attirant entour soy, & à soy toutes choses, & les distribuant puis apres de soy toutes à toutes, donne par ce moyen & espand abondamment sa lumiere à vne chacune d'elles. Car aussi est il celuy, duquel toutes bonnes actions paruiennent non seulemet du ciel en l'air mais en la terre pareillement, voire iusques au plus bas, & grande profondité d'icelle. De façon que si en luy est aucune essence intelligible, la masse d'icelle est telle, que la lumiere est sa retraite. Mais de sçauoir dont elle est faite, ou la part qu'elle influe, celuy seul en a la cognoissance, qui pour sa viuinité tant de lieu, que de nature, ne s'apperçoit point de nous, ains est entendu seulement par coniectures contraintes Combié que telle aperceuance & regard, ne procede pas du coniecturant: ains de celuy seul qui de toutes pars tres clerement regardant, en ui-

*Le Soleil, ou urier & facteur de toutes choses de ce monde, apres Dieu.*

*L'essence du Soleil.*

uironne tout le monde superieur. Car aussi ce Soleil est colloqué au mitan, portant le monde comme vne couronne, & comme vn bon chartier asseurant le cours d'iceluy, & le liant à soy, de peur qu'il ne desarroye ou foruoye de son cours. Ses brides sont la vie, l'ame, l'esprit, immortalité, production, & naissance. Il fait donc qu'il soit porté non loing de soy, ains auecques soy, pour dire à la verité ce qui en est. Et en ceste maniere nous le disons fabricateur de toutes donnant aux immortelles vn repos eternel. Espādant à largesse autāt de sa lumiere à la cōuersion superieure, que de l'autre part il regarde le ciel, & nourrist les immortelles parties du mōde: & autant qu'estant d'autre part occupére luisant toutesfoys de toutes pars, il rend vitale en ses géres & changemens, & meut ceste vniuerselle estenduë & capacité d'eau, de terre, & d'air. Et, à la façon du lierre qui ne porte aucun fruict, nōmé vulgairement Helix, changeant & transformant en diuerses especes de genres & deformes les animaulx qui sont en toutes les parties du monde, diuersifiant le changement d'vne chacune d'elles, ne plus ne moins que faict és grands corps le supreme facteur & ouurier de toutes choses. Et aussi le repos d'vn chacun corps, n'est que changement, indissoluble certes quant à la chose immortelle, mais dissoluble quant à la mortelle. Et en celà consiste la difference

*Le Soleil colloqué au milieu des cieux.*

*Exemple du lierre, qui ne porte aucun fruict.*

## DE LA VOLONTÉ

*L'influence du Soleil.*

rence qu'il y a de l'immortel au mortel, & au contraire, du mortel à l'immortel. Et tout ainsi que la lumiere d'iceluy est frequente, aussi est frequente l'infusion de sa vie, & non cessante soit en lieu, ou en abondance. Et auecques ce à la semblance d'vne grosse armée, il est enuironné d'vne infinité de Demons, qui sont demeurans auecques luy & l'acompaignent, ne differans pas beaucoup des immortelz, mais estans en ce lieu colloquez pour administrer les choses humaines, & executer les commande-

*L'office des Demons.*

mens de Dieu par tourbillons de vents & tempestes, fouldres, tonnairres, esclers, & tremblemens de terre: & finablement pour faire la vengeance de l'impieté des hommes par guerre, & famine. Ce qui est le plus grand vice qui puisse estre es hommes enuers Dieu. Car l'office de

*L'office de Dieu, & des hommes.*

Dieu, est de bien faire: celuy des hommes, est de sainctement & deuotement le reuerer & honnorer: celuy des Demons, de executer sa vengeance. Car tous delictz humains prouien-

*D'ou procedent les delictz des hommes.*

nent ou d'erreur, ou d'audace, ou de necessité, dicte autrement fatalité, ou d'ignorance. Lesquelles toutes choses ne tombent point en reprehension enuers Dieu: la seule impieté

*Impieté.*

est subiecte à supplice. D'auantage le Soleil est le conseruateur & nourrissier de tout genre: & tout ainsi que le monde intelligible, embrassant le monde sensible, le remplit de diuerses
formes,

formes, & de choses omniformes: aussi le Soleil embrassant toutes choses qui sont au monde, leur engendre la masse, & infuse la force & vigueur d'engendrer toutes choses, & à celles qui sont lasses & qui defaillent, li leur preste son ayde. Soubz luy est constituée l'assemblée, ou pour mieux dire, les assemblée des Demons. Car ilz sont en grand & divers nombre colloquez d'ordre au dessoubz des estoilles, en pareille quantité qu'elles. Qui faict qu'estans en ceste ordonnance composez, obeïssent à vne chacune estoille, garnys de bonnes & mauuaises natures, c'est à dire, actions. Car l'essence du Demon, n'est qu'action. Mais fault entendre, qu'entr'eux y en a aucuns temperez de bien & de mal. Ceux cy ont la puissance des choses terriennes, & de tous troubles qui s'esmouuent en terre, & excitent diuerses perturbations es Citez & nations, & en particulier les vns contre les autres. Car ilz contrefont & attirent à eux noz meurs & volontez, iusques à resider mesme en noz nerfz, moëlles, venes, artetes, cerueau: & mesme venans iusques aux intestins. Car des l'instant de nostre naissance, & que l'ame est infuse au corps, les Demons prennent la charge d'vn chascun de nous, ayans cest honneur d'auoir l'administration de nostre origine & natiuité, & mesme ceux qui ont esté deputez à vne chacune estoille. Car iceux sont

*L'assemblée des Demons*

*L'essence du demon.*

*Les demons contrefont les meurs & volontez des hommes*

chan-

DE LA VOLONTÉ

*Changemēt des demons.* changez en vn moment, & ne demeürent pas touſiours en leur eſtre, ains ſont agitez par vne conuerſion. Ceux cy doncques entrans par le corps es deux parties de l'ame, vn chaſcun la *Raiſon en l'homme.* pouſſe & induit à ſa propre action. Toutesfois la partie de l'ame, qui participe de raiſon, n'eſt point ſubiecte au commandement & domination de ces Demons, ains ſeulement eſt y doine à receuoir Dieu. Qui faict que celle partie de l'ame, qui participe de raiſon, eſt illuſtrée & illuminée du rayon de Dieu par le Soleil. *Rayon de Dieu.* Mais entre tous il y en a peu qui ne ſoient ſubiectz aux Demons. Nul deſquelz ny des dieux meſme n'a puiſſance à l'encontre de l'vnique rayon de Dieu. Quant à tous autres, ilz ſont menez & tranſportez par les Demons, ſe delectans que leurs corps & ames ſoient agitez par leur impulſion, & par charité embraſſans leurs actions. En quoy leur raiſon, & non pas leur cupidité eſt deceuë, & deçoit. Et ainſi ces Demons gouuernent toute ceſte adminiſtration terrienne, & ce par noz corps, comme par quelques inſtrumens & organes. C'eſt ce que *Fatalité administratiō des demons.* Mercure appelle fatalité, à ſçauoir l'adminiſtration de ces Demons. Par ainſi il fault conclure que le monde intelligible deſpent de Dieu, & le ſenſible de l'intelligible. Par leſquelz deux mōdes intelligible, & ſenſible. Le Soleil eſpēd l'influence de bien, c'eſt à dire, de procreation,

la-

laquelle il reçoit de Dieu. Il fault sçavoir enaprès, que huict cercles entournoient le Soleil, tous tenãs & depẽdãs de luy: l'vn desquelz n'est au nombre des errans, les autres six en sont, & le huictiesme enuirône la terre. De ces cercles dependent les demons, des demons les hommes: qui fait à dire que toutes choses & tous dependent de Dieu, & que Dieu est le pere de tous, le Soleil le facteur, le monde l'instrument de naissance & production. Le ciel pareillemẽt est gouuerné par l'essence intelligible: le ciel gouuerne les dieux: & les demons subiectz aux dieux, gouuernẽt les hommes. Voylà l'exercite des dieux & des demons. Dieu par l'operation de ces deux se procrée toutes choses: & par ce point toutes choses sont quelques particules de dieu. Que si elles sont toutes particules de dieu il conuient conclure que Dieu est toutes choses. Et par ainsi procreant toutes choses, il se procrée aussi luy mesme, ny ne cessera iamais, atendu que luy mesme ne peult oncques cesser. Et tout ainsi que Dieu n'a point de fin, aussi n'a sa production fin ne commencement. Chose que si tu entends, Sire, tu entendras aussi pareillement toutes choses incorporelles apartenir aux corporelles. Qui sont elles? dira le Roy. Les corps qui apparoissent es miroirs, ne te semblẽt ilz pas estre choses incorporelles? La chose est telle Tatius. Tu entends celà diuinement, dit le Roy.

*Huit cercles entournoyãs le Soleil.*

*Commẽt est le ciel gouuerné.*

*Que toutes choses sont particules de Dieu*

*Les corps qui paroissẽt es miroirs sont choses incorporelles.*

Roy. D'auantage, il y a encores autres choses,
*Les Idées in-* qui sont incorporelles, comme ce qu'on nom-
*corporelles.* me Idée, c'est à dire, especes. Ne semblent elles pas incorporelles, quand elles apparoissent
au corps, non seulement des choses animées,
mais de celles aussi qui sont sans ames? C'est biē
parlé. Tatius Elles sont telles es corps des cho-
*Que c'est* ses incorporelles, comme de celuy des incorpo-
*que Idée.* relles en celuy des corporelles, c'est à dire, vne
repercution du monde sensible en celuy qui est
intelligible, & de l'intelligible en celuy du sen
sible. Parquoy, ô Roy, adore les signes, d'autant
qu'ilz contiennent les formes prouenantes du
monde sensible. Et ainsi le Roy se leuant, dit: O'
diuin prophete, i'ay maintenant quelque affaire, demain nous traiterons du parsus.

FIN.

# DIALOGVE DE LOYS
LAZAREL, POETE CHRESTIEN,
à Ferdinand Roy, intitulé le Bassin
d'Hermés : auquel il traite la
maniere de cognoistre Dieu
& soymesme.

Aprés auoir esté si long temps en doubte, entre tant diuerses & differétes opinions de plusieurs anciens & modernes, quelle voye nous falloit tenir pour la meilleure & plus seure pour nous conduyre à la vie perdurable: ou par quel moyen ceste tant doubteuse & tresbuchante foy, pouuoir s'affermir en ce mortel manoir, à fin de quelque fois acquerir l'eternel repos, & perpetuelle felicité : lors qu'en chagrin ie faisois à Dieu prieres, auecques pleurs & gemissemens, ayde finablement, & confort du ciel ne m'a defailly, de celuy, qui en tel desarroy presta sa main auxiliatrice à sainct Pierre. De celuy, dy ie, lequel auant tous siecles fist & crea le monde, & qui apres auoir esté corrompu par toute lubricité, l'a restauré par l'oblation & sacrifice de son propre corps. Et qui estant le grand ambassadeur du hault & inuestigable conseil diuin, esclarcist les entendemens de sa

R saincte

Ephe. 5.
Heb. 9. 10.
Isa. 9.
1 Tim. 2.
Act. 10.
2 Cor. 1

saincte lumiere. Et estant finablement le prince de toute paix, la moyennée entre Dieu & l'hõme, au parauant discordans. Lequel de bouche & de cueur confessons, estre vray Dieu, & vray homme, & le pere du siecle futur, que nous attendons iuge des mortz. Luy doncques qui estoit Pimander en l'entendement d'Hermés, a voulu faire en moy son seiour, & qui est l'eternel consolateur de tous espritz troublez, à esclercy le myen entendement de la lumiere de verité, dont ay esté grandement consolé. Qui faict que i'estime estre raisonnable, ó illustre & magnanime Roy, de te faire participant de ma felicité. Et ce à l'occasion principallemēt, qu'en ceste tienne vieillesse t'estant dechargé de la penible administration de ton royaulme, & l'ayant commise à ton filz aisné, & par ce poinct estant de present à repos de corps & d'esprit, t'employes de tout ton cueur à contemplation, & maintes autres bonnes & louables affaires. Parquoy te voyant estre de loysir maintenant, & à ton ayse sans crainte ne soucy, & par ce moyen idoyne à receuoir quelque consolation spirituelle, i'ay bien voulu passer quelques heures auecques toy, & te communiquer mon aduis sur le propos pretendu, c'est à dire, de la maniere que nous deuons garder, pour paruenir vne fois à ceste heureuse & perdurable vie. Ou certes ne fault estimer, qu'en ce faisant fant i'eſtudie à l'elegāce des vocables, ainſi que les Grecz, ains à leur effect, comme les ſaiges d'Egypte. Car nous eſplucherons la vertu ſeulement & importance du mot & non ſa proprieté, par quel moyen pourrons acquerir ce ſouuerain bien, que debuons ſur toutes choſes appeter. Adonc dit le Roy. Or ſus doncques, dy nous ce qu'il nous fault faire pour obtenir ceſte felicité. L A Z A. Premierement tu ne ignores point (comme i'eſtime) auoir eſté redigé par eſcrit des anciens, comme vne fois entre autre quelqu'vn conſultant l'oracle d'Apollo, touchant ce que nous traictons(c'eſt à dire touchāt la felicité & beatitude) qu'il luy fuſt faicte telle reſponce: Si tu te cognois. Enſemble qu'il eſt ſellé, & engraué en pierre à l'entrée de ſon tēple, en ceſte maniere. Cognoys toy toy meſme. L E  R O Y. Tu veulx donc par celà inferer qu'il fault adiouſter foy à Apollo delphiquin, Lazarel? L A Z A. Non pas touſiours Sire, ains ſeulement quand il dit choſe accordante à verité. Car de faict il dit maintes choſes veritables en ſes oracles. De maniere que ſi nous voulons feuilleter Porphyre en ſa philoſophie des Oracles, nous trouuerons pour le certain, la choſe eſtre telle, comme ie dy. Mais en delaiſſant le ſurplus, mettons en euidence ce que l'oracle a exprimé, touchant icelle beatitude. Il dit doncques ainſi.

*Les Grecz & Egyptiēs*

*Oracle d'Apollo.*

R ii  Il n'y

## DE LA COGNOIS. DE DIEV

*Il n'y eut chemin oncques tant difficile*
*A cheminer, que celuy de vertu.*
*Tant qu'a nully reciter n'est facile,*
*Comment en luy on est souuent perdu.*
*Egyptiens l'ont premier entendu:*
*Les Pheniçoys, Assiriens aussi*
*L'ont puis cogneu: mais sans erreur ne si*
*Le peuple Hebreu, de l'esprit incité,*
*L'a tout esleu, & comme vray choysi.*
*Dont à bon droict, il doit estre imité.*

A il chose plus accordante à verité, que cest oracle? LE ROY. Il me semble ainsi. Mais dy moy, ie te prie, si les Egyptiens ont gousté quelque chose de verité. LAZA. Non seulement en ont gousté, ò sire, ainçois s'en sont presques excessiuement remplys. Mais en laissans les autres, que dirons nous d'Hermés? Lequel apres auoir cerché le droict sentier de vraye sapiéce, a delaissé à ses successeurs amples enseignemés, & liures, qu'il a escrits, sinon de hault style, de sentences toutesfois notables & authentiques. D'ou (ainsi qu'aucuns coniecturent) sapience a esté aux Hebreux transportée. Car ilz pensent d'autant que Moyse estoit Hebreu, & né en Egypte, aussi qu'il l'ayt transportée d'Egypte, aux Hebreux, par la Pentateuque. Et de faict nous lisons aux actes Apostoliques, qu'il estoit tres expert en toutes les disciplines des Egypti-

*(marginalia : Les Egyptiens. Hermés. Moyse. Exo. 2. b.)*

gyptiens. LE ROY. Tu me sembles, ó Laza- Act# 7.
rel, estre tout Hermetiste, tant tu l'extolle de
louanges: comme si nul iamais auroit esté plus
sage que luy. LAZA. Ie suis Chrestien, Sire, &
si n'ay honte de me dire Hermetiste. Car si diligemment tu consideres ses preceptz & enseignemens, le confermeras toy mesme n'estre de
beaucoup reculé de la doctrine Chrestienne.
C'est celuy, ó magnanime Roy, que les anciens
Poëtes, ont dit auoir esté engendré de Maïa, &
qu'ilz ont appellé truchement & ambassadeur
des dieux: le Dieu d'eloquence, inuenteur de
la harpe, parfaict finablement & accomply en
maintes autres prerogatiues. C'est celuy, duquel
toute l'ancienne Theologie, a tiré son origine
& commencement. Car quand nous nous tairons de plusieurs liures par luy faictz & composez, lesquelz se sont perduz par l'iniure des
temps, y a il chose plus diuine, que ceulx que
nous auons entre mains? Es quelz certes il a si
parfaictement & au vif escrit de la saincte Trinité, qu'il n'y a nul, qui (moyennent qu'il l'entende) ne s'esiouysse en le lisant d'auoir trouué
l'entiere & pure verité d'icelle. Ce qui est cause, que i'ay voulu que ce present traicté, fust appellé le Bassin d'Hermés. Au moyen que ce
que auons deliberé traicter en iceluy, par diligente inquisition, touchant la vraye felicité, le
puiserons tant de la doctrine euangelique, que

R iii    des

des preceptz & enseignemens d'Hermés. LE
ROY. Poursuys doncques. Car i'ay affectueux
vouloir d'ouyr & entendre, ce qu'as promis de
declarer. Et encores que ie soye Chrestien, si ay
ie neantmoins espoir ensemble auec toy d'estre
faict Hermetiste. LAZA. Demande doncques,
Sire, seulement ce qu'auras desir d'entendre, &
te satisferay en tout & par tout, pour mon possible. LE ROY. Toute superfluité de parolles
reiectée, il fault venir au poinct, ou nous pretendons. Dy moy donc, le moyen, de me pouuoir
cognoistre. LAZA. Premierement Hermés vne
fois interrogant sur celà Pimander, luy fut faite
telle responce. Ayme moy de tout ton cueur &

*Hermés.*

entendement, & te rendray sçauant & expert,
en ce que tu as vouloir de sçauoir & apprendre.

*Ioan. 15.*

Et mesme la verité dit: vous ne pouuez rien sans
moy. Il est pareillement dit par le Prophete: En

*Psal. 35.*

ta lumiere, nous verrons la lumiere. La quelle à
fin que de ses rayons nous illumine, nous inuoquerons par deuote priere, celuy qui en est le
proprietaire & distributeur. Car si ainsi est qu'il
ayt esté des anciens commandé, de commencer
auecques diuine inuocation, tout ce qu'on entreprend & qu'on delibere faire, à plus forte raison, ce qui concerne Theologie & sainctz propos de Dieu. Ce que pareillement commande
faire sainct Denys Areopagitain au liure qu'il a
escrit des noms de Dieu. Attendu doncques
qu'il

qu'il conuient en ce present lieu disputer des secretz de Theologie, nous reclamerons la diuine mercy, à ce qu'il luy plaise auant toutes choses, nous donner ayde en ce que auons deliberé de poursuyure. Sois donc, ò Sire, à moy ententif, & me donne silence, pendant qu'ainsi inuoqueray Dieu.

Dieu tout puissant, qui te sieds & resides  
Lassus au ciel, sur ton throne diuin,  
Ou pour iuger, & discerner presides  
Les faictz, les dictz, & le vouloir humain.  
D'vn cueur contrict, & d'humble affection,  
Ton supliant te presente, & adresse  
Son vueil, son cueur, & suplication,  
A' celle fin, qu'à bon port tu l'adresses.  
Tu es le Dieu & guidon des armées,  
Le createur, tant des dieux, que des hommes:  
Fais donc qu'en toy soient toutes noz menées  
Conduictes, à fin que paix soit ou nous sommes.  
Fais par ton nom, qu'en ces ordes tenebres,  
De tes rayons soyons illuminez:  
Viens tost, descend en ces lieux de funebres  
Nous visiter, que ne soyons mynez.  
Reforme en moy ta diuine semblance.  
Laquelle est tant de ords vices souillée.  
La confermant en ta grace & deffence,  
Et que ne soit plus en peché brouillée.  
Attire moy par ton ardente flamme,  

*L'oraison de Lazarel.*

Ainsi

Ainsi que fait le Soleil la vapeur,
Et l'aymant l'acyer, lors qu'il l'enflamme:
Par cas pareil embrase en toy mon cueur.
Lors ie luiray par ta bonté profonde,
En reccuant de toy lueur & lustre,
Comme au Soleil faict la Lune & le monde,
Quand par ses rays clerement les illustres.
Tollys de moy le boys de bien & mal,
Mes piedz errans fais les droict cheminer,
Et m'assouuis en ce mortel deual
Du boys vital, pour mes iours bien finer.
Ie suis, mon Dieu, ta poure creature,
Toy le hault bien, pur, non contaminé:
Oste de moy de peché l'orde ordure,
Pour t'obtenir toy bien, non terminé.
Fais moy tel heur, que ta saincte lumiere
Ie puisse veoir, & mes sens esclarcisse,
A' fin d'ostant ceste racine fiere.
D'infect peché, en toy ie m'esiouisse.
I'aurois grand peur, n'estoit ta grand clemence,
Qui m'asseurant, en telle voix s'escrie:
Or sus mon filz, ays sur moy ta fiance,
Ton seul appuy, c'est moy qui iustifie.
C'est moy qui seul ay le fardeau porté
Du tien peché, enorme, & vicieux:
C'est moy qui seul a le diable auorté,
Faisant sur luy butin victorieux.
Ne crains donc plus, mon filz, tous ses alarmes,
Fy toy en moy, & t'appuy sur mon bras:

Recco=

Recognoys moy, qui a brisé les armes
D'horrible mort, & ses forts & remparts.
C'est donc icy, mon Dieu, la vraye lyesse
De l'homme humain, quand recognoist tes faictz,
Quand il cognoist que par ta grand humblesse,
A pris la mort, pour ses vices, & mesfaictz.
Tu es celuy, dont la voix fut ouye
Du trespuissant, au fleuue de Iourdain:
Voycy mon filz, ainsi le testifie,
Qui est caché soubz ce voille humain.
C'est celuy là, auquel me suis compleu,
En luy donnant ma puissance & maistrise
Sur tout, par tout, ce que faire m'a pleu.
Les ordonner, créer, faire à sa guyse.
Former les cieux, l'eau, l'air, terre, & la mer,
Leurs fondements, sustentacles, & appuys:
Parquoy qu'aucuns n'ayent le cueur si amer,
Que soubz sa main ne soient rengez & duys.
O toy Syon, recognois le pour maistre,
Comme seigneur inuoque, & le reclame.
Sina, Thabor, par qui auez vostre estre,
Cognoissez le, tout ce qui nourrist ame.
C'est le tres preuz, & vaillant capitaine,
Qui tout conduit, regit & contregarde,
Que i'ay voulu prendre nature humaine,
Pour l'afranchir, & que d'elle il fust garde.
    Garde nous donc, ô seigneur des batailles,
De l'ennemy en ce combat mondain,
Qui nuyct & iour tant d'estoc que de taille,
                              Nous

DE LA COGNOIS. DE DIEV

Nous liure assault cruel, & inhumain.

C'est assez d'auoir iusques icy inuoqué Dieu pour le present. Parquoy, Syre il sera en toy maintenant de reciter ce que tu desires t'estre par moy exprimé selon le propos pretendu. LE ROY. Pour autant que celuy que tu viens de tenir, est de tant sacrées sentences remply, il a si fort retiré mō vouloir du premier, qu'il m'est suruenu vn grand desir d'entēdre (premier que de venir au principal) beaucoup de choses que tu as en iceluy recitées. LAZ. Quand nous serons paruenuz à la fin de celuy qu'auons commencé à traicter, Sire, lors entendras apertemēt, ce que tu souhaites entendre, & maintes autres choses, lesquelles te seront par moy declarées. Mais à present diligentons nous de poursuyure, ce qu'auons entrepris de deduyre. Ce que certes repeteray, ainsi que me reduyras en memoire, & remettras sus, ce qu'aura esté touché parauant, Or à fin qu'il ne semble que i'aye pris mon commencement de l'oracle d'Apollo, mais de la doctrine d'Hermés, entend ce que ie veux dire consequemment. Toutes choses donc des le commencement, estans faictes & crées, Hermés acertaine Dieu auoir ainsi à haulte voix crié. Pullulez, gectez surgeons, croissez, multipliez, & dilatez vous toutes mes semences, & toutes mes œuures. Vous pareillemēt aux quelz

*Hermés.*

est

est presté quelque portion d'entendement, recognoissez vostre genre, & considerez que vostre nature est immortelle. Sçachez, l'amour desordonné de ce corps, estre cause de la mort. Ce que certes s'acorde à Moyse au liure de Genese: Car es parolles d'Hermes est côtenu le boys de vie, par lequel nous viuons:& celuy de science de bien & de mal, par lequel nous mourons. Par laquelle chose nous est commandé (commè l'on peut aisément aperceuoir) de nous cognoistre nous mesmes. LE ROY. Ie suis reuoqué de ma premiere demande, & ay vouloir d'estre apris de toy, quel boys c'est que l'on appelle le boys de vie & le boys de science de bien & de mal. Car quant à cecy à grand peine en trouue l'on aucune declaration entre les sainctz docteurs, ou pour le moins (si s'en trouue) qui ne soit bien enueloppée. De maniere que ie ne me puis assez esmerueiller cōme se fait que ce, dōt depend l'entiere ruine du genre humain,& sur quoy est fondée tout le subiect des sainctes lettres, soit demeuré totallement incogneu & indefiny. D'auantage comme ce precepte en Adam (duquel nous dependons par origine) a esté tellement en nous planté & enraciné (qui sommes sa lignée par diriuation) qu'auons encouru tel peril cōme luy par sa desobeïssance: au moyen de quoy nous sommes continuëllement en pareil danger de perdition, comme il

*Gen. 2.3.*

a esté

a esté. Ce que s'apperçoit en celà principallement, qu'il nous est impossible d'euiter, ce qui nous est incogneu. Or lisons nous es sainctes lettres, ce boys (duquel est nostre propos) auoir esté, non moins corporel que les autres arbres: mais de quel arbre ayt esté boys, il ne s'en trouue rien: ny mesmement lisons nous ce precepte auoir esté reuoqué de Dieu, apres la transgression d'Adam. LAZA. I'ay autresfois leu, ó Sire, vne sentence de Philo Alexandrin, au second liure qu'il a escrit de l'agriculture, diuerse à celle que i'ay vn peu au dessus mentionnée, laquelle est telle. Le labourage (dit il) des plantes du Paradis terrestre, est consequemment accordant aux choses, qu'auons dit au dessus. Car l'on dict que Dieu auoit planté vn lieu de volupté en Eden vers Orient, ou il auoit mis l'homme: qu'il auoit faict au parauant du lymon de terre. D'estimer. doncques qu'il y eust en ce lieu vignes, ou arbres, comme Oliuiers, Pommiers de grenades, & autres semblables, c'est vne fort grand folie. Or est il que ce Philo fut iadis Hebreu, homme fort estimé en sagesse & prudence (& comme recite sainct Hierosme, en son liure des illustres personnes) contemporel des Apostres, ayāt grande familiarité à saint Pierre, le prince desdictz Apostres, & à sainct Marc l'euangeliste. Par lesquelles choses on peult euidemment cognoistre que le commencement

*Philo.*

cement de la primitiue philosophie, & de tout ce que l'on a puis apres par diligéte inquisition controuué, a son fondement sur les oracles des sainctes lettres. Pour autant doncques, ò Roy, que tu me contrains à soigneusement esplucher la vraye & saine intelligence, de ce qui a esté sans aucune parfaite decision delaissé de ceux, qui ont diuinement parlé (car de fait aussi au regard des choses diuines, l'humaine consideration, est coustumieremēt deceuë) ie veux que cecy, & ce qui ensuyura puis apres, ne soit de nous autrement acertené, qu'il est de nostre mere sainte Eglise & assemblée des fidelles, approuué, & maintenu pour verité. Car si ainsi est que Platon en ses loix prohibe de rien innouer ou adiouster à ce qu'on a receu de l'oracle de Delphy, ou de Dodon, ou de Ammon, ny mesmes rescinder aucune chose en quelques vieilles oraisons qu'on dit auoir esté reuelées, par inspirations des Dieux, à moindre raison ne doit l'on rien innouer de ce qui nous a esté baillé par les sainctz Prophetes & esleuz du Dieu viuant, & mesme par Iesus Christ nostre sauueur, vray Dieu & vray homme. Et d'auantage, si ainsi est (comme le dit Platon en son Thimeus recite) qu'il faille de necessité adiouster foy à ceux qu'il appelle filz des dieux, encore que leur dire ne soit confermé & corroboré de vray semblable opinion, à plus forte raison

*Platon.*

raison conuient il auoir foy indubitable aux oracles & enseignemens du vray Dieu Iesus Christ, & aux commandemens de ses Prophetes & esleuz. LE ROY. Adiouste d'abondant (s'il te plaist) qu'a tendu qu'ayons receu maintes graces & prerogatiues de nostre Dieu par le ministere de sa saincte Eglise, & de ses ministres, qu'il est pareillement iuste & raisonnable de luy submettre tant noz faictz, que noz dictz. Mais Lazarel, aquite toy maintenant du parsus & poursuy ce que tu as intention de dire. LAZA. Il n'est pas, ò Roy, que tu n'ayes ouy, & leu souuentesfois (comme ie cuyde) es diuins oracles, Dieu auoir pour l'amour de l'homme faict & crée toutes choses, & l'homme pour l'amour de luy. LE ROY. Il est vray, nous l'auons oy & leu maintesfois. LAZA. Apres donc qu'il eust ainsi crée l'homme pour l'amour de luy, à fin qu'il le recogneust à seigneur & createur, & qu'il obeist à sa diuine volonté, il luy donna pareillement vne portion de sa diuine intelligence. Et ce à celle fin, que par le discours d'icelle s'esleuast en diuine contemplation, & en contemplant Dieu attirast à soy les substancielz rayons de sa splendeur & clerté, & par ce moyen acquist & obtint sapience, & finablement la vie eternelle. Ce qu'à esté signifié par la parabole de ceux, qui sont rauiz en la contemplation de leur amye, & de ce que
Moyse

*Deut. 26. d.*
*Sap. 2. d*
*Eccl. 38. a.*

Moyse appelle boys de vie. LE ROY. Tu veux doncques conclure par celà, ó Lazarel, que le boys de vie, denote l'esleuation d'esprit es choses diuines. LAZAREL. Ie le pense ainsi, Sire, & (pour mieux dire) ie n'en fais doubte. LE ROY. Quel proufit & emolument reuenoit il à l'homme de telle contemplation, sinon la tranquillité & l'heureux repos de son esprit? LAZAREL. Celà n'est pas de peu de consequence, ò Roy. Car oultre l'heur & tranquillité de l'esprit, laquelle procede de là, pour acquerir sapience, il se preparoit d'auantage à estre le digne temple ou l'esprit de Dieu sist son seiour. Et auoit par ce moyen les anges de Dieu tousiours en sa compaignie, pour guydes & protecteurs. Au moyen de quoy debuoit à perpetuité (Dieu aydant) euiter la mort, qu'il auoit encouruë par nature, & auecques ce obtenir incontinent, tout ce qui luy viendroit à gré. De la finablement luy prouenoient maintz autres biens & prerogatiues, lesquelles sont es sainctes lettres contenuës, que l'on peult recueillir en les lisant. LE ROY. C'estoient choses de grande efficace, Lazarel, & dignes d'estre de tous desirées, & appetées. Mais veu que par le goust du boys de science de bien & de mal, les ayons perduës (comme par toutes les lettres sainctes est mentionné) I'ay maintenant vouloir d'entendre, qui est ce boys dont est ensuyuie

*pro. 7.*

vie la destruction, & ruyne du genre humain.
LAZAREL. Puis qu'ainsi est, que tu entends que signifie le boys de vie, tu peux aussi par ce moyen entendre facilement de toy mesme, que peult estre le boys de science de bien & de mal. Car par la declaration d'vn des contraires, l'autre est declaré. LE ROY. Ie le comprends par quelque coniecture, mais i'atends l'entendre de toy plus apertement. LAZAREL. Entends le doncques. Tu dois en premier lieu sçauoir, que tout ainsi que l'amour, contemplation, & science des choses diuines, est signifiée par le boys de vie, aussi consequemment que l'affectiō es choses caducques & materielles, se peult appeller le boys de science de bien & de mal. LE ROY. Cela ne me satisfait pas encore assez: & si ne le peux comprendre ny imprimer en mō esprit. Car il m'est fort difficile a croire que Dieu ayt prohibé de considerer ce qu'il a faict, au moyen qu'il n'est aucun ouurier, qui empesche de voir, & affecter son ouurage. Et me est encore plus difficile à croire, que par telle consideration, l'homme ayt encouru la mort. LAZAREL. L'excellent & parfaict ouurier Dieu, ò Roy, n'a pas deffendu la contemplation de ses œuures: mais trop bien a deffendu, de trop s'y arrester, & comme le hault & supreme bien les affecter, ainsi que quelques anciens ont faict. Lesquelz recepuans le loyer, que

*Le boys de vie, & de science de bien & de mal.*

ilz meritoient, de leur iniquité, sont tombez
en tel malheur & foruoyement d'esprit, qu'ilz
ont appellé & prins pour leurs dieux le Ciel, le
Soleil, la Lune, les Estoilles, & les quatre Elementz, & d'abondant quelques bestes brutes.
Mais l'eternel & tout puissant Dieu, veult &
commmande, toutes telles choses, estre comme par quelque discours, veuës & considerées,
tellement que quasi par quelques degrez, nostre entendement se replye en luy, & que l'humain esprit se repose tousiours sur la consideration de sa diuinité. Car les choses inuisibles
de Dieu (ainsi que dit l'Apostre) a sçauoir sa  Ro.1.
puissance eternelle, & sa diuinité, aparoissent
par la creation du monde, en les considerant
par les œuures d'iceluy. Et Hermés: Quand tu  Hermés.
vouldras voir (dit il) & cognoistre Dieu, esleue ta veuë contre mont, & regarde le Soleil, le
cours de la Lune, finablement l'ordre de tous
les autres astres. Sainct Denys, au liure qu'il
a escrit des noms de Dieu, s'acorde à cecy, quãd  Saint Denys
il dit. Nous dirons celà, & peult estre, à la verité, à sçauoir que ne cognoissons point Dieu,
quant à sa nature & substance, car au regard de
ce, il nous est incogneu, à raison qu'il surpasse
toute humaine apprehension : mais le cognoif-
sons nous, par la bien ordonnée disposition de
toutes ses creatures, qu'il a tirées hors de ses inuestigables secretz, & mis en lumiere de co-
S gnoif-

gnoissance humaine, demonstrant en celà & representant deuant noz yeux, quelques images & semblances de ses diuins exemplaires. De maniere que par ce moyen, nous montons (en tant qu'il nous est loysible) iusques à celuy qui excelle & surpasse toutes choses. En ceste maniere doncques, le souuerain ouurier, veult que ce qu'il a faict soit de nous consideré. Parquoy nous debuons, par toutes ces choses garder, & maintenir tel ordre, pour contempler ce que i'ay dict. Car (ainsi que i'ay mentionné au commencement de nostre propos) le tout puissant & souuerain Dieu, a faict toutes choses, pour l'amour de l'homme, & l'homme pour l'amour de luy. LE ROY. Ie t'entends maintenant, & consens à ton dire. Mais ie vousisse bien en oultre, que tu m'apportasses quelques certains tesmoignages des sages (si en as en main) lesquelz s'acordent à celà, à celle fin, que ce que tu as dit, fust en mon esprit plus fermement emprinct. LAZAREL. Nous en auons plusieurs, Sire, mais soubz paraboles enueloppez, lesquelz, à cause de leur prolixité, te pourroiét ennuyer, si ie m'arrestois beaucoup à te les reciter, ny le iour mesme suffiroit à les raconter par le menu. Si n'ay ie toutesfois deliberé d'oultre passer, sans en referer quelques vns. LE ROY. Il fault doncques que celà se face, ainsi que le temps, le lieu, les grands & vrgents

affaires

affaires qui iournellement furuiennent, le requerent. Car il nous conuient, ainſi que le paſteur ſur ſon troupeau, auoir les yeux ententifz ſur noz ſubiectz, affin qu'ilz ſoient ſelon raiſon & equité gouuernez, ſi nous voulons nous acquiter de noſtre debuoir, enuers celuy qui nous en a commis la charge & intendence, qui eſt Dieu. Si eſt ce nonobſtant, que ie ne veux, que pour celà, tu reſcindes quelque choſe, de ce que tu ſçay eſtre neceſſaire, à la cognoiſſance de la vraye felicité. Car nous poſtpoſerions pluſtoſt tous autres affaires, que de laiſſer l'intendence de celle cy, & qu'à noſtre poſſible, ny fuſsions ententifz. LAZAREL. Salomon en ſes Prouerbes traictant de la ſapience diuine, dit en ceſte façon. C'eſt le boys de Pro. 3 c. vie, à ceux qui l'apprehenderont, & ſeront heureux ceux qui le retiendront. Et de rechef, en la nommant la femme de noſtre adoleſcence. Fais Pro.5.d. (dit il) que ta vene ſoit beniſte, & t'eſiouys auecques la femme de ton adoleſcence. Car des le commencement, tout ainſi que l'homme conioinct auecques ſa femme, ſe ſolayoit & prenoit plaiſir auecques elle: au cas pareil l'homme conioinct auecques diuine ſapience, apres auoir trouué qu'en elle conſiſtoit le moyen de paruenir à la vie eternelle, ſe delectoit en elle. Et à ce propos, dit encore Salomon. Mon filz, Pro. 7.4 dy à Sapience: Tu es ma ſœur, & appelle pru-

S ii     dence

dence ton amye, à fin qu'elle te sauue & garde de la femme estrangere, & de celle qui appartient à autruy, laquelle farde ses parolles. Et ailleurs. Mets peine de te deliurer de la femme, qui est à autruy, & de l'estrangere, laquelle adoulcist ses parolles, & delaisse le guyde de sa ieunesse, & met en oubly l'alliance de son Dieu. Car sa maison tend à la mort, & ses sentes es enfers. Et en mesme liure lit on, que Sapience a edifié vne maison, a entaillé sept colónes, a immolé des bestes, a sacrifié pour la victoire, a brassé le vin, a dressé la table & apresté le festin, & finablement, qu'elle a dict en ceste façon. Venez, mangez mon pain, & beuuez le vin que ie vous ay brassé. Delaissez vostre enfance, & viuez. Et vn peu plus bas. La femme folle, & criarde, & pleine d'attraictz voluptueux, & ne sçachant rien, s'assied à l'huys de sa maison sur vne chaise, en vn hault lieu, pour appeller ceux qui passent par la voye, & qui vont leur chemin. Quiconque est petit (dit elle) vienne à moy. Et à parlé ainsi à l'insensé. Les eaux furtiues, sont plus doulces que les autres, & le pain desrobbé, est plus doulx, que n'est l'autre. Et n'a pas cogneu le poure malheureux qu'il y a leans des Geans, & ceux qui à ce festin sont inuitez, habitent au profond d'enfer. Celluy qui s'aioindra d'elle, descendra es enfers : au contraire celuy qui l'euitera, sera

saulué

*Pro.2.c*

*Pro.9.a*

saulüé. Tout ainsi doncques que Salomon par tout cecy, appelle le boys de vie, & la femme de nostre adolescence, sapience diuine: aussi au contraire, appelle il prudence de la chair, & application de l'esprit aux choses terriennes, la folle femme criarde, pleine d'attraictz voluptueux, ne sçachant rien du tout, la paillarde estrangere, & adultere. Dont vient, que sainct Paul nous admoneste en ceste maniere. Si vous viuez selon la concupiscence de la chair, vous mourrez: si par l'esprit vous mortifiez ses faictz, vous viurez. Hermés pareillement asseure l'amour du corps, estre cause de la mort. Car celuy (dit il) qui d'vn amour illicité, & desordonné, ayme son corps, il erre es tenebres, en luy mesme aperceuant assez, les miseres de la mort. Parquoy il fault sçauoir & entendre, que Sapience ce qu'induyt Salomon auoir ediffié vne maison, & l'auoir appuyée de colomnes, n'est autre chose, que l'amour & esleuation d'esprit es choses diuines. Ce qu'il appelle autre part la femme de nostre adolescence, & Moyse le boys de vie. Pour ceste cause, est elle dicte, auoir à haulte voix crié: Delaissez vostre enfance, & viuez. Mais la folle femme & criarde, laquelle est alleguée en la parabole de Salomon crier à haulte voix deuant tous, en vn hault lieu de ville, signifie l'application d'esprit aux choses caducques & transitoires. Et par la pail-

Ro. 8. c.

Hermés.

S iii            larde

larde, adultere & estrangere, est denotée la prudence de la chair, dont parle l'apostre. La prudence de la chair (dit il) est enuers Dieu reputée pour folie. Ce que certes, est ce que Moyse veult signifier par le boys de science de bien & de mal. Dont fut dit à Adam. En quelque iour que tu en mangeras, tu mourras de mort. Et Salomon. Qui d'elle se r'allira, il trebuschera es enfers. Et Dauid en ses Psalmes. Tous ceux qui de toy s'esloignent, ô Seigneur, periront. Tu as perdu tous ceux, qui suyuent autre que toy. LE ROY. Tu fais assez commodément reuenir le sens des escriptures au propos, que tu as entamé au dessus, d'ou vient que ie sois ia en iceluy asseuré & confermé, sans y faire doubte. Mais ie voulsisse bien en oultre (s'il est loysible) d'entendre, que veulent signifier les eaux furtiues, dont as touché vn peu au dessus, & le pain desrobé, & pourquoy la folle femme est dicte crier à haulte voix deuant tous, à l'huis de sa maison. LAZAREL. Ie le feroys tres volontiers, Sire, selon ma petite capacité, n'estoit que nous nous esloignerions par trop de nostre intention. LE ROY. Non point trop, donne dedans tant plus hardiment, que nous sommes oysifz, sans te troubler pour la suruenance des attendants. Car ilz auront demain expedition de leurs requestes. Et bien que soyons vn peu tombez du premier propos,

nous

*Ro. 8.*
*1. Cor. 3. d.*

*Gene. 2.*

*Pro 9.*
*Psal. 72.*

nous retournerons tantoſt à noſtre deſſein. Reſponds doncques à la demande, que ie t'ay faicte. LAZAREL. Premierement, Sire, Salomon en ſes Prouerbes, nous admonneſte perſiſter en diuine ſapience, par ces parolles. Boy Pro.5. l'eau de ta ciſterne, & les ruyſſeaux de ta fontaine. Car attendu que la ſcience des choſes diuines, eſt noſtre femme, & noſtre ciſterne, s'il aduient que nous alliõs à quelque autre eſtrangere, elle nous fournira, ſans en auoir apperceuance, d'eaux deſrobbées, & de pain emblé. Car tous adulteres, ſont communément appellez larcins, choſes faulces, & contrefaictes, & baſtardes. L'eau doncques de noſtre ciſterne, ſignifie l'intelligence de ſapience diuine : comme au contraire les eaux furtiues, l'intelligence de charnelle prudence. Leſquelles deux ſignifications, ſont ailleurs figurées par le vin. Le vin de diuine ſapience, eſt celuy, duquel le Meſsie nous fourniſt, ainſi que Zacharie dit Zac4.9.h en ſa prophetie. Qu'eſt ce que le bien de Dieu? Qu'eſt ce que ſa beauté, ſinon le forment de ſes eſleuz, & le vin engendrant les vierges ? Car apres que par luy nous aurons eſté faictz vierges, ſans aucune ſouilleure & corruption feminine, lors ſuyuerons nous l'aigneau par tout ou il yra, & pourrons ſeulz chanter l'hymne & cantique des vierges, comme le dit ſaint Iehan, es Apo.15. myſteres de ſa reuelation. Au regard de celuy,

S iiii qui

qui denote la prudence charnelle, l'Apostre le deffend en ceste sorte. Donnez vous garde de vous enyurer de vin, ou gist luxure. Car tout ainsi que nous sommes faictz vierges, sans corruption, par le vin de sapience (car la chaste generation est celle, de ceux qui cherchent Dieu) aussi sommes nous faitz adulteres & fornicateurs, par celuy de l'estrangiere. Laquelle est à ceste cause dicte crier à haulte voix à l'huis de sa maison, d'autant que la prudence charnelle, est tousiours ambitieuse d'honneur. Et encores qu'elle ne sçache rien du tout, si est ce neantmoins qu'elle appete estre tousiours veuë, & reputée docte, & experimentée en tout sçauoir. Elle crie doncques à haulte voix deuant tous, & dispute par les ruës, estant garnye d'obscuritez de parolles, propos ambiguz, sottes subtilitez, & conclusions sophistiques. Mais celuy qui parle par cauilatoire argument (dit le Sage) est coustumierement hay, & ennuyeux aux autres: & si sera en toutes choses defraudé, au moyen qu'il ne luy est donné aucune grace du Seigneur. Qui fait qu'il soit de toute sagesse denué. Mais ie te supplye, Sire, que ne sortions plus si loing hors de nostre propos & premiere intention, ains retournons à nostre entreprinse. Car i'ay bon vouloir de te reueler à la fin de ce propos, quelque grand secret, touchant le dernier fruict du boys de vie.

*Ephe. 5.*

*Psal. 23.*
*Sap. 4.*

*Eccl. 37.*

Voire

Voire qui est en toute vertu tant parfaict & accomply, que celuy qui en aura vne foys gousté, ne pourra oncques iamais autre chose appeter ne soubhaicter, en ceste mortelle vie. LE ROY. Celà sera bon, & cuyde bien qu'il n'est pas de petit estime, puis que tu le dis, dont ay vouloir de l'entendre. Mais à fin que ne laissions manque & imparfaict ce peu qui reste en ceste nostre dispute, expliquons le, premier qu'entamer autre chose : à sçauoir qui sont les Geans (desquelz parle Salomon) qui frequentent ceste paillarde : consequemment, qui sont les femmes auecques lesquelles ne se souillent ceux qui sont vierges. LAZAREL. Premierement, Sire, ceux qui suyuent diuine sapience, sont communément dictz Pigmeans, c'est à dire Nains, selon l'interpretation de sainct Hierosme. Pigmeans, dit il, vallent autant à dire, comme cogneuz du Seigneur, ou cognoissans le Seigneur. Desquelz parle le Saulueur. Laissez venir à moy les petitz : car c'est à eulx, à qui appartient le Royaume des cieux. Et à ce propos, est escrit es Psalmes de Dauid. La declaration de tes parolles, Seigneur, donne clerté & entendement, aux petitz. Mais au rebours, ceux qui s'appliquent aux choses fragiles & mondaines, sont les Geans. Et pource est il dit es Prouerbes de Salomon. L'homme qui foruoyra en la voye de doctrine, demeurera en la

*Pigmeans.*

*Mat.*19.

*Psal.*118.

*Pro.*21.

com-

compagnie des Geans. Sont ceux, qui ont edifié, & puis muny de haultes tours la ville de Babilon. Sont ceux, que amoncelans montaignes sur montaignes, sont dictz par les Poëtes auoir affecté vne foys le Royaulme celeste. Lesquelz finablement, ont esté accablez soubz les montaignes, & du tout estainctz. Desquelz est escrit en l'Ecclesiastique. Les anciens Geans, ne ont point prié pour leurs offences, parquoy ont esté destruictz, d'autant qu'ilz se confioient en leur force & vertu. Et Isaie: Nostre Seigneur (dit il) autres Seigneurs nous ont possedez que toy, fais seulement que par toy ayons souuenance de ton nom. Fais que ceux qui meurent ne viuent iamais, & que les Geans ne resuscitent plus. Parquoy tu les as visitez & destruictz, & reduyt toute leur memoire à neant. Qui est la cause pour laquelle les feinct on auoir les piedz comme serpens, à l'occasion que employans tout leur sens & astuce aux choses sensibles & materielles, ne se trainent seulement que par choses viles & abiectes de ce monde, sans iamais s'esleuer es diuines, ne croyans point plus la verité des choses qu'autant qu'elles s'esprouuent par les persuasions des sens.

LE ROY. Certes ie m'y accorde maintenant. Non seulement i'entends au vray que c'est que les Geans & pourquoy sont appellez piedz de serpens, mais d'auantage m'est faite ouuerture

par

*Gen.11.*

*Eccl.16.*

*Isa.26.*

par ce moyen, à entendre la fiction du Poëte Hesiode, de la femme Pandora. Laquelle il descrit auoir fort inconsiderément ouuert la boyste, que Iuppiter luy auoit enuoyée pour singulier present. Qui fut cause que tous les biens & vertuz s'enuolerent au ciel fors esperance seule, laquelle demeura au bort du vaisseau. Car que denote autre chose Pandora, qui vault autant à dire, comme le don de toutes choses, sinon la science de toutes choses materielles, & sensibles? Laquelle ouurant le vaisseau de nostre entendement, & faisant en iceluy sa demeure, fait que tous les biens le delaissent, & qu'ilz se departent de luy, & s'enuolent autre part fors esperance seulement. Car continuëllement nous esperons que tout bien nous aduienne, iamais toutesfois ne voyons, que par ce moyen ce que nous esperons pouuoir obtenir, s'en ensuyue, au moyen que par telle esperance nous sommes reculez du boys de vie.

*La fictiõ de Pandora.*

LAZA. C'est tresbien interpreté à toy, ô Sire, encores qu'il me semble auoir autres fois chanté le contraire au liure de mes fastes, en ceste sorte.

*Lazarel en ses fastes.*

Bien qu'il soit dit par fabuleux mensonges
Qu'Epimethée fut cause de la mort:
Si toutesfois apert il que sont songes:
Car Eue fut, qui nous causa ce tord.

Or

Or ce que i'ay dit en ce lieu de mes fastes touchant ce passage, n'a pas esté pour la declaration d'iceluy: ains ay voulu seulement faire quelque allusion par maniere de passetemps, à la fiction du Poëte Hesiode. LE ROY. Certes ie ne me peux assez emerueiller, comme se faict que les fictions poëtiques, s'acordent à la verité Theologique. LA Z. Tu nas cause de t'en emerueiller ó Sire, pourueu que tu entende ce qu'ont laissé par escrit les anciens Theologiens. Et principallement Hermés, lequel estant Prince de l'ancienne Theologie, n'a trouué estrange d'enuelopper & cacher la verité Theologique, souz telles fictions. Mais maintenant de nostre temps, toutes fables sont presques de tous sans nul esgard & reuerence de verité acertenées apertement, & maintenues pour veritables. Ce que preuoyant Hermés deuoir vne fois aduenir, en deuinant, ainsi se conplaignoit. O' Aegypte, Aegypte, les seules fables de tout l'honneur & reuerence que tu as faite aux dieux, demouront autant incredibles à tes successeurs, que de bon cueur les as faites, ny ne demeurera autre chose que les seules parolles engrauées es pierres, recitans les tiens beaux & pitoyables faitz. Sēblablement les saintz Theologiens de la religion chrestienne, que l'on apelle Prophetes, ont vsé pareillement de telles fictions poëtiques. Ce que trouueras estre tel, si tu veux fueilleter leurs
diuins

diuins oracles. Defquelz fainct Denys au commencement de la Hierarchie celeste, parle en ceste maniere, Donnons nous garde d'estre seduiz par l'erreur du commun vulgaire, estimans vulgairemét les celestes espritz, qui n'ont autre espece que diuine, auoir diuers piedz, & diuerses faces. Et que ne les imaginions si sottement, que nous les estimions lassus au ciel auoir leurs formes & figures, ou selon la pesanteur & stolidité des bœufz, ou selon l'arrogance & fierté des Lyons, ou selon l'effigie des Aesgles auec leurs courbes becz, ou selon l'estandue & diuersité de plumes des oyseaux: ou estre illec quelques rouës emflammées de feu, & sieges materielz, necessaires à la gesine de la souueraine diuinité : ou quelques cheuaulx de diuerses couleurs & gardes armez, Ducz, Barons, Roys, & Empereurs, & telles choses semblables, lesquelles nous sont par escrit redigées fort diuinemét par euidente & expresse diuersité de signes. Car Theologie vse a force de fictions poëtiques, pour donner a entendre aux hommes, & descrire les diuins espritz, n'ignorant point (comme auons predit) l'imbecilité de l'entendemét humain, & luy monstrant de loing par vne incredible benignité la propre & naturelle (incogneuë toutesfois) voye, par laquelle se doit esleuer en hault : & entant qu'il luy est possible, luy dressant es saintes lettres les sentiers de telle

*S. Denys.*

le eleuation. Iufques icy S. Denis. Rabi Moyses Egyptien, pareillement au liure qu'il à escrit & nommé Malachin, femble auoir voulu
fignifier le femblable, quand il dit: Il fault entendre que la fainte efcriture apelle de diuers
noms, le hault & fublime loyer, & le non pareil bien, de tous les propheres de Dieu tant
defiré. Sçauoir eft, la penfée de Dieu, le Tabernacle de Dieu, fon fainct lieu, fon fainct nom,
la Salle de Dieu, le Temple de Dieu, la maifon
finablement, & porte de Dieu. Les docteurs
mefmes le nommant vn bancquet, ou feftin, &
le fiecle futur. Iouxte cecy femblablement Pi-
thagoras, Empedocles, Parmenides, auec Hera-
clitus, ont fabloyer des dieux. Mais atendu que
noftre ame (comme dit le mefme fainct Denys)
fe meut par fes actions fpirituelles, & s'eftend
aux chofes intelligibles, defia les fens font fu-
perfluz, & autres femblables chofes. Tu as leu
aufsi autrefois, comme ie penfe, dont il difent
que Poëfie a eu fon commancement. Sçauoir eft,
que tout ainfi que les anciens fages ont voulu
que les temples aux dieux confacrez, fuffent
plus magnifiquement edifiez, que les humaines
habitations, aufsi ont ilz efté dauis, que la voix
par laquelle leurs hymnes & louanges fe chantent, fuft proferée plus hault, que le couftumier
parler. En telle forte aufsi, difent il poëfie auoir
efté inuentée, foubz laquelle eft cachée verité,

*Rabi Moyfes Egyptien.*

*S. Denys.*

*L'origine de poëfie.*

foit

soit elle ores couuerte de fabuleuses couleurs. LE ROY. Nous auons souuentesfois oy & leu cela, es liures de anciens. Asseurement, à fin que ie te die la verité Lazarel, ce propos que nous traitons, m'est si plaisant, que encore que le Soleil soit de nous fort approché, & temperant le dernier quartier du printemps, soit fort acreu: si me semble il neantmoins estre plus court que de coustume. Or auant donc maintenant puis que tu as interpreté, qui sont les Geans, declare nous consequemment comme s'entendent les femmes, desquelles auons parlé au dessus. LAZAREL. Les femmes auec lesquelles se souillent ceux qui ne suyuent l'agneau, sont doulces deceptions, blandissantes persuatiõs, & toutes autres affectiõs sensuelles. Lesquelles Moyse au liure de la generation, apelle les filles des hommes, auec lesquelles les enfans de Dieu ont habité. Lesquelles filles l'ame humaine, se separant de son vnité en innumerables parts diuisée (ainsi que dit Philo) enfantent auec extreme douleur. Au moyen qu'elles enfantent milles faulces figures, faulces couleurs, & faulce concupiscences & conuoytises par les yeux, belles parolles de voix, doulx langage & gracieux, & blandissantes mignotises. Estant donc l'ame ainsi d'vne multitude de filles enuirōnée, est incontinēt forcée, & lors les enfans de Dieu entrent à elle. Car pendant que les purs rayons

*Que signifiēt les femmes auec lesquelles ne se meslent ceulx qui suyuent l'Agneau.*

de

de sapience reluysent en nostre ame, par lesquelz contemplons Dieu & ses vertuz, nulles menteuses, deceptiues, & faulces nouuelles entrent au penser: ains courans ça & la exterieuremét, s'en vont toutes es lieux purgatifz. Mais quand par la diuision de ceste vnité, la lumiere de l'entendement ia hebetée, est rendue plus imbecille que de coustume, lors s'aprochans les tenebres, auec l'assemblée & amas de leurs effeminées & dissoluës parturbations (lesquelles appelle Moyse les filles des hommes) donnent vn assault audict entendement, lequel finablement elles gaignent & occupent. Sont icy les femmes, qui conçoiuent & portent lignée pour soymesme, & non pour Dieu. Or est il cómandé à nostre ame de produire lignée à l'honneur de Dieu, & non au sien. Ainsi comme Abraham engendra son filz Isaac à Dieu, & non a soymesme, estant prest à luy offrir & sacrifier. Mais Adam delaissant le boys de vie, c'est ascauoir la contemplation de l'vnité, & descendāt au boys de science de bien & de mal, c'est a dire, a la suite & aplication des choses sensibles, à engendré plusieurs filles: & estant par ce moyen tombé de sa iustice & dignité primitiue, a encouru la mort. Parquoy descript Moyse, que Dieu dit ainsi de luy. Voy cy Adam faict quasi l'vn de nous: sçachant bien & mal. Et es Psalmes est escrit: L'homme estant en honneur, c'est tellement

*Gen. 21. 22.*

*Cheute de l'homme. Gene. 3. 4.*

*Psal. 48.*

ment mescõgneu, qu'il a esté accomparagé aux bestes irraisonnables, & sans entendement, & à elles fait semblable. Et Hermés en son Pimander : Mais apres que l'homme eust consideré en Dieu son pere la creatiõ de toutes choses, luy mesme aussi à l'imitation de Dieu a voulu edifier & bastir. Dont est tombé de la contemplation de son pere, en la sphere de generation. Et vn peu apres. L'homme a esté superieure harmonie, mais luy tombé en celle de ce monde, a esté faict serf. LE ROY. Ceste tienne interpretation, m'est merueilleusement plaisante Lazarel: Car encores que l'on donne de ce plusieurs & diuerses, non moins toutesfois pitoyables, bonnes, & saines interpretations, si est ce que celle cy (comme il me semble) est l'ame des escritures. Qui fait qu'ores qu'il me soit suruenu vouloir, de te questionner de plusieurs autres choses, si auray-ie neantmoins patience iusques à autre & plus opportun temps, craignant de trop loing nous destourner, de nostre propos. LAZA. Il vault myeux, s'en abstenir, Sire, pour le present, si nous voulons venir à chef de nostre intention. Car à la façon de L'hydre que tua Hercules au palus de Lerna, si tost qu'vne teste de nostre present propos est couppée ilz s'en esleuent & sourdent plusieurs autres. Car defait aussi le lieu s'adonneroit à esplucher que signifié le serpent, que si-

*Hermés.*

*L'hydre de Hercules.*

gnifie

gnifie Adam, que signifie Eue, & plusieurs autres choses semblables, mais ie suis d'aduis (s'il te plaist) de les laisser, & retourner d'ou nous sommes partiz. LE ROY. Ainsi entenday ie estre faict, pourueu que premier tu me recites, comme c'est fait, que pour auoir gousté du boys de science de bien & de mal, ayt l'homme encouru la mort. LAZA. Entends le, ó Sire, selon que ie le pourray interpreter, & te le donner à entendre. Lors qu'estoit l'homme le cler & luysant temple de Dieu, ou son esprit habitoit, par la presence duquel estoit immortel (par grace toutesfois & don de justice originelle & non par nature: car defait il estoit d'elementz composé les vns aux autres contrarians) la diuine splendeur, laquelle en luy habitoit, mettoit paix au discord & contrarieté des elementz. Mais apres la transgression faite, que la lumiere dedaignant, & ayant en horreur le peché, s'est de la departie, toutes tenebres ont occupé son lieu. Et par ainsi le temple des claires & luysantes vertuz, a esté faict l'habitation & manoir des obscures tenebres. D'ou non seulement la bride a esté auallée au discord des elementz: mais aussi a esté lachée à toute meschanceté au moyen de quoy a delaissé l'homme toutes bonnes & louables vertuz. Des lors toutes maladies & infirmitez se sont esleuées, & vieillesse est allé tousiours en croissant. Dont
escrit

escrit Moyse, les hommes n'auoir pas longuement vescu apres la transgression faite. Mais quelque temps apres, que transgressions se sont amassées sur transgressions, pechez sur pechez, iniquitez sur iniquitez, malheur sur malheur, & que les hommes y ont esté attraitz par les tenebres & erreurs qui les possedoient, la vie de l'homme c'est fort amoindrie. Parquoy Moyse asseure Dieu auoir ainsi dit: Mon esprit ne demeurera pas auecques l'homme à perpetuité, à cause qu'il est charnel, ains seront ses iours pour le plus six vingtz ans. Mais à present, Sire (ó nous miserables) la vie de l'homme est tant accoursie & abregée, que à grand difficulté on attaint le centiesme an. Et qui pis est (ó miserables que nous sommes) les compaignons de tenebres habitent en nous tout le long de nostre miserable vie. De maniere que la circoncision n'a peu nous en deliurer, ne y remedier. Le Baptesme mesmement, encores que le ministre commandant à l'immunde esprit sortir hors de l'homme, & donner lieu à celuy de Dieu, nous deliure des immundes & infectes ordures de peché originel: si est ce neantmoins qu'elles y entrent de rechef par l'acte de peché actuel & nous attirent presque violentement, & rauissent à toutes manieres d'iniquité. Ce que preuoyant Hermés il s'exclame en ceste façon. Il se fera (dit il) vne diuision douloureuse, & ennuyeux de-

*Gene. 6.*

*La circoncision.*
*Le baptesme.*

*Hermés.*

T ii parte-

partement des Anges d'auecques les hommes. Les seulz malings espritz demeureront sur la terre, lesquelz meslez auecques humanité, inciteront les miserables mortelz (en donnant mesme confort & aide de bras) à toutes malheuretez, à guerres, a rapines, & toutes telles choses contraires à la nature des ames. LE ROY. Il est à sçauoir si l'homme retournera à quelquefois, & pourra recouurer sa premiere felicité. LAZA. Comme vne fois, Sire, la verité Iesus Christ parloit de la vie eternelle, & plusieurs Iuifz, qui illec se trouuerent, en fussent scandalisez, & tournassent doz arriere, il dist. Cela vous scandalize par auenture, que i'ay dit que le filz de l'homme deuoit retourner ou il estoit premierement. Item Rabi Ioseph en son Sepherzoar, c'est à dire, au liure de la splendeur dit en ceste façon. La mort fust esté de nous totallement destournée, si Adam n'eust point offensé. Mais pour autant qu'il a presté l'oreille au serpent, il s'est acquis tant à luy, qu'à ses enfans, & nepueux, & en general à tous ses successeurs la mort de l'vne & l'autre nature. Au moyen de laquelle offense, la generation est demeurée manque & imparfaicte, n'ayant fin n'y accomplissement, iusques à ce que le grand Roy Messiach soit venu: & lors la macule de si grande desobeïssance, sera amortie & annullée, & retourneront les hommes encore

de

de rechef à leur premiere nature, à laquelle les auoit disposez la diuine prouidence. Ie conclu doncques par ce point qu'encores vne fois retournera l'homme à ses pristins biens, possessions, & heritages. Si est ce neantmoins que ce pendant, nous malheureux & infortunez, soustenons le meffait du premier homme, ensemble les fardeaux de noz crimes. Lesquelz sont si pesantz que si n'estoit la grace diuine laquelle iournellement nous contregarde, nous succomberions soubz le faiz. LE ROY. A' bon droict doncques doit estre larmoyée la misere & calamité humaine. En ce principallement, que ce qu'auoit esté fait en nous originel par le faict d'Adam, comme en la chose enflamée & nourrissante, a esté fait actuel par noz propres œuures & demerites, d'autant que nous sommes iournellement alimentez du boys deffendu. Et toutesfois nous voyons (chose plus lamentable) que nul n'y a esgard, nul est qui cherche Dieu, nul est (selon la voix du Prophete) iusques à vn seul. LAZA. Certes, Sire, comme tu dis, la vie *Psal. 31.* humaine est merueilleusement à deplourer, digne de vrayes & non faintes lamentations, digne finablement de triste & dolente querimonie. Parquoy ie te prie, que pendant que i'en feray complaincte, tu soys à moy ententif.

T iij O' com-

O' combien sont, abusez les humains,
Delaissans Dieu, pour souffrir tant d'oppresse:
Tant de torment, angoisse, & trauaux vains:
C'est bien Sathan, qui tant les greue & presse.
C'est bien Sathan, qui leur met en la teste
D'oublier Dieu, l'honneur, & bien seance
Qui leur est deu, le hault loyer, & feste
Du grand Seigneur, dont auoient recreance.
Ilz en estoient en vraye possession,
Ne fust Sathan, l'infect, & vicieux,
Qui les attrait à toute infection,
Suyure ses faictz, en postposant les cieux.
Ilz ayment mieux, suyure l'ombre ombrageuse,
L'oblique voye, que l'adresse, & sentier.
Ilz ayment mieux tenebre perilleuse,
Le faulx chemin, que le droict & entier.
Iusque à vn seul, tu n'en verras pas vn,
Qui cherche Dieu, de faict & de pensee:
De dix ou vingt, ne trouueras, que l'vn
Ne dresse aux siens quelque embuche, ou menée,
Tout est tout plein d'abus & fiction,
De faulx semblant, de dolz, & de fallaces:
Ilz n'ont ne cueur, ny nulle affection
Enuers parens, mais tout gist en menaces.
Qui fait cela, sinon oultrecuydance?
Et delaissant la cité saincte, & munde,
De Babylon font leur fort, & deffence,
Ou tout orgueil, & toute ordure abonde?
D'ou vient cela (dit de Sion la vierge)

*Complainte sur la misere du genre humain.*

Psal. 13.

Mala. 1.

Eccl. 1.

Apoca. 18.

Mes chers enfans, qu'attraictz de la paillarde,     Lamentatiõ
M'abandonnez? est ce que ie suis la verge     de la vierge
Du droict diuin, que ie veux que l'on garde?     de Sion.
Est ce d'autant que de mort vous retire?
Helás voyez, ie vous prie, le blaffart,     Pro 1.
Le doulx venin, par lequel vous attire:
Voyez de pres, & lors verrez son fard.
Tout l'effort gist de ceste abandonnée,
Vous attirer en ses embusches & lacqz,
Les yeux bandez, voyla sa vraye pensée:
Gardez vous en, que ne disiez helas.
Ses alliez, sont les cruelz Geans,
Qui contre Dieu font effort, & la guerre,
Lesquelz apres ont mal finer leurs ans,
Car sont tombez es enfers, à grand erre.
Voy doncques la fin, & le commencement:
Car d'autant qu'vn en ce mortel manoir,
Esleue en soy l'humain entendement:
D'autant croit l'on, de maulx apres auoir.
Viens doncques à moy, mon filz, ie suis ta mere,
Qui t'engendra, & nourrit de son laict:
Boy de mon vin, qui n'a douleur amere,
Ains qui du tout, rend l'homme tres parfaict.
C'est le vray vin, qui faict les sainctz ministres,
Chastes, deuotz, du hault Dieu eternel,
Pour le seruir, sans nulz deffaulx sinistres,
Lassus au ciel, à iamais immortel.
Euitez donc (pour la conclusion)
Les faulx semblantz du deloyal trompeur,

        T iiii         Et

Et ensuyuez, sans point de fiction,
Celuy qui peult, luy seul donner bon heur.
Mais combien soit, que la vierge s'efforce
A' remonstrer aux aueuglez humains,
Si toutesfois pour tout celà non force.
L'on presche prou, ilz n'en font ia rien moins.
Et ayment myeux se veaultrer en l'ordure,
Comme pourceaux, qu'auoir recours à l'onde
Du vray ruysseau, qui tousiours court & dure
C'est Iesus Christ, qui tout nestoye, & munde.

Or sommes nous ores venuz, la grace à Dieu à chef de nostre complaincte, Sire. Parquoy il te plaira reuoquer maintenant ce, dont m'auois questionné au commencement de nostre propos, s'il t'en souuient. LE ROY. I'en ay bonne souuenance, Lazarel, & plus enracinée en ma memoire, que tu ne cuydes. Or a il esté dit, que la cognoissance de soymesme estoit celle, laquelle faisoit ouuerture & chemin à vraye felicité. Qui faict que i'aye vouloir d'entendre le moyen, comme nous pouuons nous mesmes cognoistre. LAZAREL. Entends le doncques Sire. Premierement il fault sçauoir, que tout ainsi que ne pouuons cognoistre la figure & image d'autruy en vn mirouer, ou en quelque piece de monnoye, si ne cognoissons premierement d'ou elle ressort, & celuy qu'elle represente: au cas pareil, si nous ne cognoissons
Dieu

Dieu, nous ne pouuons nullement nous cognoiſtre nous meſmes. Car ces choſes cy ſont tellement connexes & liées enſemble, que ſi l'vn eſt ignoré, on ignorera l'autre pareillemēt. Car de faict(ainſi qu'il eſt es ſainctes lettres contenu) nous ſommes l'image de Dieu. Et encores qu'il y en ayt qui debatent y auoir difference entre eſtre à l'image de Dieu, & eſtre image de Dieu, ſi toutesfois me ſemble il, que l'vn vault l'autre, & qu'ilz ont meſme importance & ſignification. LE ROY. Apporte moy quelque teſmoignage (ſi tu as en main) qui face à cecy. LAZA. Tu me contraintz m'eſlongner trop loing de noſtre entrepriſe, Sire. Incontinent que ſommes retournes à noſtre chemin, tu nous commandes de rechef en ſortir hors. Ce neantmoins ſi te fault il conſentir & accorder à mes parolles, ores qu'elles ſoient toutes nuës, ſi tu veulx entendre le ſecret que i'ay vouloir de mettre en euidence. Lequel long temps a, que l'ay compillé en moymeſme, & puis ordonné, finablement mis en garde, & enfermé au threſor de mon entendement. Il fault (comme il ſe dit vulgairement) que celuy qui d'vn autre apprend, s'acorde fecilement à ſon dire. LE ROY. Ie te prometz, que ie croy tout ce que tu as dit, ſans y faire doubte. Mais entant que i'apperçoy & conſidere tes parolles s'affermir par teſmoignages des anciens, d'autant abondamment ſe

paiſt

paist mon esprit. Parquoy asseures toy, que si tost qu'auras cecy finé, nous retournerons tout soudain à nostre premier chemin. LAZA. Philo au second liure de l'agriculture, recitant vn passage de Moyse, auquel est escrit en ceste forme: Faisons l'homme à nostre image & semblãce, dit ainsi. Ce hault & excellent personnage Moyse, a dit que l'espece de nature humaine, a esté faicte semblable à celle de celuy qui ne fut oncques engendré. Ou il fault noter, qu'il a entendu dire de la mesme image de l'eternel & inuisible Dieu. Sainct Paul pareillement escriuant aux Corinthiens: L'homme (dit il) ne doit cacher son chef, pour autant qu'il est l'image de Dieu. Veu doncques & attendu que Moyse, & sainct Paul ayẽt parlé par l'impulsion & instinct du sainct esprit (lequel ne peult à soy aucunement discorder) & que Moyse ayt dit, l'homme auoir esté faict à l'image de Dieu, & que sainct Paul semblablement asseure estre l'image de Dieu, l'on cognoist aisément par celà, eulx auoir voulu vne & mesme chose signifier. Il fault aussi alleguer ce que dit Hermés en son Pimander. Le pere (dit il) estant l'intelligence, vie, & lumiere de toutes choses, a crée l'homme à son image & semblance, & s'est en luy esiouy & compleu, comme à son filz mesme. Et ailleurs parlant de Dieu. Son nom (dit il) est celuy duquel procede tout autre nom, l'image duquel

*Philo.*

*Gen. 1.*

*1. Cor. 11*

*Hermés.*

duquel, est toute nature. Si doncques ainsi est que toute nature soit l'image de Dieu, a plus forte raison, l'est l'homme, pour l'amour duquel ont esté toutes choses faictes & crées. LE ROY. Ce que tu dis, est tant cler & manifeste, que i'estime falloir necessairement oultre passer, & plus ne nous y arrester, ains plustost retourner à ce, dont a pris fondement nostre question. Or me semble il estre fort difficile, & par dessus les forces & vertuz de l'entendement humain, de pouuoir cognoistre Dieu, presupposé ce que dit la verité. Nul cognoist le filz, fors que le pere, ny le pere, sinon le filz, & celuy auquel plaira au filz le reueller. LAZAR. Ton obiection, Sire, n'est autre chose qu'vn incident & responce à ce qu'a esté dit au dessus, à sçauoir, que ne pouuons auoir la cognoissance de nous mesmes, si premierement ne cognoissons Dieu. Mais toy au contraire appuyé sur la sacre authorité euangelique, dis que Dieu ne se peult cognoistre. Or pour faire responce à cela, ie ne veux pas que lon pense de moy, qu'à la façon d'vn poëte, ie me vueille asseoir sur le trepied de quelque Muse, à fin qu'à la façon d'vn estourdy & deprouueu de sens desgorger licentieusement, sans craincte de ma reputation, tout ce qu'elle me pourroit reduyre en memoire: ains selon la bien seance chrestienne iournellement me proumenant par les boys

de

de plaisance, & ombres du mont de Sion, & par les delicieux lieux de Tempé, à la maniere que i'ay esté institué es diuins commandementz de Dieu. Desquelz certes ie proteste deuant tous ceux qui me vouldrõt ouyr, auoir recueillir principallement tout ce que ie dois reciter: secondement l'auoir cogneu tant par raison naturelle, que par manifeste experience. Or ne suis ie si ignorant que ne sçache bien, ne se pouoir chose aucune absolument & precisement affier de Dieu, en tout ce qu'apperceuons par noz sens. Car il fault necessairement confesser, tout ce de quoy l'humaine intelligence donne diffinition estre au dessoubz de Dieu, qui est vne puissance non limitée. Qui faict que ie ne veux dire a present & confesser, qu'il nous faille ainsi cognoistre Dieu, de maniere que nous le cognoissions quel il soit en la separation de soymesme d'auecq' toutes autres choses, quel il soit en la totalle subsistence soymesme, quel il soit en la solitaire retirance de sa diuinité, & que c'est finablement que sa substance. Car cela est par trop difficile, mais plustost impossible de cognoistre, pour autant que l'humaine intelligence ne peult si hault attaindre & penetrer. A' quoy s'efforçant à quelque fois Platon oultre toutes les forces & vertus d'entendemẽt humain, a la fin apres auoir contemplé l'excellence & haultesse inenarrable de Dieu, tomba
en vn

en vn pernicieux, & damnable erreur, asseurant que Dieu ne se mesloit, ny ne se communiquoit aux hommes aucunement. Ce que si ainsi estoit la pauure nature humaine, delaissée en la puissance de toutes tenebres, deuiendroit en chartre, & assecheroit totalement par deffault d'humeur diuin. Mais nostre profession chrestienne, est en celà entierement contraire. Car nous croyons de cueur, & confessons de bouche sans doubte aucune, que Dieu a esté incarné au ventre virginal, & qu'il s'est à nous communiqué. Parquoy il nous conuient ainsi cognoistre Dieu, comme sainct Denys au liure des noms diuins, nous cōmande faire. C'est à sçauoir que toutes choses diuines, & celles mesmes lesquelles nous auons cogneuës par declaration, ne se cognoissent que par participations seulement. Et si d'auantage, il fault que nous retenions, qu'il n'y a sens qui puisse attaindre, ny aucune substance ny science penetrer, iusques à les cognoistre & sçauoir comme elles sont en leur commencement, & siege. Ou que nous appellions doncques ceste chose occulte, qui est par dessus toute essence, Dieu, ou vie, ou substance, ou lumiere, ou verbe, si est ce neantmoins, que par celà nous n'entendons autre cas que telles participations & vertus yssantes d'elle, au moyen desquelles nous nous esleuions en Dieu, & nous soit donné substance,

*Foy.*
*Ioan.1.*

*S. Denys.*

ou

S. Denys. ou vie, ou sapience. Car il y a maintes choses entre les diuines (comme le mesme dit en l'Ecclesiastique Hierarchie) lesquelles sont aux hommes incogneuës, & ont de fort dignes causes, lesquelles sont seulement apres Dieu notoires aux excellens ordres angeliques. Combien qu'il y en ayt maintes autres à ces souueraines substances cachées, qui sont à vn seul Dieu manifestes. Au moyen que Dieu a constitué certains degrez, à l'humaine condition, lesquelz n'est loysible exceder, ne surpasser. LE ROY. Tu ne dis chose qui ne soit veritable: mais ie vousisse en oultre estre de toy enseigné de la maniere comment nous fault cognoistre Dieu. LAZAREL. Veu doncques que Dieu est sur toute intelligence incomprehensible (comme

S. Denys. le tesmoigne le mesme saint Denys en sa Theologie misticque) & sur tout ce qu'on pourroit dire, adiouster, ou diminuer, affermer, ou nyer, inenarrable, il nous fault croyre fermement, & confesser simplement, estre vn Dieu en trinité, & troys en vnité, le pere, le filz, & le sainct esprit. En quoy s'accordent les docteurs Hebraiques auecques nous, comme on lit au
Rabi Moyses liure de Bresit Rabba, qu'a escrit Rabbi Moyses Adera. Dieu (dit il) lequel est commencement de toutes choses, lumiere, eternité, & le sainct, s'appelle Ab, c'est à dire pere. Vn Dieu, profondité, sapience, fontaine dont toutes choses

ses ont leur source & origine, qui est engendré, ou qui procede du pere, & est le premier commencement, s'appelle Ben, qui vault autant à dire, comme le filz. La racine de son cueur, & la perfection & comble de sa volonté, ou celle mesme des deux, s'appelle l'vnion de la vision diuine. Et sont neantmoins tous troys de mesme substance & perfection, & si ne sont qu'vn, sans difference aucune de l'vn à l'autre. Considere, ie te prie, Sire, comme apertement par ces parolles, est declarée & descrite la diuine Trinité. Encores toutesfois qu'aucuns d'entre les Hebreux, ou d'ignorance circonuenuz, ou incitez par certaine malice, nyent de grande obstination, qu'il y ayt en Dieu trinité : Mais quant à nous, nous le debuons tenir & croyre tres cõstamment, si nous voulons suyure verité, & acquerir immortalité. Et si fault de necessité, que fermement nous croyons tout ce qu'à esté institué & definy, touchant la diuinité, par les sainctz peres es Canons, par eulx faictz & accordez. Lesquelz si nous les voulions à present reciter, seroit par trop prolonger nostre propos, & intention. Mais que sera ce qui nous rendra aptes & idoynes, & suffisamment disposera, pour entendre le mystere, que ie contiens en mon esprit, & trauaille à mettre hors? Il n'y aura certes autre chose, qui nous puisse myeux à celà preparer, que de mediter Dieu estre

stre la cause de toutes choses, & leur createur, & qu'il les a crées pour l'amour de cest excellent & diuin animal, qui est l'homme. Car (comme dit Hermés) apres que Dieu eust faict & formé l'homme à son image & semblance, fut si fort delecté de sa propre forme, laquelle voyoit reluyre en luy, qu'il luy submist toutes ses œuures pour son vsage, à luy seul entre toutes autres creatures de ce monde se manifestant & declarant. Qui est la cause pour laquelle se esmerueillant le prophete royal, s'exclame en telle maniere. Qu'est ce, ò Seigneur Dieu, que de l'homme, que tu t'es à luy ainsi manifesté? Ou du filz de l'homme, que tant tu le reputes, & estimes? Dieu (pour bien dire) a tant prisé ceste creature, que de son eternité est deuallé & descendu au temps & prenant le vestement de la chair, il s'est faict homme. Il a doncques par ce moyen fort exalté, & magnifié l'homme, l'œuure de ses mains. Et de faict aussi est il digne d'estre grandement exalté, pour autant qu'vn tant excellent ouurier, n'ignore point combien doit estre estimé son ouurage. Car tout ainsi que le ciel faict par son image & lumiere, ce que la force & vertu du feu ne fait par sa qualité naturelle, au cas pareil faict Dieu par son image, qui est l'homme, ce que ne peut faire le monde par sa propre & naturelle puissance. En ceste sorte Moysé, Iosue, Helie, & tous

*Hermés.*

*Psal.8.*

*Phil. 2.*

tous les autres prophetes & esleuz de Dieu, ont esté excellens à faire merueilleux miracles.

LE ROY. Tu dis fort bien, & choses que i'entends volontiers. Lazarel: mais en oultre ie te prie me declarer, que c'est que l'ame humaine.

LAZAREL. Ie le veux Sire, & si ne te feray pas maintenant responce selon l'opinion d'Aristote, qui dit que nostre ame est la forme d'vn corps organizé: ne selon la diuerse sentence des philosophes, que ce soit vne essence, ou nombre soy mouuant, ou quelque harmonie, ou idée, ou l'aliance & l'vnion & concorde des cinq sens, ou vn esprit deslié espars par tout le corps, ou vne exhalation & vapeur, ou vne estincelle de l'essence des estoilles, ou vn esprit conglutiné auec le corps, on vn esprit entremeslé auecques les athomes, ou feu, ou air, ou eau, ou sang: ou qu'elle consiste de quelque essence, quelle qu'elle soit, ou de terre & de feu ensemblément, ou de terre, & d'eau, ou d'air & de feu. Il se peult faire nonobstant que toutes ces choses soient vrayes, selon diuerses manieres de proportions, en accommodant bien & deüement la tranlation figuratiue. Or quant à moy ie te respondray, ô noble & illustre Roy, selon l'opinion de Philo, au liure de l'agriculture, disant que l'ame humaine a esté faicte à l'image du verbe, cause des causes, & le premier exemplaire: & que c'est vne substance de Dieu em-

*Diffinition de l'ame.*

*Philo.*

V princte

princte & cachetée de son seau, la marque & caractere duquel est le Verbe eternel. Ou autrement (si tu aymes myeux) ie te respondray par expresses parolles, qu'a Pimander respondu à Hermés. Ce qui voyt & oyt en toy (dit il) est le Verbe de Dieu, & ta pensée, est Dieu le pere. Car ilz ne sont point l'vn de l'autre separez, l'vnion & concord desquelz est la vie. Voylà la difinition de l'ame qu'ont donné les anciens.
LE ROY. Asseurément sont choses admirables.
LAZA. Pour le moins si sont elles vrayes: lesquelles trouueras estre telles, si tost que tu auras parfaictement entendu, ce que ie veux dire. LE ROY. Certainement ainsi l'esperay ie, & desire affectueusement: mais ne laisse pas d'oultre passer, & poursuyure ta promesse. LAZA. Ie le veux Sire. Pense doncques en toy mesme par celà que nous auons dit audessus, comme ces choses sont ensemble liées & conioinctes: à sçauoir, que le moyen de se cognoistre soymesme, prouient de la haulte & excellente cognoissance diuine. Car quand tu sçauras l'excellence de ta substāce, tu ne tiendras pas peu de conte de toy, ny ne te veaulteras en la fange: ains sortiras hors de ton corps, hors de toy mesme, hors de toutes sensualitez, & franchement, parfaictement, & puremēt passant oultre t'enuoleras iusques à la supersubstancielle clerté, ou Dieu fait sa demeure, en te rangeant par ce moyen au rang & nombre des
diui

*(marginal note: Hermés.)*

diuines puissances: & estant entre elles receu, auras de Dieu pleine & entiere fruition. Et en apres multiplieras la diuine lignée, & la peupleras non à ton honneur & seruice, mais à celuy de Dieu. Car il fault de necessité, que tousiours le semblable, soit de son semblable procrée. LE ROY. Ainsi certes des à present m'y efforçay ie Lazarel, & y tacheray plus à plein desormais. LAZA. Quant à mon endroit, ô bon Roy, ne cesseray iamais de tout mon possible de t'enhorter, à fermement continuer & perseuerer en ceste tant saincte & sacrée œuure icy. Quoy faisant ie te prie n'estimer, que ie te vueille attraire à cõsentir à moy, ainsi que les ministres de nostre mere l'Eglise, lesquelz (selon son ancienne & louable coustume) en mettant de la cendre sur la teste du peuple l'admonnestent en ceste maniere. Homme (disent ilz) souuienne toy, que tu es cendre, & qu'en icelle te conuient retourner. Car ceulx cy admonnestent l'homme exterieur & mondain, & le contraignent par craincte seruile, à faire bonnes œuures. Mais au regard de moy, ie t'attireray à consentir à mon dire, comme l'homme interieur & substanciel, & comme l'enfant de Dieu par vn effectueux, & cordial amour, par ces parolles d'Hermés. Souuienne toy homme (dit il) souuienne toy, que Dieu nostre pere, est la vie & lumiere, duquel a l'homme sa naissance. Si dõc

*Gene.18.*
*Eccl.10:7*

*Hermés.*

V ii     tu te

tu te consideres toymesme, & entends que tu es de vie & lumiere composé tu monteras encore de rechef à la dicte vie & lumiere, dont es yssu. LE ROY. Ie suis tout changé ce iourd'huy par tes parolles, Lazarel, ie suis du tout hors de moymesme, ie me sens du tout renouuellé: ainsi comme à quelquefois, lors qu'estois ieune, auois coustume d'entendre entre les fables, la methamorphose & transmutation de Glaucus.

*Fable de Glaucus, Dieu marin.* Lequel pour auoir gousté de quelque herbe de fort grand' vertu, que l'on nomme vulgairemēt de la seignée, ou dentchien se sentit incontinent conuertir en nature de puissance diuine, à cause de quoy l'ennombre on entre les dieux de la mer. LAZA. Ceste nostre mutation est tres bonne, Sire, lors qu'estans regenerez de lumiere diuine, nous nous changeons peu à peu en vrays hommes. Or dit Hermés, que le

*Hermés.* vray & parfaict homme, est plus excellent, que ne sont les Anges, ou pour le moins qu'il obtient pareille condition qu'eux. LE ROY. Qui est celuy, qui peult droictement estre appellé vray homme, Lazarel? LAZA. Celuy qui ne

*Que c'est qu'vn vray homme.* confond point l'ordre diuin, & suyt la fin pour laquelle a esté crée de Dieu, comme fut Abraham, duquel est parlé au liure, qui des Hebreux est apellé Abudazara, ou il est récité, que le cin-

*Abraham.* quante deuxiesme an de son aage, en la ville Darana, ainsi qu'vn vray homme & vray obseruant in uantin de la reigle de Dieu, commença enseigner à ceux du païs la maniere d'adorer Dieu, le seruir & luy faire honneur & reuerence, ce qu'il fist huict ans cõtinuelz. Item sainct Denys escriuant à Caius le venerable, dit ainsi de nostre Seigneur Iesus Christ. Nous ne faisons point de difference de Iesus Christ d'auecques vn autre homme par humaine raison, au moyen qu'il n'est pas homme seulement (car de faict aussi ne pourroit il estre supersubstanciel, s'il estoit homme simplement) mais il est vray & parfaict homme. Or nous fault il Sire, ensuyure ceste verité, si nous voulons estre, & reputez telz. Ce qui se faict par frequentes & assiduës admirations, prieres, supplications, loüanges diuines, & esleuation d'esprit en Dieu, & finablement en traictant souuent & par longues années les choses diuines. Ce qu'à celle fin que les hommes puissent obtenir plus ayséement, Hermés dit, les Muses auoir esté de Dieu ennoyées aux hommes. Conuertys donc icy, Sire toutes les forces & vertus de tes Muses, que tu as aprises & entenduës de Pótanus, ou de quelque autre poëte, & t'y appliques de tout ton esprit, Prie, louë, admire, contemple diuinité. Car par ce moyen, deüement te disposeras à ce hault mystere, que i'ay deliberé (Dieu aydant) mettre en lumiere. Car aussi de telles choses le ciel mesme (ainsi que dit Hermés) s'en delecte,

*S. Denys.*

*Hermés.*

V iii auec

*Hermés.* auecques tous ceux qui habitent en iceluy. LE ROY. Ie suis bien d'opinion que nous faisions comme tu admonnestes: à fin que le rayon de l'eternel, & tout puissant Dieu, face son influence en nous, & le prier que soyons trouuez à celà purement & sainctement disposez. LAZA. Sois donc à moy ententif, Sire de tout ton cueur pendant que ie chanteray le cantique de diuine contemplation. Escoute moy donc soigneusement, & retiens d'vne ententiue eleuation d'esprit, tant les mots que les sens. LE ROY. Mets ce que tu dis en effect, nous sommes assez entifz. LAZAREL. Or sus mon ame eueille toy maintenant & pense aux grandz & mer-

*L'hymne de la cõtemplation diuine.* ueilleux faitz de ton Dieu. Dis moy qui est celuy, qui de rien a ainsi faict & ordonné toutes choses ? L'AME. C'a esté le seul verbe de Dieu nostre pere. LAZA. Soit donc loué le verbe du pere. Que toutes choses donnent loüanges au verbe diuin. Qui est celuy qui a lassus mis & colloqué ces resplandissants flambeaux, pour auec mutations & changemens eternelz varier les vicissitudes & alternations de toutes choses? L'AME. C'a esté la seule pensée diuine, issante de Dieu. LAZA. Soit donc loué & magnifié Pimander l'image de la diuine pensée. Que ma pensée chante & exalte la pensée. Qui est celuy qui a fait ce beau & lumineux Soleil comme l'image & exemplaire de la saincte lumiere, luy
assignant

asignant ses degrez pour toute chose illustrer, & diligemmēt tous lieux en chercher? L'AME. C'a esté la splendeur du pere. LAZA. Soit donc louée la tres sainéte & claire lumiere. Que celle laquelle est en moy collaude sa mere. Qui est celuy qui a faict & ordonné que la Lune, & toutes les estoilles du ciel prisent du Soleil leur clerté? L'AME. C'a esté Dieu nostre pere & createur, celuy qui à toutes choses donne vie & lumiere, pour leur conduicte, & gouuernement. LAZA. Soit doncques louée la source de la saincte lumiere. Que tous les astres luy chantent hymnes & loüanges. Qui est celuy qui a commandé aux globs celestes tourner de diuerse & contraire rondeur, & à la fin se rendre ensemble? L'AME. C'a esté Dieu le seul facteur du monde. LAZA. Que toutes choses celiques doncques luy rendent loüanges. Qui est celuy qui a donné vie à toutes choses tant corporelles comme incorporelles? L'AME. C'a esté Dieu qui est la seule vie de toutes choses. LAZAR. Soit doncques louée la vie du souuerain pere. Que toutes choses viuantes luy chantent loüanges. Qui est celuy qui a preposé l'homme à tous animaux, & luy a commandé d'esleuer les yeux au ciel? L'AME. C'est Dieu nostre pere, qui nous a tous engendré. LAZA. Soit doncq' loué celuy qui nous a faitz & creés. Que tous animaux luy chantent hymnes & cantiques.

Pro 1.

V iiii qui

Qui est celuy qui à toutes creatures a seulemēt donné voix, & à l'homme seul sur toutes a dō-né entendement & parolle, à fin par ce moyen de representer la vraye image & figure de son pere? L'AME. C'a esté la pensée & verbe du pere. LAZA. Soit doncques louée la pensée & Verbe diuin, qui a fait & crée le monde. Qui est celuy qui toutes choses emplit, & esleue l'homme seulement en hault, & l'attraict à soy & conuertit en Dieu? L'AME. C'est celuy qui en soy contient tout esprit. LAZA. Soit donc loué le sainct Esprit. Que toutes choses disent loüanges, à celuy qui remplit & contient le monde. Qui est celuy qui prenant l'humaine e-spece, nous a nettoyé de la maladie spirituelle? L'AME. C'a esté Dieu, qui en son sainct habite. LAZA. Soit doncques loué celuy duquel nous sommes le temple. L'assemblée & congrega-tion des sainctz, luy chantent loüanges auec-ques action de graces. Qui est celuy qui voyant le premier homme s'estre foruoyé de la voye de iustice originelle, l'a reduyt en la droicte? L'A-ME. C'est celuy qui est né de la vierge. LAZA-REL. Soit doncq' loué le filz de la vierge. Que l'homme luy chante loüanges & nouueaux cantiques. Qui est celuy qui apres que les hom-mes ont encore de rechef souillé la sainte ima-ge de Dieu laquelle luyt en eux, leur offre sa main auxiliatrice, à fin de les rendre en leur primitiue

mitiue & naturelle beauté? L'AME. C'est le saint
& iuste d'Israël. LAZA. Soit doncques loué le
redempteur, qui par sa digne mort, a payé nostre transgression & forfaiture. Qui est celuy
qui toutes choses renouuelle & purifie apres
qu'elles sont infectionnées d'ordure. L'AME.
C'est la seule pensée de l'eternel & tout puissant Dieu. LAZA. Soit doncques louée la pensée du pere. Que tous siecles luy disent doux
& melodieux chantz. Qui est celuy finablemét
qui encore que nous soyons tombez de nostre
premiere dignité, ne trouue estrange, de nous
restituer au noble throne de sa royalle maiesté?
L'AME. C'est le cõseil du souuerain pere. LAZA. *Mat. 28.*
Or sus mon ame puis que ces choses sont, & les
cognoys telles, reiete de toy les liés de la chair,
& t'esleue totalement en Dieu. Mon ame, que
donneras tu à ton pere legitime, pour tout ce *Psal. 115.*
qu'il te donne? Quel present feras tu à son filz
Iesus Christ? Que donneras tu au sainct Esprit
pour recompense de ses biens? L'AME. Les doux
& harmonieux chantz de loüange. LAZA.
Soit donc loué, & magnifié celuy qui tout meut
& gouuerne. Celuy qui est luy seul tout, vn
seul Dieu en essence, & triple en personne.
Nous auons contemplé iusques icy, tres magna
nime & vertueux Roy. Or poursuyuons maintenant ce qui est de reste. LE ROY. Ie te pro-
mets, que i'ay esté espris d'vn grand & affectueux

eux amour de Dieu, par ceste hymne que tu viens de chanter, en ce principallement qu'il a donné à l'homme telles prerogatiues. Et non seulement ay esté d'amour diuin embrasé, mais aussi presques rauy & transporté hors de moy mesme, comme il aduient, à ceux qui de cas d'auenture rencôtre vn Torpille. Car ton hymne & cantique, m'a semblé non pas comme celuy qui procede de l'inspiration des Muses, ains comme prouenant de la puissance & maiesté du Verbe de Dieu. Ce n'est point doncques de merueille, s'il enflamme si fort & attire à soy le mien entendement, & le transporte hors de son manoir. LAZA. Il fault doncques doresnauant mettre peine que tel amour diuin perseuere en nous, & accroisse de iour en iour. Il est de telle sorte, qu'il conuertit les choses inferieures en superieures, & les conioinct & vnit ensemble. Premierement contemplation excite amour, lequel excité puis apres côuertit à Dieu l'humain entendement. Lequel ainsi côuerty, est en Dieu de rechef en telle sorte formé, que reprenant sa naïue vertu & vigueur, qu'il auoit perduës par desordonnées affections aux choses materielles fait puis apres par sa parfaicte vertu choses plus admirables & de plus grande importance, que ne faict la nature mesme du ciel. LE ROY. Il côuient doncques (comme ie puis cognoistre par la tienne exhortation) s'employer de tous ses
sens

sens à aymer Dieu. Mais ie te priē me dire d'a-
bondant que doit faire l'humain esprit, apres
qu'il est ainsi reformé. LAZA. C'est prudemmēt
interrogué à toy, Sire, à l'ocasion qu'oncques
nul ne s'acquitera deuëment, de ce qu'il ignore
Sois donc à moy ententif de ton pouuoir, à fin
que tout ainsi que tu as esté par la grace de Dieu
ordonné & estably Roy en ce corps mortel, au
cas pareil quand par la dissolution du corps &
de l'ame t'enuoleras lassus au ciel, tu perseueres
à iamais Roy auec Dieu, en seigneurie, & empire perpetuel, estant de lumiere spirituelle cou
ronné. Or sommes nous venuz maintenant iusques à l'entrée de la clerté, ou habite Dieu. Parquoy entends, à celle fin que tu y puisses plus
ayséement entrer. LE ROY. Me voyla ententif,
n'affectant autre chose, sinon que d'y estre par
tout introduyt. LAZA. Il nous fault entendre,
Sire, outre tout ce qu'a esté dict, que Dieu est
fecond, d'autant qu'il est l'autheur & createur
de toutes choses. Qui est la cause pourquoy
Hermés l'appelle tres plein de fertilité de l'vn & *Hermés.*
l'autre sexe: Et que Orpheus le dit estre masle
& femelle. Ce qu'à celle fin que tu croyes plus *Orpheus.*
fermement estre ainsi oys, luy mesme le con-
fermer par la bouche du Prophete Isaye. A' sça *Isa.66.*
uoir mon (dit il) moy qui fais les autres enfan-
ter, se ie n'enfanteray point? Et qui donne lignée aux autres, si ie seray sterile, s'a dit ton seigneur

S. Denys. gneur Dieu? Sainct Denys pareillement au liure des noms diuins dit, qu'attendu qu'il ne fut oncques qu'il n'y eut vn parfaict amour au souuerain bien, aussi ne luy a il permis aucunemẽt estre en luy sans faire quelque fruict, de sorte qu'il a esmeu à ouurer par la generatiue excellence de toutes choses. LE ROY. Ie ne voudrois faire doubte que tout ce que tu recites ne fust vray. Mais, Lazarel, dy moy, ie te prie, quel prouffit raportons nous à la fin, de la notice de ceste diuine fertilité. LAZA. Ie te le donneray presentement à entendre, Sire. Puis doncq' que tu as entendu ceste diuine fertilité, il te fault consequemment entendre, que tout ainsi que l'homme est la gloire & image de Dieu, qu'il a pareillement remparé, & muny (comme

Hermés. dit Hermés) ainsi que luy, de fecondité de deux sexes. LE ROY. Vn chacun entend prou celà, & le sçait par manifeste experience. De maniere que non seulement voyons nous l'homme estre fecond, mais aussi pareillement tous autres animaux. Ce que s'il estoit autremẽt, leurs genres n'eussent perseueré par si lõgues espaces de temps. LAZA. Il n'y a celuy (comme tu dis) qui ne l'entende, mais ilz n'entendent pas tous ce que i'entend pourfuyure, & declarer maintenãt LE ROY. Qu'est ce? Or sus exprimé le soudainement. Car ie suis à present grandement affectionné de l'oyr & entendre : & puis (comme tu sçays) l'humain esprit souffre impatiëment le long redard. LA. Mon intention n'est pas de traiter de la fertilité de ce corps materiel, Sire, ains de celle de l'ame, laquelle aussi redonde par ce corps. LE ROY. Qu'est ce que la fertilité de l'ame. LAZAREL. Applique toy maintenant de toute ton intelligence à ce que ie veux dire, doubtant qu'il ne s'escoulle comme l'eau, & deuiéne à neant. LE ROY. Ie te prometz de m'y employer de tout mon possible. Poursuys donc ton intention. LAZAREL. Attendu que l'humain entendemẽt est l'image de celuy de Dieu, aussi luy a il donné, non seulement generatiue fecondité, mais aussi immortalité. Lesquelz deux excellens & speciaulx dons, il communique & ottroyt sur toutes autres creatures de ce monde à son image, auecques le moyen de parler. Ce qui est la cause pour laquelle dit Hermés, l'entendement & la parolle, qu'à l'homme, estre de mesme pris & excellence qu'immortalité. Tellement qu'il dit, celuy qui en vse à ce qui est conuenable, ne differer en rien des immortelz. Mais d'auantage, que telz gens seront à la fin conduictz par ce moyen, en la compagnie des bien heurez. Car lors que ces deux cy, à sçauoir, parolle & entendement sont ensemble conioinctz, ilz produysent vne lignée diuine. LE ROY. Ie ne douterois aucunement cecy estre vray, ò Lazarel, pourueu que

*Hermés.*

tu

tu voulsisse signifier, que telle lignée de l'esprit fussent les bonnes sciences & artz liberaux: lesquelz conceuz premierement dudit esprit, & par la parolle conduictz aux sens interieurs, cõme à quelque enfantement, sont reseruez aux successeurs par les liures & escriptz. LAZA. Ie ne vueil pas nyer, que les sciences ne soient les lignées ne l'entendement, produictes neantmoins de race aucunemét diuese, à celle que i'entends en ce lieu denoter. Car ie traicte à present de la generation spirituelle vniuoque, & (par maniere de dire) de mesme conionction & nature, tant que ce qui est engendré, soit vne mesme chose auecq' son geniteur. Car le semblable s'engendre tousiours de son semblable, par vn enfantement & production vniuoque, ou (si tu ayme myeulx) de mesme & semblable nature. LE ROY. Dy moy, ie te prie, que peult estre celà, ne delaye plus ta narration. LAZA. Consideres donc maintenant, Sire, ce que ie diray. S'il est ainsi que le corps ayt si grand' vertu à produire vn corps pareil à luy: que sera ce qui empeschera que l'ame semblablement n'engendre vne autre ame, ouy beaucoup plus excellente, & de trop plus grande efficace & vertu, que n'est le corps. LE ROY. Veux tu dire par celà, Lazarel, que l'ame de celuy qui est engendré, prouienne de celle du geniteur? LAZ. Non, Sire, nostre present propos ne tent point
à celà

à celà, ains à la generation de l'ame. Ce que si tost que Hermés l'eut reuelé à Esculapius, tomba en pasmoison, & s'escria à haulte voix, disant qu'il estoit entierement esperdu & troublé de son entendement, par l'incredible maiesté & hautesse de la chose, & que l'homme estoit fort heureux, lequel auroit obtenu vn tel don de Dieu. LE ROY. Il ne fault point ó Lazarel, me retenir par si long circuit de parolles suspend, & en doubte. Car à la façon d'vn vaisseau à vin n'ayant spiracle par lequel peust auoir air, ie partys de trauail, à soudainement digeré tout ce que tu me dresse. LAZAREL. Il est iuste & raisonnable de t'obeyr, ò bon Roy, non comme espris du diable Socratique, ains de l'esprit de Iesus Christ, faisant sa demeure en ceulx qui luy portent honneur & reuerence, & l'adorent syncerement. Voylà, nous sommes appellez à la soueraine & suppreme felicité de l'ame. Voyla, les delices & voluptez de Paradis nous sont ouuertes maintenant la cité celeste se reuele, l'acces & ouuerture est patente à la mõtaigne, au tabernacle, à la Royalle maison de nostre Dieu. Voyla, le Royaulme d'Israël que les poëtes apellẽt l'aage doré, pour lequel Iesus Christ à monstré à ses disciples de prier, nous est proposé deuant les yeux. Les six iours de labeur sont passez, le repos du Sabbat est apparu, & verité accompaignée de sapience

s'aduence

*Hermés.*

*Rauissemẽt & extase de Lazarel.*

Mat. 6.
Luc 11.

s'aduance de venir au deuāt de nous, pour nous conduyre lassus. Du conclaue & lieu secret de sapience, nous est fouy le thresor d'immortalité. Voyla la boyson des dieux, voyla leur viande, voyla la manne, voyla le sacrifice, voyla la cene de l'agneau, à laquelle les oyseaux du ciel accourent de tous costez, & ou nous, qui en sommes conuiues & hostes, serons repeuz. Le boys de vie nous sera desormais en odeur de souef onguent. Nostre esprit ne trauaillera plus d'icy en auant, ny ne se lassera. Parquoy pendant que ie chanteray l'hymne de la diuine generation, soys à moy ententif de toutes tes forces & vertuz. Car par tel moyen tu facilement comprendras cest ineffable mystere, que ie veux descrire. LE ROY. Voyla, ie suis prest & appareillé de tout mon pouuoir tāt d'esprit, que d'oreille, à te bien escouter & entendre. LAZA. En quel lieu me transporte tu mon Dieu mon pere? Est ce icy le lieu, d'ou le bon viellard Henoch, celuy qui t'a tant pleu, en suyuant tes sentiers, a esté au ciel rauy & transporté? Est icy le sainct mont d'Oreb, ou ton bon prophete Helie de Thebes se mussa lors qui fuyoit la felonnie de la cruelle Hyesabel? Ou bien celuy de Syna, ou Moyse semblant estre cornu, donna tes sainctes loix au peuple Iudaique? Est ce icy le sainct fleuue de Iordain, ou ton filz le verbe diuin, fut ne sainct Iehan baptisé, pour accomplir

*Himne de la generation diuine.*
*Gen. 5.*

*3. Reg. 19.*

*Leu. 26. 27*
*Mat. 3.*
*Luc. 4.*

plir toute iustice? N'est ce pas icy plus tost le sacré mont de Thabor, auquel, estant faict homme, sa face a si fort resplendy, qu'elle a surmonté la clerté du Soleil, & ses vestementz, ont esté faictz plus blancz, que n'est la neige? Dont ta voix a antonné, & s'est ouye, disant ainsi: Voycy mon filz, que i'ay engendré auant tout aage & qu'il m'a pleu au temps par moy decreté cacher d'vn domicile corporel, pour deliurer l'humain lignage de la seruitude & puissance de Sathan? Voyla grand cas que l'amour, ou plus tost fureur spirituelle, que i'ay conceu de toy en mon entendement, par les tiens rayons que tu as sur moy espandu, m'a causé matiere d'entendre beaucoup de tes secretz, lesquelz estoient parauant à moy incogneuz. D'ou vient, que ne veux à present commencer ne dire chose, qui sente sa vilité, legiereté, ou mortalité, ains qui ne soit haulte, magnifique, excellente, & sentãt sa diuine maiesté, & precellence, & ne soit bien d'autre harpe chanté, que de la mienne: Parquoy, mon Dieu, ie te rends graces de me faire tãt de bien, que de me permetre maintenãt dire par vers nudz (pour l'instruction & doctrine des tiens) ce que iadis fut deffendu & prohibé dire par paraboles. Mais cela ne c'est faict sans euidente cause & raison: Car ès diuins oracles se chante, qu'en ces derniers temps, toy Dieu nostre pere debuois estre de tous cogneu, & tes es-

*Math. 17.*
*Marc. 9.*
*Luc. 9.*

*Isa. 54.*
*Ioan. 6.*

leuz

leuz de toy aprins & enseignez en ton sainct nom. Voyla, ie commēce. Que tous entendent d'oreilles ententiues mes doux & harmonieux chantz, pleins de diuine parolle. Voycy ie commence à sonner de ma harpe. Entre toutes choses nouuelles & dignes d'admiration, ceste cy est la plus nouuelle & esmerueillable, que l'hōme a inuenté nature diuine, & mis en œuure. Car tout ainsi que le seigneur Dieu createur de toutes choses, a faict & formé les celestes espritz chefz & patrons de toutes choses : au cas pareil celuy qui est vray & parfaict homme, faict & fabrique les sainctes ames, les appellant les dieux de la terre & enfans d'Athlas, se cōtentants de l'alliance & affinité humaine, & s'esiouissans de son heur & felicité. Sont ceux qui enuoyēt songes denotans les choses à l'aduenir, qui dōnent ayde & confort aux gens de bien, en leurs angoisses & tribulations. Au contraire trauaux & calamitez aux meschans, guerdonnans les bōs, & punissans les mauuais. Et en ce faisant, accomplissans le vouloir & commandement de Dieu leur pere. Sōt les disciples, & seruiteurs de dieu, que le facteur du monde a establiz & ordonnez ses ambassades & Apostres, & dieux en terre, en les exaltant & leur enuoyant du ciel sens & intelligence à fin de comprendre les sainctes escritures. Sont ceux qui repriment & tollissent du monde tous dangiers de mort, dechassent au loing

*Il expose en ce lieu Le. 9 & 13. chap. du second dialogue de Mercure.*

*Luc. 1.4.*

loing toutes pernicieuses especes d'infirmitez & maladies: par lesquelz sont toutes propheties accomplies,& le commandement de Dieu mis à execution & effect. Il fault doncq'(pour toute resolution)sçauoir, que Dieu nostre pere a donné à l'homme entendement conforme au sien auec parolle, à fin qu'il engendrast des dieux semblables à luy,& ses diuins commandementz accomplist. Bien heureux donc est celuy,qui les graces de sa nature recognoist,& les met en œuure liberalement & sans contrainte. Car vn tel homme merite estre mis au rang des dieux, ny mesme est à eux inferieur. Tu as entendu (comme ie pense) Sire, ce que nous auons cogneu par diuine inspiration. Ce que certes, ainsi comme nous lisons es sainctes lettres, le sabbat des sabbatz, les sainctz des sainctz, les cantiques des cantiques, se peult aussi pareillement appeller, le secret des secretz. Laquelle chose m'est non seulement persuadée par l'authorité & raisons des sages, mais aussi parfaictement cogneuë par experience. Ce que cognoistras apertement, pourueu que ne t'en desiste. Mais ie te supplie que ce pendant tu tienne clos au secret lieu de ton entendement, ce que tu as de moy entendu, ou plus tost ce qui est decoulé en nous de la pure fontaine de verité, par diuine suspiration, de peur que quelque infidele, & sans sçauoir l'oyes & entende.

X ii     LE

LE ROY. Il nous fault faire du tout, comme tu admoonestes, Lazarel. Car si ainsi est (cóme l'on dit) que les déesses Eleusines, ont esté irritées cótre Eumenius le Philosophe, pour sa trop grande curiosité de vouloir sçauoir les choses occultes, & pour auoir rencusé & decelé au commun vulgaire, les ceremonies que l'on auoit coustume faire, quand on sacrifioit à la déesse Eleusine à plus forte raison est il digne de croyre, que le souuerain ouurier de toutes choses se courrousse, s'il aduient que quelque gens soient si temeraires & oultrecuydez, de diuulguer parmy le peuple, les mysteres qu'il veult estre tenuz secretz. Ainsi que mesmement il a prohibé & deffendu, que l'on n'espádist ses marguerites, deuant les porcz. Mais que diray ie maintenant Lazarel? Croys que ie suis si fort espris d'amour & transporté d'admiration & de ioye, qu'à peine sçayie que ie fais, ou la ou ie suis. LAZAR. Non sans merueille, ò tres heureux Roy. Car si chasque nouuelle, tant soit elle de petite importance, effraye les sens, à plus forte raison ceste cy. Laquelle non seulement pour sa non pareille sublimité & haultesse estonne les sens, mais aussi le regard de l'entédement. LE ROY. Ie voudroys que tu me declarasses maintenant, Lazarel, qui ont esté les sages, soient anciens, ou modernes (si aucun en as promptement) qui ont traicté de cecy. LAZA. Tout ainsi que des

*Fable des déesse Eleusines.*

*Math. 7.*

adonc

adonc le commencement du monde, bien peu
ont esté, qui ayent eu ce tant excellent & parfaict don : au cas pareil bien peu ont esté, qui en
ayent traicté. Car nul pour son honneur s'en-
tremet de donner enseignemens, de ce qu'il i=
gnore. LE ROY. Mais ceux que tu dis auoir esté
en si petit nombre, qui sont ilz? LAZA. Ie te re-
citeray succinctement, ceux que ie pense. En
premier lieu Hermés par tous ses dialogues, que  
l'on trouue pour le present, encore que de cecy *Hermés.*
en donne instruction, si n'en trouuay ie, ou il y
en ayt plus apertemēt traicté, qu'en celuy qu'il
a dedié à Asclepius, lequel est intitulé de la volonté de Dieu. Autant en disent les docteurs
Hebraïques, en asseurant mesmement, que Henoch en a fait mention en quelque liure, qu'il a  
escrit du Roy superieur & inferieur, disant que *Henoch.*
qui les vniroit ensemble, il auroit continuëlle=
ment vne merueilleuse ioye, & consolation de
lassus. Ce que, selon mon aduis, ne denote autre
chose, que le mystere de ce secret. Abraham pareillement au liure qu'il a nommé Zepherizira, *Abraham.*
c'est à dire, le liure de la formation, monstre la
maniere de former hommes nouueaux, en ceste sorte. Sçauoir est, qu'il faut (comme il dit) celuy qui en veult vser, se transporter en quelque
montaigne deserte ou les bestes ne paissent, &
illec tirer du mylieu de ce mont de l'argille, ou
terre vierge, de laquelle puis apres fault l'hom-

me former, & par tous ses membres bien &
deuëment disposer les elementz des lettres. Laquelle chose, comme ie pense, se doibt ainsi entendre. Les montaignes desertes sont les sages
deuins, lesquelz sont pour bonne cause appellez desertz, pource que coustumierement sont
du commun desprisez, iouxte ce qui est escrit au
liure de sapience de telles gens. Entre nous insensés (disent les meschans estans es enfers) estimions leur vie, n'estre qu'vne droicte follie &
enragerie. Et Hermés. Ceulx qui a telle sagesse
se dedient, iamais la commun ne leur plaist,
non plus qu'ilz ne plaisent au cõmun. Ilz sont
finablement estimez insensés, & raportent souuentesfois au lieu de l'honneur qui leur est
deu, risée & moquerie. Par foys hays, & atrocement iniuriez, & à la fin meurtriz. Nous auons
Platon semblablement, qui dit vne pareille sentence en son Phedrus. Celuy (dit il) qui se retire de la maniere de faire du commun, & s'applique es choses diuines, est souuent repris & moqué de la multitude imperite, & le disent estre
hors de son bon sens. Aux quelz certes est caché qu'vn tel personnage est plein de diuinité.
Quant aux bestes, sont, iouxte l'interpretation
de Philo, les sens corporelz, qu'il dit estre au nõbre des sept. Ces bestes cy ne paissent, ny ne mãgent es montaignes, au moyen que les sages ne
sont iamais attraictz par sensuelles persuasions.
Mais

*Sapience. 5.*

*Hermés.*

*Platon.*

Mais Adama dite terre rouge & vierge, n'est autre chose que l'entendement des sages. Apres donc que l'homme est nouuellement formé de ceste terre, il est viuifié par tous ses mêbres par mistique, ou figuratiue disposition de lettres. Car la generation diuine, se faict & s'accomplist diuinement par mistique prolation de parolles, lesquelles se composent des elements de lettres. Parquoy, nous fault aller vers ces montaignes, si nous voulons obtenir ceste prerogatiue de diuine formation: au moyen qu'il n'y a seulement que les entendementz des sages, qui l'obriennent. En ceste façon donc (à mon iugemét Abraham, a delaissé à ses successeurs ce hault mystere soubz obscure & couuerte sentence. Mais trop plus encore que tous autres, nostre saulueur Iesus Christ, le vray Messie, l'a de bouche commandé, & parfaict d'œuure, selon le côtenu de la prophetie d'Asaph, lequel iadis ainsi *Asaph.* de luy prophetiza. I'ouuriray ma bouche en *Psal. 77.* paraboles, & mettray en train themes, & propositions de ce qui a esté fait des le cômencement. Vn iour pareillement entre autre (ainsi qu'il est escript au liure de Bresith Raba, qu'à faict Rabi Moyses Adersan) apres quelque dispute faicte *R. abi Moyses* des choses diuines entre quelques Talmutistes, *Rabi Amio-* & illec Rabi Amiona eust recité ce secret, qu'il *na.* auoit recueilly de l'authorité d'Henoch, l'on dit que lors il pleura & rist consequemmét Rabi bi Symeon, & à la fin dist. C'est la diuine volonté, laquelle ne veult estre à generation aucune reuelée, premier que le Messie soit venu, qui donnera puissance & liberté, de ces choses reueler. Sur tous donc (comme nous auons dit) Iesus Christ l'affranchisseur de nostre liberté, a reuelé ce secret. Mais l'heure s'aproche de bref que quelque plenitude de temps accomplie, le manifeste plus à plein, à fin que ce qu'il a de sa sacrée bouche prononcé, soit accomply: I'ay autres brebis, lesquelles ne sont de ceste bergerie, qu'il me fault auec moy amener. Lors il ny aura qu'vne bergerie & qu'vn berger. Or est il à sçauoir que l'on peult recueillir quelque chose faisant à celle cy, par tous les liures tant du viel que du nouueau testament. Ce que neatmoins ne se faict, qu'auec tres grande & contraincte difficulté. De maniere que n'ay souuenance, auoir leu autres, fors ceux que i'ay rememoré, qui ayent recité cecy apertement, ou occultement.

LE ROY. S'il est ainsi qui n'y ayt rien qui puisse contrarier & repugner au vouloir diuin, ie vouldrois bien que tu m'eusse declaré, par quel ordre & moyen, vn si grand œuure se consomme & accomplist. LAZA. I'ay desir aussi (Dieu aydant) le parfaire, à fin qu'on ayt acomplissement de tout l'œuure diuin. Car cecy est vne chose diuine, saincte, magnifique, & royalle, & telle qu'il appartient à vn heroique, vertueux,

ma-

magnanime,& deuot Roy,comme tu es. Car si le temps passé,les Roys de Perse(comme Platon mentionne) apprenoient à Zoroastre la maniere de faire honneur, & porter reuerence aux dieux,& les adorer, qui n'estoit autre chose que l'art de Magie: combien à plus forte & euidente raison, les Roys Chrestiens doibuent estre enseignez en la pure,& vraye,& qui nous recule de toutes fauces & adulterines supersticions, façon de porter honneur à nostre Dieu,qui est le Dieu des dieux & seigneur des seigneurs? Mais tu voys, ò Roy que le Soleil s'abaisse, & vient au desclin, & qu'il fault regarder de bien pres à plusieurs conditions, en celà que tu requiers. Lesquelles si me metoys à deduyre, nostre propos accroisteroit plus amplement de beaucoup, que celuy que nous auons acheué, & si la nuyt nous surprendroit. Ioinct que nostre esprit estant lassé de la trop grande longueur de ce present propos,ensemble de sa grandeur & difficulté, vacille & chancelle, tant qu'il n'affecte autre chose que de soy reposer. Parquoy ie te voulsisse bien prier que nous differassions cecy à vn autre & plus opportun temps & lieu plus retiré du commun & plus solitaire, imitans en ce les sages Hebreux. Car au liure de Genese sur ce passage, ou il est dit,qu'Abraham par son testament donna tout ce qu'il possedoit à son filz legitime Isaac, & à ceux de ses concubines

*Les Roys de Perse.*

*Gene. 25.*

des

des dons, les Cabalistes recitent ainsi. Ce qu'il

*Cabalistes.* donna aux enfans de ses concubines fut Scemoth steltoma, c'est à dire, les noms d'immondicité, sçauoir est l'art de Magie. Mais ce qui fut donné à Isaac, furent quelques secretz diuins, lesquelz à cause qu'ilz luy furent reuelez bouche à bouche, ilz les appellent Cabalan. Lequel nom de nostre temps a commencé, d'estre cogneu à quelques vns. Son operation neátmoins est enuers tous (vn seul excepté) entierement cachée & incogneuë. Quant au reste ó bien heureux Roy, il sera en toy de retenir fidellement ce que nous auons dit, & à la fin de ce present traicté rendre graces à Dieu, de ce qu'il nous a faict tant de bien, de nous faire participans de ce don, tant excellent & de si grand pris. LE ROY. C'est à toy celà faire, ò Lazarel qui excelle en grace & eloquence. LAZA. Puis donc que tu me le commandes, ó Roy, ie le feray tres volótiers, en tousiours protestant qu'en ceste presente action de grace, i'vseray non pas de mes parolles, mais de celles de Iesus Christ, à celle fin que par ce moyen nostre oraison soit plus acceptable à Dieu & plus deuote. LE ROY. Fais ainsi que bon te semble, & pour le plus expediét. LAZA. Ie te rends graces, mon seigneur Iesus Christ, en ce que tu as caché cecy aux pru-

*Mathei. 11.* dents & sages, & que l'as reuelé aux petitz. Mais
*Luc. 10.* il me semble estre iuste & conuenable, ó Roy,

qu'ainsi

qu'ainſi que nous auons preſques entierement
paracheué noſtre entrepriſe, par ce propos qu'au-
uons enſemblément traité ce iourd'huy, auſsi
d'y mettre fin (en cecy principallement) par
quelque hymne d'action de graces. Car nul ne
peult oncq' aſſez loüer & exalter noſtre Dieu.
Parquoy ie loüeray Ieſus Chriſt, ſoubz le nom
de Pimander, lequel eſt d'Hermés interpreté
penſée diuine, ou le verbe de la haulte & diuine  *Pimander.*
maieſté. Ie te prie donc, ô Roy, de m'eſtre fauorable en celà, en adorant enſemble auecq' moy
humblement à genoil, iceluy verbe autheur de
toutes choſes. LE ROY. Nous attendons ores
les genoilz flechiz en terre, & les mains ioinctes & tenduës en l'air, que tu commences à
parler. LAZA. O' Pimander verbe & lumiere
prouenant du pere de toute bonté & cõſolation
illuminant tout homme venant en ce monde, ô  *Ioan. 1.*
diuine penſée eternellement engendrée, origine & commencement de toutes choſes, à toy
ſoit loüange, vertu, honneur, & triumphe, gloire, empire, beauté, & puiſſance. Tu es celle qui
en façon d'vn ſerpent, ſoy tournant d'vn coſté
& autre par vn oblique ply, tiens en ſubiectiõ
& delyé quand bon te ſemble les hideuſes &
horriblés tenebres, par vne bruyante fremeur.
Parquoy à toy ſoit loüange, vertu, honneur, &
triumphe, gloire, empire, beauté, & puiſſance.
Tu es celle, qui à la maniere de l'oyſeau cou-
uent

uant ses œufz, soyment & coetiue par la chaleur du verbe, nature humide, dont prennent leur source les quatre elementz. Parquoy à toy soit loüange, vertu, honneur, & triumphe, gloire, empire, beauté, & puissance.

Tu es celle qui fais & fabrique toutes choses & engendre du feu, de l'air, de la terre, & de l'eau tout ce qui a fruiction de vie. Parquoy a toy soit loüange, vertu, honneur, & triumphe, gloire, empire, beauté, & puissance.

Tu es celle, qui commande le genre humain ensemble se ioindre, en le liant auec toy d'vn lien indissoluble par ta lueur diuine, & qui vyre les iours, & delye les tenebres. Parquoy à toy soit loüange, vertu, honneur, gloire, empire, beauté, & puissance.

Tit. 2. & 3.

Tu es celle, qui apres que l'homme a eu perdu ses forces & vertuz, l'as reuoqué au ciel par le filz de la vierge faict homme. Parquoy à toy soit loüange, vertu, honneur, & triumphe, gloire, empire, beauté, & puissance,

Exec. 18.

Tu es celle, qu'apres qu'il est de rechef tombé es tenebres de peché, esmeu de pitié & misericorde, ne le dechasses de toy : mais à luy encores te declares & aparoys, ainsi que par leurs vaticinations l'ont predit les Prophetes : Parquoy à toy soit loüange, vertu, honeur, & triumphe, gloire, empire, beauté, & puissance.

Tu es celle, qui fais par ta diuine inspiration,

Tu es

que (ainsi qu'on lit es diuins oracles) le petit & Abac. 2.
le grand ensemblément entendent & cognoissent Dieu leur pere, sans estre enseignez. Parquoy à toy soit loüange, vertu, honneur, & triumphe, gloire, empire, beauté, & puissance.

Or les iours se retirent, & donnent lieu aux gens de labeur, le repos du septiesme iour est sur la terre entré & la pensée diuine lyée auec l'homme. Et par ainsi loüange luy soit donnée, vertu, hōneur, & triumphe, gloire, empire, beauté, & puissance.

Vn chacun parlera diuinement, le monde retentira : & à haulte voix chantera les loüanges celestes, les dieux ensemble frequēteront la terre. Parquoy loüange soit à Dieu, vertu, honneur & triumphe, gloire, empire, beauté, & puissance.

Toutes choses ressusciteront en leur premier estat, Voy cy le royaume de Dieu (pour lequel il 1. Cor. 1.
nous commande en son oraison prier) s'appro- Mat. 6.
che. Parquoy loüange soit à Dieu, vertu, honneur, & triumphe, gloire, empire, beauté, & puissance.

Lors n'y aura qu'vn seul pasteur qui gouuernera & conduyra le seul troupeau (qui iadis estoit en deux partz diuisé) aux salubres lieux fo- Ioan. 10.
restiers, à la belle & florissante herbe des deli- Zacha. 14.
cieux champs. Parquoy à luy soit loüange, vertu, honneur, & triumphe, gloire, empire, beauté, & puissance.

Lors

Lors ilz beuront tous les eaux viues, sans que le Loup, ou Lyon rauissant, leur face nuysance, ou espine despece leur blāche toison. Parquoy Esa.11.65. à Dieu soit loüange, vertu, honneur, & triumphe, gloire, empire, beauté, & puissance.

Ceste action de grace paracheuée, le Roy de ce estant rendu plus allaigre, gay, & deliberé de son esprit, que de doustume, s'est retiré au dedās de sa royalle maison, priant Dieu que le Soleil par sa naissance matutine luy apportast l'autre iournée pareille à celle la. Lazarel semblablement apres auoir salué le Roy auec toute reuerence, ainsi qu'il appartenoit faire, luy promettant ne luy denyer son labeur au iour ensuyuāt c'est sur le mynuict departy de luy.

*Fin du Dialogue de Loys Lazarel poëte*
*Chrestien, intitulé le bassin*
*d'Hermés.*

*Imprimé par Estienne Groulleau, Libraire*
*demeurant à la rue Neuue nostre Dame à*
*l'enseigne saint Ian Baptiste.*
1557.

www.ingramcontent.com/pod-product-compliance
Lightning Source LLC
Chambersburg PA
CBHW050747170426
43202CB00013B/2329